PEREGRINAÇÃO E GUERRA

anotações de um diplomata na Terra Santa

CONTRA CORRENTE 10 ANOS

Alessandro Candeas

PEREGRINAÇÃO E GUERRA

anotações de um diplomata na Terra Santa

AVARÉ
2025

CONTRA CORRENTE 10 ANOS

Travessa Vergílio de Araújo Valim, 167
Avaré – SP – Brasil | CEP 18707 815
www.editoracontracorrente.com.br
contato@editoracontracorrente.com.br

EDITORES
Camila Almeida Janela Valim
Gustavo Marinho de Carvalho
Rafael Valim
Walfrido Warde
Silvio Almeida

EQUIPE EDITORIAL
COORDENAÇÃO DE PROJETO: Erick Facioli
PREPARAÇÃO DE TEXTO: Amanda Dorth
REVISÃO: Fernanda Zandoná
REVISÃO TÉCNICA: Beatriz Duarte Lopes
DIAGRAMAÇÃO: Pablo Madeira
CAPA: Maikon Nery

EQUIPE DE APOIO
Carla Vasconcelos
Regina Gomes
Geovanna Sales
Julia Falanghe

Dados Internacionais de Catalogação na Publicação (CIP)
(Câmara Brasileira do Livro, SP, Brasil)

Candeas, Alessandro
Peregrinação e guerra : anotações de um diplomata na Terra Santa / Alessandro Candeas. -- Avaré, SP : Editora Contracorrente, 2025.

Bibliografia.
ISBN 978-65-5396-287-3

1. Conflito Árabe-israelense 2. Diplomacia 3. Direitos humanos 4. Sociologia 5. Terra Santa I. Título.

25-274123 CDD-327.2092

Índices para catálogo sistemático:

1. Diplomatas : Terra Santa : Relatos pessoais 327.2092
Eliete Marques da Silva - Bibliotecária - CRB-8/9380

@editoracontracorrente_
Editora Contracorrente
@ContraEditora
Editora Contracorrente

A Ana Paula, minha esposa, e Catarina, minha filha, amadas companheiras de peregrinação na vida e na Terra Santa,

Aos diplomatas e funcionários do Escritório do Brasil na Palestina, em Ramallah,

Aos diplomatas especialistas no Oriente Médio no Itamaraty, especialmente os embaixadores Ligia Scherer e Sidney Romero,

Aos (Às) amigos(as) e irmãos(ãs) que fiz na Palestina e em Israel.

SUMÁRIO

APRESENTAÇÃO

Este livro é um caderno de anotações. Não há pretensão além de compartilhar registros e notas.[1] Estas páginas contêm memórias, estudos e reflexões de um diplomata na Terra Santa. Uma peregrinação profissional, intelectual e afetiva nos lugares por onde passaram Jesus, reis e profetas, mas também exércitos invasores, peregrinos, viajantes de toda sorte. Experiências que culminaram com uma guerra – a de Gaza. Uma leitura do drama humano que aqui conheci, feita em *clave* cristã, humanística e humanitária.

São apontamentos de minha missão como embaixador do Brasil na Palestina, de 2020 a 2024. Evidentemente, as opiniões aqui escritas são de minha responsabilidade pessoal e não comprometem a posição oficial do Itamaraty.

Vi, nesses quatro anos, a inviabilização do processo de paz, a intensificação da ocupação e da violência na Cisjordânia, atos terroristas, o redespertar dos traumas da *Shoah* (Holocausto), a nova onda de antissemitismo no mundo, a queda da população

---

1 Por ser um mero caderno de notas, e não um ensaio acadêmico, não há preocupação com citações bibliográficas, nem com o rigor teórico (pesquisadores interessados não terão dificuldade em encontrar as fontes e informações no Google e na literatura disponível). Pela mesma razão, o estilo parece um pouco truncado, de parágrafos colados sem fluidez.

cristã, o abismo humanitário em Gaza, as violações de direitos humanos, os ataques contra o sistema humanitário e a desfuncionalidade da governança internacional herdada do século XX, incapaz de solucionar a questão israelo-palestina.

As páginas, escritas em Jerusalém, na Cisjordânia e outros lugares, contêm elementos de telegramas e relatórios enviados ao Itamaraty, reflexões pessoais, leituras, pesquisas e diálogos com amigos, autoridades e intelectuais.

Os apontamentos estão divididos em quatro partes:

1. Arqueologia ideológica de um conflito milenar
2. Experiência diplomática em Jerusalém e na Terra Santa (2020-2023)
3. A Guerra de Gaza: resgate dos brasileiros e abismo humanitário
4. Reflexões sobre humanidade e espiritualidade

Aqui, há muita História para pouca Geografia, na brilhante síntese do ex-Chanceler israelense Shlomo Ben Ami e do líder palestino Saeb Erekat, negociadores do processo de paz nos anos 1990.

Não há santos na Terra Santa de hoje. Muito pelo contrário. O último santo que apareceu aqui foi São Francisco de Assis, que arriscou sua vida para falar com o Sultão do Egito Muhammad Al-Kamil. Nesse encontro histórico e paradigmático, ocorrido em 1219, São Francisco externou ao Sultão a preocupação com a salvação da alma do líder muçulmano e pediu autorização para proteger os lugares sagrados do Cristianismo. O Sultão, impressionado com esse santo atrevimento, teria dito: "Ah se todos os cristãos fossem como você; você não me converteu ao seu Deus, mas fez um amigo". E lhe concedeu o que se tornaria a Custódia da Terra Santa à futura ordem dos franciscanos, que permanece até hoje. Pela compaixão e coragem, desarmado, São Francisco conseguiu o que os exércitos cruzados, pela força bruta e sangrenta, não conseguiram.

Caminhei *à pas perdus* nas ruas milenares da Jerusalém Antiga. Vivi a tensão dos bairros árabes de Jerusalém Leste. Participei de jantares de Páscoa (*Seder*), *Iftar* e *Ad Adha*, convidado por amigos judeus e muçulmanos. Participei de todas as procissões da Semana Santa em Jerusalém e das missas de Natal em Belém. Colhi azeitonas no Jardim do Getsêmane de uma oliveira de dois mil anos (época romana), que estava lá quando Jesus foi traído. Participei de cerimônias conjuntas palestino-israelenses em homenagem aos seus "tombados". Vi a brutalidade dos muros, *check points* e assentamentos. Vivenciei as hostilidades em Gaza, os bombardeios, atentados e confrontos em Jerusalém e Tel Aviv.

Vi sofrimento, indiferença, preconceito, ódio, ressentimento, violência, vingança, paranoias, *fake news*, fabricações ideológicas, negacionismos e a apropriação política espúria das Sagradas Escrituras. Mas também vi resiliência, amizade, esperança, generosidade, hospitalidade e fé.

Aqui, todos tentam seduzir, aliciar ou constranger a favor de sua causa, visão e narrativa. As redes sociais e a imprensa de cada lado só mostram imagens e versões que justifiquem e legitimem sua própria causa, e vetam a divulgação de tudo o que possa suscitar o (re)conhecimento da dor do outro. Ao contrário, nega-se a dor e a própria condição humana do adversário e vibra-se com seu sofrimento.

Essa manipulação perversa da informação é uma máquina de negação e desumanização recíproca. O adversário deve, a qualquer custo, ser desumanizado, demonizado, bestializado. Esse mecanismo é útil, pois anestesia a consciência e facilita a justificação da violência e sua banalização (Hannah Arendt). É perigoso para a máquina de propaganda de guerra que o outro seja visto como ser humano e sofredor. As personalidades e entidades que buscam romper essa barreira e ir ao encontro do outro são acusadas de traidoras, pois desafiam o ódio necessário para a combustão da máquina de guerra.

Elementos importantes nessa dinâmica perversa são a reivindicação da exclusividade da condição de vítima, a denúncia da exclusiva maldade do oponente e a negação da identidade, da existência, dos direitos e das razões do outro. Quando a realidade de um é mostrada ao outro, as respostas são indignadas: "Como ousa comparar?"

Segundo a pesquisa "Palestinian-Israeli Pulse", publicada em 2023 pela Universidade de Tel Aviv e pelo *Palestinian Center for Policy and Survey Research*, cada lado se vê como vítima exclusiva do conflito: 80% dos judeus e 84% dos palestinos. O mesmo percentual (74%) de ambos acredita que sua condição de vítima é pior em comparação com outros povos que sofreram perseguição e injustiça. A convicção de que o sofrimento lhes outorga o direito moral de agir como considerem necessário para sua sobrevivência é sentida por 63% de judeus e 90% dos palestinos.

Por isso mesmo, em várias situações, os dois lados têm razão e estão errados ao mesmo tempo.

Antecipando eventuais contestações de leituras superficiais, enfatizo que este livro não é pró nem anti palestino ou israelense. Não desejo "jogar mais gasolina na fogueira", mas edificar. Não cabe ler qualquer passagem como apoio a reivindicações nacionalistas, nem com viés para um ou outro dos lados em conflito. Tenho profundo respeito, gratidão, admiração e amizade por israelenses e palestinos, com quem convivi, e que me acolheram e ensinaram com tanta generosidade.

Aliás, tenho, sim, um viés. Em favor dos que sofrem dor e injustiça nos dois lados, e dos que teimam em construir a paz. Este livro é, portanto, parcial. Em favor dos vulneráveis e civis inocentes de ambos os lados, israelenses e palestinos, e que anseiam pela paz, dignidade e segurança. Sobretudo dos que sofrem com o terrorismo e as ações de limpeza étnica e da violência da ocupação. Não cabem "equilíbrio", "equidistância" ou "neutralidade" quando há injustiça. Como disse o Bispo Desmond Tutu, ficar neutro em situações de injustiça é escolher o lado do opressor.

Não me engano com as propagandas oficiais, narrativas artificiais ou "operações psicológicas", habilmente vestidas de autoridade histórica ou pretensamente profética.

Os relatos deste livro servem justamente para que não haja "nunca mais" algo semelhante ao horror do Holocausto, para que se combata o antissemitismo, e para que a violência da ocupação e a supremacia étnica não oprimam o nobre e digno povo palestino. Que israelenses e palestinos possam viver em paz e segurança, reconhecendo reciprocamente os direitos e anseios do outro.

Nas muitíssimas viagens que fiz pela região, notei que a realidade da "única democracia do Oriente Médio" é verdadeira nas áreas costeiras do Mediterrâneo, mas desaparece a uns 50 km a Leste (ou 80 km, na latitude de Jerusalém). Atravessando-se qualquer *check point* do muro de separação, locais de incidentes constrangedores e humilhantes, passa-se abruptamente da "democracia" para um "regime marcial" de ocupação militar repressiva e de violência imposta por colonos nos assentamentos dos territórios ocupados. Vejo isso quase todos os dias. Eu mesmo fui hostilizado por soldados de *check points* e colonos na Cisjordânia.

Mas essa realidade não é conhecida pelos turistas, peregrinos, autoridades, jornalistas e pesquisadores estrangeiros, que viajam protegidos pelas "cápsulas" oferecidas pelas autoridades e guias turísticos. As agendas de visita e a escolha dos locais denotam um esforço deliberado de dificultar o acesso de estrangeiros para que não vejam com seus próprios olhos a realidade "atrás do muro" e tenham contato com palestinos, sempre apresentados como "perigosos".

Nas entradas de cidades palestinas, há sempre uma placa vermelha que indica "Perigo!" Mas eu nunca me senti ameaçado ou em perigo na Cisjordânia ou em Gaza. Muito pelo contrário, sempre fui regiamente acolhido, especialmente por ser brasileiro. O Brasil é muito querido por palestinos e israelenses. Os únicos momentos em que me senti em perigo foram os contatos com colonos extremistas.

Se o prazo de validade de mágoas e ressentimentos em outros continentes é de décadas ou séculos, a escala desses sentimentos negativos na Terra Santa é milenar. Eventos ocorridos há milênios são transportados através do *wormhole* do espaço-tempo da psicologia coletiva e percebidos como se tivessem acontecido ontem, com toda a sua carga de ódio e vingança.

Retomando a ideia da "muita História para pouca Geografia", esse *wormhole*, registrado nas Escrituras, criou o espaço geográfico de maior densidade de História por metro cúbico (incluindo as escavações). Espaço carente de recursos naturais, mas com grande excedente de paixões, utopias e narrativas.

Não é pecado perguntar por que Deus não escolheu um lugar melhor para suas teofanias. Tantos lugares na Terra têm paisagens mais bonitas do que esse local árido, desértico, sem rios ou florestas exuberantes, praias paradisíacas ou montanhas de tirar o fôlego, habitados por povos felizes, pacíficos, acolhedores e generosos.

Aqui, há apenas areia, pedras e utopias. Mas essas pedras contêm muita História, e suas utopias são poderosas, pois falam da alma, da transcendência e da imanência, geram paixões, mobilizam o imaginário e movem corações e mentes em todo o mundo.

Israelenses e palestinos são nações de almas feridas e inflamadas. Tal como uma pele machucada, qualquer atrito provoca grande dor e irritação exacerbada.

Todos parecem entrincheirados em suas dores, medos e ódios, e as trincheiras se transformam em cavernas de Platão. Cavernas emocionais e cognitivas que impedem ver a realidade externa mais ampla. Essa complexa configuração de mentalidades e emoções torna impossível o diálogo racional.

Um embaixador palestino me contou que certa vez um judeu e um palestino perguntaram a Deus se algum dia haveria paz na região. Deus respondeu, com sotaque britânico: "Yes, certainly, but not in my lifetime".

Saio daqui fascinado e intrigado, com saudade e compaixão desses povos, com toda a sua carga de tragédias e utopias. Como a miniatura da tragédia da condição humana, mesclam-se na Terra Santa grandeza e pequenez, nobreza e mesquinhez. O sublime e o grotesco, no dizer de Victor Hugo. A esperança e a desesperança, a redenção e a perdição, enfim, o céu e o inferno.

Pensei que viver na Terra Santa ia me tornar alguém mais espiritual. Mas acho que me tornei mais humano. Afinal, tornar-se mais humano é o verdadeiro sentido da espiritualidade.

Três pensamentos me alentaram ao conviver com a frustração de ver a paz distante nesta Terra Santa: i) como diz o Eclesiastes, há tempo de plantar e tempo de colher; este não é tempo de colher, mas sempre é de plantar; ii) é necessário ter a atitude do "Sísifo feliz" imaginado por Camus; iii) como ensina o apóstolo Paulo, devemos andar pela fé, não pelo que vemos, mas guiados pelos propósitos, ainda que tudo ao redor roube a esperança.

Camus imagina Sísifo feliz, apesar de sua condenação de rolar a pedra que volta a cair da montanha. Realizar algum trabalho – mesmo que seja o de construir uma paz que não se vê – dá sentido à existência. Melhor isso do que os avaros do inferno de Dante, que empurram pedras na horizontal, sem subirem a montanha, sem realizarem nenhum trabalho.

Paulo, ao explicar o que é a fé, ensina que devemos andar "não pelo que vemos, mas pelo que não vemos". Quem trabalha pela paz tem sentido de missão e ética da convicção, e disso tira ânimo, mesmo que não a enxergue à sua frente.

Uma lição e inspiração final me vêm do Padre Júlio Lancelotti, que teima em ajudar os mendigos de rua, recebendo em troca o insulto e a perseguição da sociedade afluente e preconceituosa. Certa vez ele disse, resignado, mas convicto: “Eu não luto para vencer. Sei que vou perder. Luto para ser fiel até o fim”.

Jerusalém, 26 de agosto de 2024.

PARTE I

ARQUEOLOGIA IDEOLÓGICA DE UM CONFLITO MILENAR

O Senhor Deus disse a Abrão: "Sai da tua terra, de tua parentela e da casa do teu pai, e vai para a terra que te mostrarei. Farei de ti uma grande nação. Eu te abençoarei, e engrandecerei teu nome. Sê tu uma bênção. Abençoarei os que te abençoarem e amaldiçoarei os que te amaldiçoarem. E em ti serão benditas todas as famílias da terra".

(Gênesis 12: 1-3)

O Senhor fez a seguinte aliança com Abrão: "Aos seus descendentes dei esta terra, desde o ribeiro do Egito até o grande rio, o Eufrates. A terra dos queneus, dos quenezeus, dos cadmoneus, dos hititas, dos ferezeus, dos refains, dos amorreus, dos cananeus, dos girgaseus e dos jebuseus".

(Gênesis 15: 18-21)

Atacai os midianitas e matai-os como a inimigos!

(Números 25: 17)

E naquele tempo tomamos todas as suas cidades, e cada uma destruímos com os seus homens, mulheres e crianças; não deixamos a ninguém.

(Deuteronômio 2: 34)

Quando o Senhor, teu Deus, te introduzir na terra a qual passas a possuir, e tiver lançado muitas nações de diante de ti, os heteus, e os girgaseus, e os amorreus, e os cananeus, e os ferezeus, e os heveus, e os jebuseus, sete nações mais numerosas e mais poderosas do que tu; e o Senhor, teu Deus, as tiver dado diante de ti, para as ferir, totalmente as destruirás; não farás com elas aliança, nem terás piedade delas.

(Deuteronômio 7: 1-2)

Quanto às cidades dessas nações pagãs que o SENHOR te dará como herança, não deixarás sobreviver nenhum ser vivo.

(Deuteronômio 20: 16)

Matai todas as crianças do sexo masculino. Não conserveis com vida senão as meninas e as moças virgens.

(Números 31: 17-18)

Ide e passai ao fio da espada todos os habitantes de Jabes-Gileade, inclusive as mulheres e crianças.

(Juízes 21: 10)

Fere a Amaleque e destrói totalmente a tudo o que tiver, e não lhe perdoes. Matarás desde o homem até à mulher, desde os meninos até aos de peito, desde os bois até às ovelhas, e desde os camelos até aos jumentos.

(I Samuel 15: 3)

Matai velhos, jovens, virgens, meninos e mulheres, até exterminá-los.

(Ezequiel 9: 6)

E enviaram-se as cartas por intermédio dos correios a todas as províncias do rei, para que destruíssem, matassem, e fizessem perecer a todos os judeus, desde o jovem até ao velho, crianças e mulheres, ... e que saqueassem os seus bens.

(Ester 3: 13)

Caríssimos, de onde vêm as guerras? De onde vêm as brigas entre vós? Não vêm, justamente, das paixões que estão em conflito dentro de vós? Cobiçais, mas não conseguis ter. Matais e cultivais inveja, mas não conseguis êxito. Brigais e fazeis guerra, mas não conseguis possuir. Pois só quereis esbanjar o pedido nos vossos prazeres.

(Thiago 4: 1-3)

E matai-os, onde quer que os acheis, e fazei-os sair de onde quer que vos façam sair. A sedição pela idolatria é pior do que o morticínio. Se eles vos combaterem, matai-os. Esta é a recompensa dos renegadores da Fé.

(Alcorão – Sura da vaca, 191)

A recompensa dos que fazem guerra a Allah e a Seu Mensageiro, e se esforçam em semear a corrupção na terra, não é senão serem mortos ou serem crucificados ou terem cortadas as mãos e os pés, de lados opostos, ou serem banidos da terra.

(Alcorão – Sura da mesa servida, 33)

Quando os meses sagrados passarem, matai os idólatras, onde quer que os encontreis.

(Alcorão – Sura do arrependimento, 5)

Quando deparardes, em combate, os que renegam a fé, golpeai-lhes os pescoços, até quando os dizimardes ... Se Allah quisesse, defender-Se-ia deles, mas Ele vos ordenou a guerra.

(Alcorão – Sura de Muhammad, 4)

A arqueologia ideológica do conflito mais antigo da História, ainda sem solução à vista, pode ser escavada nas Escrituras Sagradas do judaísmo, cristianismo e islamismo. Escritos que datam da Idade do Bronze e do Ferro e da Alta Idade Média são relidos na pós-modernidade do século XXI para justificar atrocidades e atos terroristas.

"A Bíblia foi transformada em arma", diz o pastor luterano palestino de Belém, Munther Isaac, que denuncia uma "teologia do genocídio".

O Antigo Testamento e o Alcorão contêm versos que, interpretados fora do contexto histórico e da mentalidade social que lhes deram origem e transportados para realidades posteriores, constituem poderoso instrumento de manipulação ideológica nas mãos do fanatismo, da limpeza étnica, da supremacia racial, da intolerância, do extremismo e da radicalização.

Ao invés de horrorizar leitores de hoje, de forma surpreendente, tais trechos são lidos para justificar o preconceito e legitimar a violência das novas guerras santas do fanatismo anacrônico do século XXI. Se, há mais de três mil anos, aqueles textos e suas doutrinas religiosas explicaram massacres e dizimações, é inaceitável que, no presente século, continuem servindo de base para ideologias nacionalistas, supremacistas e terroristas que insuflam genocídios e crimes coletivos.

Mas também é surpreendente que a manipulação ideológica da leitura enviesada não considera, de propósito, vários trechos da Torah e do Alcorão que recomendam justamente o contrário – o amor e o serviço ao próximo, o respeito aos estrangeiros e o parentesco abraâmico ancestral. A bênção que Deus deu a Abraão e multiplicou sobre todas as famílias da terra (sem exclusivismo), o amor que Abraão tinha por seu filho primogênito Ismael, o mandamento de amar o próximo (incluindo o estrangeiro e até o inimigo), a proteção dos membros mais frágeis da sociedade, o reconhecimento de que a fé islâmica nasce do judaísmo e do cristianismo e o respeito que se lhes deve, e assim por diante.

O reencontro de Esaú e Jacó, descrito em Gênesis 33, é um dos episódios emocionantes da Bíblia. Irmãos rivais que se abraçam e se honram mutuamente. Jacó diz a Esaú: "Ver tua face é como ver a face de Deus".

Segundo uma corrente da Cabala, o mundo não estará "alinhado" enquanto Deus estiver deslocado de Israel. Alguns interpretam isso como justificativa messiânica para o retorno e a conquista de Israel. Mas as belíssimas tradições judaicas do *Tikun Olam* (reparação ou conserto do universo – ver parte IV abaixo) e da "luz para as nações" são desconsideradas.

Adolfo Roitman, diretor do Museu de Israel, assinala duas correntes do judaísmo: a inclusiva e a exclusiva. De um lado, a ênfase na Israel como "luz do mundo", e na promessa abraâmica de "bênção para todas as famílias da terra"; de outro, a interpretação exclusivista do "povo escolhido", no sentido de "separado" dos gentios. Recorda que o "deutero-Isaías" inclui a possibilidade de estrangeiros no Monte Santo, ao passo que, em Ezequiel, estrangeiros não podem entrar no Templo. Em sua visão, a dicotomia "separatismo" *versus* "universalismo" da cultura judaica está presente desde a época do exílio na Babilônia.

Será que não aprendemos nada da História?

Não.

"O que a História ensina é que os governos e as pessoas nunca aprendem com a História", ensina Hegel, frustrado com seu próprio idealismo. Em sua filosofia, a História universal seria impulsionada pelo espírito e pela razão que governariam o mundo rumo ao progresso. Muito idealismo (e *wishful thinking*) abstrato para uma realidade empírica que lhe confronta abertamente.

O próprio Marx, ele mesmo hegeliano, ironizou uma frase de seu mestre. Ao comentar o golpe de 18 Brumário, escreveu que a História se repete, uma vez como tragédia, outra como farsa.

Eu diria que a História da Terra Santa se repete sempre como tragédia. Uma espiral de deterioração da condição humana.

A humanidade parece não ter aprendido as lições das tragédias do século XX: guerras mundiais, Holocausto, genocídios, corridas armamentistas, armas de destruição em massa, fascismos, totalitarismos, imperialismos coloniais, disputas territoriais, racismo e assim por diante.

Estamos repetindo os mesmos erros um século depois. E pior: com maior poder de destruição, com letalidade em escala industrial, e com a ignorância, o obscurantismo e a arrogância empoderados pelas tecnologias de comunicação.

Até que ponto as nações e Estados se comportam como entidades racionais? A racionalidade dos indivíduos é questionada pela Psicologia e Psiquiatria. Também deve ser contestada na escala das coletividades nacionais e estatais.

Psicologia e Psiquiatria podem contribuir para a compreensão das motivações que regem o comportamento dos Estados e nações. Os "cálculos racionais de poder" e os princípios de *Realpolitik* não são suficientes como instrumentos explicativos da causalidade da ação e dos interesses dos Estados. Creio que conceitos e ferramentas de outras "praias epistemológicas" como "realidade psíquica", "fantasia fundamental", "enteléquia" e "vontade de poder" poderiam ajudar a explicar melhor a marcha histórica das coletividades humanas, e sobretudo seus conflitos.

Psicologia, Psiquiatria e Filosofia, além de História, Sociologia, Relações Internacionais, Economia e Geopolítica. Freud, Jung e Nietzsche são igualmente úteis para a compreensão da Terra Santa quanto historiadores, sociólogos e politólogos.

Outra área útil pode ser a "Sociologia das emoções". Nesse campo, a socióloga israelense Eva Illouz critica os efeitos deletérios do populismo na política israelense, e o uso político-eleitoral do medo.

O emprego do medo como ferramenta política é particularmente evidente na região, favorecendo candidatos extremistas e radicais nacionalistas e ultrarreligiosos, em detrimento de atores moderados que buscam compromissos de paz. A agenda impulsionada por aquelas correntes necessita de uma sociedade permanentemente "em transe", acuada, assustada, ressentida e com ódio, e é incapaz de propor mudanças e progressos. A segurança domina a agenda, em detrimento (às vezes a despeito) do desenvolvimento humano.

O escritor moçambicano Mia Couto discorre sobre o medo como fundamento do armamentismo de forma magistral:

> *Para fabricar armas, é preciso fabricar inimigos. Para produzir inimigos, é imperioso sustentar fantasmas. A manutenção desse alvoroço requer a manutenção de um dispendioso aparato e um batalhão de especialistas que, em segredo, tomam decisões em nosso nome... A racionalidade deve ser suspensa... Todas essas restrições servem para que não sejam feitas perguntas, como essa: "por que motivo a crise financeira não atingiu a indústria do armamento?"... Não há hoje, no mundo, um muro que separe os que têm medo dos que não têm medo... Os militares têm medo da falta de armas, e as armas têm medo da falta de guerras... Há quem tenha medo de que o medo acabe.*

As nações são entidades coletivas muito menos sofisticadas do que os indivíduos, e se comportam como seres primários, instintivos, quase no nível de animais e insetos. Isso pode ser notado no que se refere ao seu comportamento na disputa, defesa e expansão do espaço geopolítico e às percepções de necessidades e ameaças.

Isso mesmo: o padrão de comportamento das nações, em suas relações e conflitos, não é muito diferente do (ou tão "inteligente" quanto o) de hordas de animais irracionais ou de colônias de insetos.

Bem mais próximos dos instintos primários do que da razão ou dos cálculos de poder. Um nível de consciência menor, menos racional e mais instintivo, na escala inferior da evolução moral da humanidade. Essa visão é a antítese do Estado como a "razão efetivada" de Hegel, que via a História como progresso da realização do "espírito".

A “razão de Estado” segue mais a “vontade de poder” nietzscheana do que a razão iluminista.

Jung mostrou como a Alemanha, com toda a sofisticação de sua cultura e tecnologia, sucumbiu ao poder avassalador de suas sombras e instintos ancestrais bárbaros. Para ele, a inteligência é ancilar das emoções.

Indivíduos cultos, inteligentes, talentosos, bondosos, humanos, generosos, mas também os incultos, medíocres, ressentidos, tímidos e recatados, quando agrupados em massa, podem gerar seres coletivos grotescos, irracionais, violentos. A personalidade coletiva serve para compensar complexos e inseguranças individuais, gerando grupos agressivos.

Para lembrar uma imagem de Nietzsche, o abismo da História olha de volta o homem, que transita, assustado, entre sua natureza animal e suas versões experimentais de super-homem.

Na contramão da visão otimista de Hegel, o motor da História da Terra Santa é a própria natureza humana, com suas patologias, irracionalidades, paixões, sombras e esperanças.

São praticamente impossíveis a “neutralidade científica” e o “distanciamento crítico” entre os(as) que se dedicam à História da Terra Santa e, particularmente, ao conflito entre judeus-israelenses e árabes-palestinos.

Retomando os conceitos de “realidade psíquica” e da “fantasia fundamental”, as posições do(a) observador(a) já estão tomadas. Pouquíssimo espaço sobra para o espírito crítico desapaixonado ou desengajado, e para a abertura a novas ideias e interpretações. O que conta não é a verdade nem a justiça, mas a confirmação e a validação de uma realidade interna, psíquica, emocional já estabelecida e praticamente inegociável. A apresentação de toneladas de evidências contrárias é contraproducente: só irrita quem já tomou seu lado, gerando mais radicalismo. Evidências concretas e argumentos lógicos podem ser – e são muitas vezes – acusados de antissemitismo e arabo/islamofobia.

Mais do que dissonância cognitiva ou entrincheiramento, o que se percebe é um "encavernamento" mental e emocional. Metaversos soberanos e inquestionáveis que não se comunicam. Daí o choque de narrativas irreconciliáveis de dois povos que se consideram autóctones, originários da terra.

Um lado entende o conflito como provocado pela invasão e ocupação de suas terras por um grupo vindo da Europa e dos Estados Unidos em uma empresa de limpeza étnica, *apartheid* e genocídio. A justificativa messiânica de base bíblica seria uma fabricação ideológica destinada a legitimar um enclave de interesses imperialistas na forma de um Estado etnocêntrico e supremacista. Os palestinos, por outro lado, seriam um povo diversificado, com raízes anteriores à chegada do povo judeu.

Outro lado interpreta a realidade como retorno à sua terra ancestral desde tempos bíblicos, da qual foi expulso há dois mil anos. Israel possui identidade e governou o território por longos períodos, ao passo que a Palestina "não existe".

Segundo a visão de que "os palestinos não existem", pois todos seriam "árabes" indiferenciados, os habitantes locais deveriam deslocar-se para outros países árabes. Para viabilizar demográfica e territorialmente a reivindicação messiânica do "retorno", a população palestina deveria ser transplantada para qualquer área do Norte da África ou do Levante já ocupada por mais de 20 nações árabes, com 360 milhões de habitantes.

Ben Gurion, por exemplo, sugeriu ao Comissário Britânico que a população palestina fosse transferida para a Jordânia. A questão dos refugiados será tratada mais adiante. O rabi Meir Kahane afirmou: "Sou favorável a um Estado Palestino, mas na Jordânia, Síria, Iraque. Não em minha terra. Eles têm 22 países. Nós só temos um". Os países árabes vizinhos teriam a "obrigação" de receber seus "irmãos palestinos" e deixar a "Terra de Israel" livre para receber os judeus retornados, que criariam um país moderno, ocidentalizado.

As percepções cruzadas de vítima e algoz tornam impossível uma narrativa consensual. O que um lado vê como terrorismo, o outro apresenta como resistência heroica ao invasor.

De um lado, traumas de invasão, confiscação de terras, destruição de cidades e vilas, expulsão, refúgio, opressão e humilhação quotidianas.

De outro, traumas milenares de perseguição, humilhação e extermínio na diáspora, pogroms, aprisionamento em guetos, genocídio e desejo de segurança na terra prometida.

De um lado, a afirmação de uma identidade nacional árabe-palestina específica em uma sociedade com traços clânicos e tribais tradicionais, com raízes em etnias que já ocupavam a região muito antes da chegada dos hebreus. Identidade que nunca pôde exercer sua autodeterminação, pois sua terra sempre foi ocupada por potências externas – otomanos, britânicos, jordanianos –, que oscila entre o laico e o religioso, e fraturada internamente por facções rivais.

De outro, a forte identidade milenar judaico-israelense, registrada em Escrituras e ritos religiosos, de um grupo que retorna após a longa dispersão para se estabelecer em um lugar próprio, cuja defesa e sobrevivência contra vizinhos hostis requer permanente estado de prontidão.

A questão da identidade está no centro do conflito israelo-palestino. Os grupos mais extremistas de ambos os lados se esmeram em negar, reciprocamente, a existência e a identidade histórico-cultural de seus antagonistas. De um lado, radicais negam a existência e a legitimidade histórica e denunciam a artificialidade do Estado de Israel. De outro, radicais negam a existência e a legitimidade histórica do povo palestino e seu direito à autodeterminação na forma de um Estado.

Muitos israelenses veem os palestinos e árabes como ameaça existencial, e, por isso, aceitar que estes tenham um Estado soberano seria uma ameaça terrorista permanente. Já muitos palestinos veem israelenses como ameaça existencial não potencial, mas diária, concreta, de opressão, invasão e humilhação.

Muitos israelenses afirmam que Palestina (etimologia de Filístia, filisteus) é uma "fabricação" que remonta ao Imperador Adriano, no século II, que desejou apagar a memória do povo judeu após a insurreição liderada por Bar Kokhba. A nomenclatura teria sido retomada no século XX apenas para deslegitimar o sionismo. Outros afirmam que o nome Palestina teria sido recuperado pelos ingleses, durante seu mandato no século XX, sob pressão dos árabes, para impedir a criação do Estado judeu.

O argumento de que "não existe Palestina, nem povo palestino", empregado pela Primeira-Ministra Golda Meir, é uma frase recorrente.

Israelenses contestam a existência do povo palestino, porque, comparativamente à História do povo judeu, aqueles não tinham a identidade e unidade cultural e religiosa, nem a organização social e política de que gozou o povo israelita desde tempos bíblicos.

Ora, o povo palestino é complexo e diversificado, e tem suas origens nos povos bíblicos cananeus, e seu ramo dos jebuseus, fundadores de Jerusalém, pelo menos mil anos antes de Abraão ter passado por ali, e dois mil anos antes de o Rei Davi tê-la conquistado e dela feito capital de sua nação. A cidade cananeia de Jericó, por exemplo, tem mais de 10 mil anos de história ininterrupta de vida urbana. As muralhas que caíram na invasão israelita comandada por Josué tinham centenas de anos. Quando o profeta Jonas (o engolido pela baleia) decide não obedecer a Deus para pregar em Nínive e foge de navio, o porto de Jaffa, onde embarcou (ao lado da moderna Tel Aviv, que tem pouco mais de 100 anos apenas), já existia há quase dois mil anos.

O povo palestino é um amálgama complexo, formado ao longo de milênios, de cananeus originais, filisteus vindos das ilhas gregas, hititas da atual Turquia, amonitas da atual Jordânia, arameus da atual Síria, idumeus (ou edomitas) das atuais Israel e Jordânia ao Sul do Mar Morto (o grande rei Herodes era idumeu), beduínos, armênios, bizantinos e europeus descendentes dos cruzados, gregos e russos ortodoxos e árabes do Hijaz (Península Árabe), que introduziram o Islã e a língua árabe, entre outros povos.

O povo palestino é herdeiro dessa imensa complexidade e diversidade. Não se pode dizer que não existe, ou que é uma fabricação ideológica de um nacionalismo árabe tardio anti-otomano, anti-britânico ou anti-Israel. Contém não apenas muçulmanos, mas também cristãos originais e judeus que ali permaneceram mesmo depois da destruição do Templo, no ano 70 d.C., ou foram trazidos por califas desde o Norte da África.

Tampouco é correto dizer que ali era um deserto inóspito antes da moderna Israel, visto que a própria Torah descreve o espaço, mais de mil anos antes de Cristo, como "Terra que mana leite e mel", o que denota uma agricultura e pecuária multimilenares, anteriores à conquista israelense, com cidades e campos desenvolvidos.

A Palestina é um conceito geográfico da Antiguidade, inscrito em mapas e relatos de historiadores e viajantes. Há fartura de evidências arqueológicas e fontes documentais sobre as origens do povo palestino. A própria campanha de colonização patrocinada pelo movimento sionista do final do século XIX e início do século XX se referia à região como Palestina, e os fundadores do Estado de Israel (Ben Gurion, Golda Meir etc.) eram portadores de documentos palestinos expedidos pelo mandato britânico e usavam cédulas e moedas com a inscrição "Palestina".

Negar um povo torna mais fácil destruí-lo, ou no mínimo inviabiliza sua autodeterminação. Não é possível apagar tudo isso sem violência. Negar a existência do povo palestino afronta os direitos humanos e a própria causa da paz.

Há uma população de mais de 14 milhões de palestinos no mundo – mais de 5 milhões na Cisjordânia e Gaza, 2 milhões em Israel, 6 milhões de refugiados em países vizinhos, além da diáspora nos EUA, Europa, Brasil e outros países.

Não é possível ignorar 14 milhões de palestinos afirmando que "não existem" ou "são um povo fabricado". Não haverá mais uma leva de refugiados palestinos, como houve em 1948 e 1967. Eles permanecerão em sua terra, ainda que em condições cada vez mais degradantes, o que aumenta o ressentimento e o ódio.

É necessária uma solução duradoura para a convivência pacífica entre israelenses e palestinos, e isso passa pela autodeterminação (criação de alguma forma de Estado Palestino). Hoje, mais de 140 países do mundo reconhecem o Estado palestino, e são a favor de sua incorporação como membro pleno da ONU. Dizer que o povo palestino não existe como forma tornar mais fácil sua destruição é um equívoco e um perigo. A paz somente existirá pelo reconhecimento recíproco entre israelenses e palestinos.

Por seu turno, os árabes-palestinos sustentam que a maioria da onda migratória de judeus que chegaram na região não era etnicamente oriunda do Levante, mas da Europa do Leste e dos Estados Unidos. Portanto, estariam invadindo, e não retornando. Recordam, por outro lado, que os judeus nunca deixaram de estar presentes na região, mesmo depois da expulsão dos Romanos no ano 70 d.C. Os "judeus arabizados" eram plenamente integrados à Palestina.

Tanto israelenses quanto palestinos têm direito à autodeterminação, sem exclusão do outro. A utopia de exclusividade de apenas um grupo "do rio ao mar" (i.e., do rio Jordão ao Mar Mediterrâneo) é uma afronta à paz e uma negação aos direitos históricos de ambos os lados à terra ancestral. Ambos têm esse direito, e devem chegar a um *modus vivendi* politicamente sustentável, com viabilidade econômica e de segurança para ambas as populações.

Os que contestam a afirmação de que "não existe Palestina, nem palestinos" denunciam a ironia de que, para provar isso, é necessário destruir vilas palestinas e apagar seu registro geográfico e seus nomes (que não aparecem no Google Maps ou nos mapas atuais, embora ali estivessem há séculos); construir sobre as ruínas dos vilarejos, sem deixar traço das populações que ali habitaram por séculos; expulsar centenas de milhares de palestinos, transformando-os em refugiados; mudar nomes de cidades, bairros, ruas e estradas, em uma batalha semântico-geográfica de reescritura da História; perseguir, prender e "cancelar" líderes, intelectuais, formadores de opinião, professores, artistas e donos de livrarias árabe-palestinas; dificultar ou impedir o intercâmbio e a pesquisa universitária; criminalizar instituições culturais palestinas; impor currículos escolares israelenses em escolas árabes, para apagar aspectos da identidade de alunos árabe-israelenses; impedir ou dificultar o trabalho de jornalistas e pesquisadores ou a visita de autoridades estrangeiras na Cisjordânia; destruir o patrimônio cultural e histórico, incluindo monumentos e templos; criminalizar o porte da bandeira palestina; apropriar-se culturalmente de elementos gastronômicos, linguísticos, rítmicos, de vestimenta e de outros aspectos da cultura material e imaterial; e mudar a composição étnico-geográfica da Cisjordânia por meio de assentamentos para restabelecer a demografia e a nomenclatura da Judeia e Samaria.

O empreendimento de ocupação dos territórios palestinos é visto como uma "Geografia sem Demografia": anexação de espaços sem considerar a existência de milhões de habitantes que ali estão há séculos. Estes não vão sair, mas com o avanço da ocupação serão comprimidos e oprimidos em cidades e bairros, com evidentes repercussões em matéria de violência e segurança regional.

O governo israelense critica a UNRWA (*United Nations Relief and Works Agency for Palestine Refugees*) por permitir, em suas escolas, material didático considerado antissemita. A agência da ONU investiga e recolhe material com esse teor, que tem mesmo que ser totalmente banido.

Mas algo semelhante parece ocorrer no ensino israelense em relação aos palestinos. A ONG *Combatants for Peace* afirma que os alunos israelenses são objeto de lavagem cerebral, de um sistema educacional e de propaganda que anula a existência dos palestinos e os retrata a todos como terroristas.

A professora israelense Nurit Peled-Elhanan, da Universidade Hebraica de Jerusalém, escreveu livro intitulado "Ideologia e propaganda na educação: a Palestina nos livros didáticos israelenses". Seu argumento é o de que o material didático, nas escolas de Israel, marginaliza palestinos e prepara jovens para o serviço militar. Não há rostos de pessoas palestinas nos livros (apenas encapuzados), muito menos de crianças e jovens. Palestinos são apresentados invariavelmente como terroristas e perigosos, de forma racista, subdesenvolvida, estereotipada. Problema ou ameaça: refugiados, terroristas, camponeses primitivos, ausentes. Sempre descritos dessa forma, sem rostos humanos.

Os mapas também refletem a negação dos palestinos. Não há fronteiras, todo o território do Jordão ao Mediterrâneo aparece como fazendo parte de Israel. No máximo, quando alguma divisão é sugerida pelo mapa, o lado israelense aparece colorido, com cidades bem definidas; e o palestino, em branco, como se estivesse vazio de gente, convidando a ser ocupado. A população é apresentada como "não judaica", sem qualificação. Assentamentos israelenses aparecem coloridos, e o restante, como se fosse deserto.

Ainda segundo a professora Nurit, livros escolares parecem verdadeiros manifestos militares. As mortes do lado árabe-palestino aparecem como normais ou necessárias para a sobrevivência do lado israelense, as guerras são de defesa e justas, já que o outro lado quer a destruição total de Israel.

A Palestina constitui uma nação que nunca pôde se constituir em Estado (tal como os curdos), mas se reconhece como tal, em sua complexidade étnica, religiosa e histórica, de forma semelhante à do Líbano, mas diferenciada de seus vizinhos árabes, com tradições e *ethos* próprios.

Por seu turno, o povo judeu é um dos pilares da civilização ocidental. Eixo fundador da linhagem cultural e intelectual judaico-cristã, ora em contraponto ao racionalismo grego, ora como seu aliado ou intérprete, a herança judaica também está presente nas raízes do islamismo. O Alcorão bebe na fonte da Torá, do Antigo Testamento e dos Evangelhos. As três religiões "do Livro" e suas subdivisões nascem da revelação de Deus a Abraão.

Carl Jung considera o povo judeu uma civilização muito antiga que continuou evoluindo sem interrupção até hoje, como a chinesa; por isso, é capaz de contemplar o aspecto mais amplo da alma humana. Todas as outras civilizações antigas foram descontinuadas ou absorvidas por outras. No caso da civilização judaica, houve desterritorialização e diáspora, mas suas raízes continuaram bastante vivas e produtivas, ensinadas aos "filhos de Israel" e celebradas em ritos nas casas e sinagogas, muitas vezes de forma clandestina, apesar das adversidades e perseguições. Para Jung, o povo judeu, detentor de forte cultura antiga, soube renovar-se assimilando as culturas das nações por onde se dispersou.

O apego à terra, comenta Jung, desperta poderosas forças inconscientes: "Todo chão tem, portanto, seu mistério. Temos disto uma imagem inconsciente na psique: uma relação do espírito com o corpo, como do corpo com sua terra". Associar um povo à terra desperta forças do inconsciente.

Ao discutir a peculiaridade de combinar sua cultura antiga com as modernas, por onde passou, Jung acredita que o povo judeu "prescinde da qualidade do ser humano capaz de enraizá-lo na terra, de receber novas forças de baixo, daquela dimensão terrena que os povos germânicos detêm de forma tão radical que chega a ser perigosa".

Jung afirmava, contrastando com o barbarismo da cultura germânica, que o povo judeu não enfrenta o "problema" do barbarismo ligado à terra, porque possui duas culturas (sua própria, antiga, e as dos povos com os quais conviveu), mas não possuía terra onde se enraizar.

E pergunta: "Onde será que ele (o povo judeu) toca a sua terra, deita raízes no seu chão?"

Tal indagação, suscitada por Jung em 1918 na conferência "Sobre o Inconsciente",[2] estava sendo respondida na mesma época pelo movimento sionista de retorno à "Terra Prometida".

Após ter sido expulso há 2 mil anos, o povo judeu foi privado, na diáspora, de ter acesso a terras extensas. Mas, desde o final do século XIX, com o movimento sionista, reconectou-se com suas raízes telúricas (*Eretz Israel*). Com base na visão de Jung, estaria também despertando forças poderosas do inconsciente e reavivando instintos primitivos?

Os povos árabes também são entranhavelmente telúricos e têm profundo apego a sua terra, onde residem há milênios. Como visto acima, os palestinos não são "apenas" árabes, no sentido étnico de descendentes dos invasores islâmicos desde o século VII d.C. Grupos islâmicos fundamentalistas consideram a terra como *waqf*, território sagrado dedicado a *Allah*; portanto, suscetível de *jihad*, guerra (santa) para ser purificada do controle dos infiéis. Para o Hamas, a Palestina constitui um território islâmico nessa acepção.

O grande poeta palestino Mahmoud Darwish expressa sua dor pela "geografia perdida". Mas o que realmente lhe dói não é apenas o território, mas a dignidade e a identidade perdidas. Ele descreve a "Palestina como metáfora" da mãe terra, que é permanente, em contraste com os múltiplos pais, que são invasores e transitórios:

> *Nossos pais foram numerosos ao longo da história, ao passo que a mãe sempre foi uma e única. A identidade daquele mudou, enquanto esta última permaneceu estável. Como sabe, minha terra natal é o lugar onde muitas mensagens*

---

2 JUNG, C. G. *Sobre o insconsciente*. *In*: Civilização em transição. Petrópolis: Vozes, 1993, p. 21.

> *divinas convergem, assim como civilizações e culturas, profetas e invasores. Mas todos tiveram em comum a transitoriedade. Não importa quão longa foi sua estada, o pai nunca foi definitivo nem permanente, ao contrário da mãe, que, mesmo não reduzida a esta simples metáfora, encarna a ideia da continuidade física e histórica. Essa é a origem da força de nossa fidelidade cultural à mãe terra.*[3]

Esse apego e pertencimento telúrico precisa ser levado em conta em qualquer negociação de paz entre israelenses e palestinos. As questões territoriais, com assentamentos, deslocamentos populacionais, refugiados e denúncias de limpeza étnica tocam nesse nervo extremamente sensível. Ao contrário do que afirmou o Presidente Donald Trump, o conflito não é meramente uma "questão imobiliária". Antes de territorial, política e racional, a questão é existencial, identitária e emocional. Da mesma forma que, junto a outros "povos originários", como os indígenas brasileiros, a categoria analítica "território" não percence apenas ao domínio da Geografia física, mas, antes, à Psicologia, ao apego emocional, à identidade étnico-cultural. Assim precisa ser compreendida e tratada pelos negociadores e *policy makers*.

O sionismo é resultado do antissemitismo na Europa. A proposta de um "Estado judeu" feita por Theodor Herzl foi resposta à necessidade de proteção dos judeus perseguidos na Europa. Uma proteção definitiva em um Estado nacional exclusivo, e não mais disperso entre nações hostis.

A população árabe da Palestina, na virada do século XIX para o XX, acolheu bem, em um primeiro momento, as primeiras levas de imigrantes judeus. Ben Gurion acreditava, como boa parte dos sionistas que chegaram do Leste europeu nos primeiros anos, na criação de um Estado judeu socialista de convivência pacífica, lado

---

3 DARWISH, Mahmoud. *Palestine as a metaphor*. Northampton, MA: Olive Branch Press, 2019, p. 1.

a lado com os árabes. Em sua visão, as classes operárias judaica e árabe poderiam cooperar entre si, sem violência e deslocamentos populacionais. Os árabes poderiam compartilhar os benefícios econômicos da imigração judaica.

Logo, entretanto, os árabes-palestinos perceberam que havia muito pouca interação com os recém-chegados. Ao contrário: perceberam um projeto de colonização que os excluiria e expulsaria. Começaram os primeiros atritos. Ainda durante a administração otomana, os árabes buscaram impedir a imigração judaica russa, e começaram atacando os imigrantes e assentamentos judeus.

Estes, em resposta, começaram a se defender, e passaram ao ataque. Inaugurou-se uma dinâmica perversa irreversível, uma espiral de violência que escala até hoje. Massacres a vilarejos, atentados, demolições, revoltas, greves.

Creio haver quatro vertentes do pensamento sionista: (i) a liberal, cosmopolita, globalizada, progressista, mais aberta política e intelectualmente à paz com os árabes-palestinos, representada por Chaim Weizmann, primeiro Presidente de Israel; (ii) a nacionalista militar, que enfatiza a segurança e o relacionamento com os palestinos e árabes a partir de uma posição de força, representada por Ben Gurion, Primeiro Ministro de Israel; (iii) a ostensivamente anti-árabe, defensora da supremacia e do exclusivismo judaicos, sob perspectiva laica, não religiosa, que conduz a políticas de limpeza étnica, representada por Ze'ev Jabotinsky; e (iv) a messiânica ultra-nacionalista, adepta da supremacia, do retorno e do exclusivismo judeu em uma "grande Israel", da militância anti-árabe e da limpeza étnica, cujos próceres são o rabino Meir Kahane e, hoje, os Ministros Ben Gvir e Bezalel Smotrich.

A tradição liberal seria a mais inclinada a um arranjo de paz e convivência com os árabes-palestinos; a nacionalista-militar também lhe seria favorável, contanto que estivessem plenamente asseguradas a hegemonia militar e as garantias de segurança, e que um eventual Estado palestino não se constitua como entidade plenamente soberana, capaz de ameaçar a segurança de Israel; já as duas últimas correntes, ultra-nacionalistas laica ou religiosa, opõem-se visceralmente à autodeterminação palestina.

Há um debate explosivo, de extrema sensibilidade, sobre a equiparação entre antissionismo e antissemitismo.

A Aliança Internacional para a Memória do Holocausto definiu antissemitismo como "uma determinada perceção dos judeus, que se pode exprimir como ódio em relação aos judeus". A entidade acrescenta que "manifestações retóricas e físicas de antissemitismo são orientadas contra indivíduos judeus e não judeus e/ou contra os seus bens, contra as instituições comunitárias e as instalações religiosas judaicas".

Correntes nacionalistas e extremistas defendem a equiparação entre antissionismo e antissemitismo, mas essa correlação é contestada por outros segmentos da própria comunidade judaica no mundo, sobretudo os liberais.

Em momentos de tensão máxima como o atual, há a tendência de imediatamente jogar sobre a mesa a carta-denúncia do antissemitismo. Trata-se de um xeque-mate retórico, um *game over* que impossibilita o debate e a crítica, seguido de cancelamento público da personalidade ou da instituição acusada.

A crítica ao governo ou Estado de Israel, que seria normal em qualquer país democrático, tem sido automaticamente classificada de antissemita.

Por outro lado, há críticas ao uso indiscriminado da "carta antissemita". Seu emprego para afastar qualquer contestação ao governo israelense reduz o valor desse importantíssimo e legítimo argumento. Este é poderoso e historicamente válido, mas se desgasta pelo uso reiterado contra críticas honestas e democráticas, sobre temas humanitários que apelam à consciência universal.

Acadêmicos judeus-israelenses, em particular da escola de "novos historiadores", como Ilan Pappe e Avi Schlaim, são acusados de antissemitismo e têm sofrido "cancelamento universitário". Manifestantes judeus-israelenses de Tel Aviv que participam de demonstrações semanais contra o governo Netanyahu são também chamados de antissemitas. Da mesma forma, manifestantes universitários em várias capitais do mundo.

Se a crítica é feita por personalidade ou instituição palestina, a designação é mais grave: terrorismo.

O antissemitismo tem crescido, infelizmente, desde o início da guerra de Gaza, preocupando indivíduos, famílias, comunidades e entidades judaicas em todo o mundo. Agressões físicas e verbais, atentados, inclusive a sinagogas, museus e memoriais, têm crescido de forma muito preocupante. A forma como a guerra foi gerida, com dezenas de milhares de vítimas fatais, em sua grande maioria crianças e mulheres, tem suscitado reação negativa de aliados tradicionais, inclusive norte-americanos.

Nas primeiras semanas do conflito, no final de 2023, o apoio à defesa e à retaliação de Israel pela ação terrorista do Hamas foi quase unânime entre os países. Entretanto, à medida que a guerra se prolongava por meses, e as imagens do sofrimento da população civil inocente se difundiam, com a multiplicação de vítimas, aquele apoio se arrefeceu. Aliados passaram a cobrar respeito às obrigações humanitárias e denunciar o uso político da guerra, que perdura.

Outro aspecto fundamental para compreender o pano de fundo ideológico do conflito é a visão eurocêntrica do Oriente Médio. O grande escritor palestino Edward Said intitulou de "Orientalismo" a construção de uma imagem negativa e inferiorizada do Levante. Trata-se de uma invenção cultural e política, carregada de preconceito e estereótipos, das potências imperialistas do Ocidente, notadamente europeias, que enxergam as civilizações do "Oriente" como povos exóticos e inferiores na escala civilizacional.

A "arabofobia" também foi estimulada pela indústria cinematográfica. Em "Reel bad Arabs: How Hollywood vilifies a people",

Jack Shaheen mostra como árabes e muçulmanos são retratados nas telas como inimigos públicos brutais, bárbaros, perigosos, odiosos, traiçoeiros, sempre inclinados a aterrorizar os ocidentais "civilizados".[4]

Os ocidentais são sempre bons, e os árabes, necessariamente, de índole má. Na construção ideológica ocidental do conflito, os árabes-palestinos seriam retratados sob essa métrica, como sub-raças incapazes de autogoverno, hostis, irracionais, violentas e indignas de confiança.

A "politização" da Arqueologia também exerce um papel crucial para a disputa ideológica e a legitimação das reivindicações históricas. Simon Sebag Montefiore mostra como, desde o século XIX, a Arqueologia se transformou de uma ciência histórica para estudar o passado para uma forma de controlar o futuro. Durante o final do período otomano, arqueólogos militares britânicos visitaram Jerusalém em missões de espionagem militar.

Merece destaque, nesse campo, a atuação da ONG israelense *Emek Saveh*, que rejeita a "politização" da Arqueologia e defende os direitos de patrimônio cultural como bens públicos que pertencem a todas as comunidades e religiões. A entidade defende a multiculturalidade e denuncia que a Arqueologia tenha se tornado ferramenta política do conflito Israel-Palestina. Critica, ademais, interesses e empresas/fundações privadas com apoio governamental, em detrimento do interesse público e da participação das comunidades palestinas que residem nos sítios arqueológicos (que seriam excluídas dos benefícios turísticos gerados, não teriam acesso às pesquisas ou seriam deslocadas).

Autoridades israelenses também controlam sítios arqueológicos nos territórios palestinos ocupados, proíbem escavações (por

---

4 Para citar um exemplo "pitoresco": no desenho animado "Aladin", da Disney, os personagens principais, "bons", falam inglês com sotaque norte-americano, ao passo que os vilões têm sotaque árabe. Ora, todos são árabes no conto... Mas fica deliberadamente marcado o contraste.

receio de que destruam "provas" da presença judaica na Judeia e Samaria) e, segundo relatos, confiscam artefatos de escavações anteriores realizadas por palestinos.

Em 1999, a *Waqf* islâmica realizou trabalhos na mesquita *Al Marwani*, antigos "estábulos de Salomão", no subsolo da Mesquita de *Al Aqsa*, utilizando maquinaria pesada que danificou peças arqueológicas, gerando reação enfurecida de autoridades e pesquisadores israelenses.

Artigo publicado em 2023 pelo arqueólogo israelense Alon Arad, diretor do *Emek Saveh*, e pela ativista Talya Ezrahi, intitulado *Annexation in the name of archeology*, informou que grupos de colonos extremistas realizam trabalhos de arqueologia bíblica como justificativa para assentamentos em Jerusalém Oriental e na Cisjordânia ocupada. O objetivo seria comprovar a precedência judaica "do Jordão ao Mediterrâneo", como "população nativa", ao passo que os palestinos são apagados ou descritos como "massa itinerante" que deseja destruir evidências do passado judaico.

Entretanto, a "Arqueologia política" em Tell Sebastia, na região de Samaria, por exemplo, encontrou registros dos períodos helênico, romano, bizantino, muçulmano e das Cruzadas. Nessa região, colonos aparecem em grande número, acompanhados pelo exército israelense, e às vezes em colaboração com grupos evangélicos norte-americanos, e promovem escavações sem autorização no "Monte Ebal" (Samaria / Nablus). O artigo considera tais ações prática de "arqueologia pirata".

A iconografia também desempenha papel importante. Os primeiros fotógrafos da Terra Santa, europeus, focavam nas paisagens, nos animais e na arquitetura dos monumentos, não em seus habitantes. As imagens, difundidas no final do século XIX, são de uma "terra sem povo", no máximo habitada por bárbaros do deserto. Uma foto da porta de Damasco da década de 1870 apenas registrava animais e produtos de venda. O fotógrafo pediu para que as pessoas saíssem da cena e borrou as imagens das poucas que permaneceram. Essa forma de registro foi chamada de "orientalismo", recordando a crítica etnocêntrica de Edward Said. Os fotógrafos armênios de Jerusalém e suecos e norte-americanos da *American Colony* romperam com essa forma de exclusão humana e passaram a registrar o cotidiano das pessoas na Terra Santa.

Por fim, vale assinalar que a agenda de paz em Israel sucumbe à polarização ideológica direita x esquerda, conservador x liberal, Likud x trabalhismo. A paz está associada à agenda da esquerda israelense, hoje politicamente desacreditada em uma disputa que se dá, na verdade, entre a direita e a ultra-direita. O dossier palestino e o diálogo de paz não fazem parte das discussões eleitorais, e a opinião pública israelense não lhe dá atenção senão de forma marginal. O assunto somente volta à tona quando ocorrem atentados e explode a violência. Como agora.

Citações: expressões da mentalidade

As citações servem como expressões da mentalidade vigente a partir das percepções de personalidades históricas. Elementos retóricos, que sintetizam narrativas, ofecem justificativas, mobilizam emoções e esforços. No caso do conflito israelo-palestino, explicitam a percepção de um lado e negam a validade da visão do outro, legitimam suas ações e deslegitimam as pretensões do oponente.

Abaixo, algumas citações relevantes que anotei, em ordem mais ou menos cronológica, que permitem compreender as principais ideias em torno do conflito.

Flavius Josephus

> *Jerusalém foi tomada seis vezes, mas destruída completamente apenas duas vezes. As diversas capturas foram pelos babilônios, Antíoco, Pompeu, Herodes e Tito; suas desolações foram causadas pelos babilônios e pelos romanos sob o comando de Tito.*

São Jerônimo

A Terra Santa é o quinto Evangelho.

Salah al Din

Jerusalém é nossa tanto quanto vossa. Na verdade, ela é mais nossa. Vocês recém chegaram, nós estamos aqui há séculos.

(Mensagem a Ricardo Coração de Leão)

Lord Shaftesbury

Há um país sem nação; e agora Deus, em Sua sabedoria e misericórdia, nos dirige a uma nação sem país.

(Esta frase é reinterpretada e repetida como: "uma terra sem povo para um povo sem terra")

Friedrich Nietzsche

Aquele que luta com monstros deve acautelar-se para não se tornar também um monstro.

Theodor Herzl

Teremos que estimular a população pobre a cruzar as fronteiras em busca de emprego nos países de trânsito, enquanto lhe negamos emprego em nosso próprio país. O processo de expropriação quanto de remoção dos pobres deve ser conduzido com discrição e circunspecção.

Vamos extraterritorializá-la, de modo que pertença a ninguém e a todo o mundo, seus lugares santos sendo posse conjunta de todos os crentes. (Sobre Jerusalém)

Edwin Montagu, Secretário de Estado para a Índia

O sionismo está propenso a gerar mais antissemitismo.

Chaim Weizmann

Somente os judeus eram capazes de reconstruir a Palestina e dar-lhe um lugar na moderna família de nações.

"Senhor Balfour, supondo que eu lhe oferecesse Paris em vez de Londres, o senhor aceitaria?" "Mas, dr. Weizmann, nós já temos Londres". "Verdade, mas nós tínhamos Jerusalém quando Londres não passava de um pântano".

(Diálogo com Balfour)

Loyd George

Se algum dos lados parar de reclamar, você será demitido.

(Recomendação a Ronald Storrs, governador de Jerusalém, em referência às constantes reclamações de árabes e judeus)

Zeev Jabotinsky

Os árabes devem dar lugar aos judeus na Terra de Israel. Se foi possível transferir os povos bálticos, também é possível mover os palestinos árabes. Nós, os judeus, graças a Deus, nada temos a ver com o Oriente. A alma islâmica deve ser varrida de Israel.

Lawrence da Arábia

Estamos chamando-os para lutar por nós com base numa mentira.

(Sobre o acordo Sykes – Picot)

Ben Gurion

Gostaria de perguntar a qualquer inglês que esteja aqui na comissão: em que dia o Mayflower saiu do porto? Que data foi? Gostaria de perguntar aos americanos: eles sabem em que data o Mayflower saiu do porto da Inglaterra? Quantas pessoas estavam no barco? Quem eram seus líderes? Que tipo de comida eles comeram no barco? Há mais de 3300 anos, muito antes do Mayflower, o nosso povo deixou o Egito, e cada judeu no mundo, onde quer que esteja, sabe em que dia partiu. E ele sabe que comida eles comeram. E ainda comemos essa comida em toda a mesma data. E sabemos quem foi nosso líder. E sentamos e contamos a história aos nossos filhos e netos para garantir que nunca será esquecida.

(Em sessão da Comissão Peel)

Em Israel, para ser realista, é preciso acreditar em milagres.

Hino Nacional de Israel

Não se perdeu nossa esperança, a esperança de dois mil anos, de ser um povo livre em nossa terra, a terra de Sião e Jerusalém.

Soldados israelenses

Iallah alla Abdallah

("Vá para Abdallah", rei da Jordânia. Expulsão dos palestinos em 1948)

Golda Meir

Se os árabes largassem as armas, não haveria mais combates. Se os israelitas largassem as armas, não existiria mais Israel.

Anwar Sadat

Dois terços do conflito árabe-israelense são psicologia.

Abba Eban

Os palestinos nunca perdem uma oportunidade de perder uma oportunidade.

Edward Said

Ironia complexa: as vítimas clássicas dos anos de perseguição antissemita e do Holocausto tornaram-se, em sua própria nação, carrascos de outro povo, que passou a ser, portanto, vítima das vítimas.

Se ninguém pode se apresentar e dizer com franqueza "Sim, os palestinos realmente merecem expiar os crimes históricos cometidos contra os judeus na Europa", então também deve ser verdadeiro que não dizer "Não, os palestinos não devem mais ser submetidos a essas provocações" é um ato de cumplicidade e covardia moral de dimensão singular.

Muito do desespero e do pessimismo que se sente no conflito palestino-sionista é a incapacidade de ambos os lados de lidar, em certo sentido, com o poder existencial e a presença de outro povo em sua terra, com sua desafortunada história de sofrimento, seu investimento emocional e político nessa terra e, pior, de fingir que o "outro" é um estorvo temporário, que com tempo e esforço (e violência punitiva de tempos em tempos) acabará indo embora. A realidade é que os palestinos e judeus israelenses estão plenamente enredados na vida e no destino político uns dos outros.

Os judeus ocidentais tornaram-se os opressores em Israel (de árabes-palestinos e judeus orientais).

Karen Armstrong

Como os israelenses modernos, os cruzados fundaram um enclave estrangeiro no Oriente Próximo, dependente da ajuda ultramarina e cercado de nações hostis. Toda a história de seu reino se resume na luta pela sobrevivência. Os cruzados, como os israelenses, eram obcecados pela segurança... Alguns cruzados, como muitos israelenses, perceberam que seu reino não sobreviveria como um gueto ocidental no Oriente. Deviam estabelecer relações normais com o mundo muçulmano à sua volta.

A maioria dos que trabalham pela paz são seculares.

Simon Sebag Montefiore

O sionismo era uma ideia germano-austríaca, e até 1914 os sionistas estavam baseados em Berlim.

O fim da Grande Síria e os tumultos ajudaram a formar uma identidade nacional palestina.

Nessa época mórbida, quando a guerra era muitas vezes vista como um ritual nacional de purificação, ... acreditavam que somente a violência poderia salvar a Palestina.

Que cada um reconheça as narrativas modernas sagradas de tragédia e heroísmo do outro. Isso é pedir muito, uma vez que essas histórias retratam o outro como arquivilão.

Mahmoud Darwish

Não tendo podido encontrar meu lugar na terra, tentei encontrá-lo na história.

E a história não pode se reduzir a uma compreensão da geografia perdida.

Yehuda Amichai

Uma pena. Nós éramos uma invenção tão boa.

Shimon Peres

Podemos continuar indefinidamente no limbo que não é nem guerra, nem paz.

Israel administra agora dois sistemas governamentais paralelos com conjuntos de valores contraditórios. Pela sua própria natureza, o governo militar é opressivo. É a própria antítese dos valores democráticos básicos estabelecidos na Declaração de Independência de Israel, nas nossas leis básicas, na nossa cultura política e na nossa visão social do mundo.

Samuel Huntington

São as pessoas e os políticos, a opinião pública e os governos, que começam as guerras. E os militares combatem. Filósofos civis, publicistas, acadêmicos, não soldados, são os românticos e glorificadores da guerra ... O estado que deseja a paz deve estar bem armado para impor seu desejo. Estados fracos convidam ao ataque.

Eduardo Galeano

Nenhuma guerra tem a honestidade de confessar "eu mato para roubar". As guerras sempre invocam nobres motivos. Matam em nome da paz, de Deus, da civilização, do progresso, da democracia. E se, pela dúvida, se tantas mentiras não forem suficientes, aí estão os grandes meios de comunicação dispostos a inventar inimigos imaginários para justificar a conversão do mundo em um grande manicômio, e um imenso matadouro. Em Rei Lear, Shakespeare escreveu que, neste mundo, os loucos conduzem os cegos.

Ilan Pappe

O estado judeu nasceu do pecado.

Assumir o controle da maior parte da Palestina possível com o menor número possível de palestinos.

Confinaram os palestinos da Cisjordânia e da Faixa de Gaza num limbo impossível: não eram nem refugiados nem cidadãos – habitantes sem cidadãos. Eram reclusos numa enorme prisão onde não têm direitos civis e humanos.

O que os palestinos podem fazer? Se aceitarem as expropriações de terras, as severas restrições à circulação, a dura burocracia da ocupação, então poderão colher alguns benefícios. Contudo, se escolherem o caminho da resistência, sentirão todo o poder do exército israelita.

O medo demográfico que assombrava Ben Gurion – um grande Israel sem maioria judaica – foi cinicamente resolvido por meio do encarceramento da população dos territórios ocupados numa prisão sem cidadania.

Marwan Bishara

O processo de paz está morto; viva o processo de paz!

Jared Kushner

Uma das razões pelas quais o conflito árabe-israelense persistiu durante tanto tempo foi o mito de que só poderia ser resolvido depois de Israel e os palestinos resolverem as suas diferenças. Isso nunca foi verdade. Os Acordos de Abraão expuseram o conflito como nada mais do que uma disputa imobiliária entre israelitas e palestinos que não precisa atrasar as relações de Israel com o mundo árabe em geral.

Gideon Levy

A ocupação derrotou o Estado de Israel.

A religião é apenas um adereço teatral. O motivo que move os colonos e seus apoiadores continua a ser ultranacionalista, alimentado por considerações imobiliárias, incluindo o mal, a violência e o sadismo. Apesar de todas as armadilhas, esta não é uma guerra de religião, embora pode muito bem se tornar uma.

Naftali Bennet

Não há com quem negociar; do outro lado só há terroristas ou corruptos.

Benjamin Netanyahu

Em nosso tempo, as profecias bíblicas estão se cumprindo. Como dito pelo profeta Amós, "reconstruirão suas cidades em ruínas, e nelas habitarão".

O povo judeu alcançou algo que nenhum outro povo conseguiu. Somos o único povo que vive na mesma terra com o mesmo nome, fala a mesma língua e tem a mesma fé que tínhamos há 3.000 anos.

Estou orgulhoso de ter impedido o estabelecimento de um Estado palestino. Hoje todos entendem o que esse

Estado palestino poderia ter sido, agora que vimos o pequeno Estado palestino em Gaza. Todos compreendem o que teria acontecido se tivéssemos capitulado às pressões internacionais e possibilitado um Estado como aquele na Judeia e Samaria, nos arredores de Jerusalém e nos arredores de Tel Aviv.

As Forças de Defesa de Israel são o exército mais moral do mundo.

Não estou preparado para substituir o Hamastão pelo Fatahstão.

Ditado popular israelense

Se não deu certo com força, use mais força.

Davi Windholz

A regra do olho por olho resulta em terra de cegos.

Al Quds Editorial

A guerra total travada pelas forças de ocupação e pelas gangues de colonos na Palestina é uma tentativa de acabar com a causa palestina em seu benefício. Esta guerra só pode intensificar a hostilidade palestina e o confronto agressivo, especialmente agora que nosso povo não desistiu dos nossos direitos nacionais ao retorno, à autodeterminação e ao estabelecimento de um Estado independente.

Colonos em Hebron

Como podemos ser colonos, se somos autóctones?

Munther Isaac

Para muitos, ser cristão e árabe (mais ainda palestino) é um oxímoro.

O povo desta terra nunca se governou a si mesmo.

Somos invisíveis, escondidos por trás do muro.

Muros servem para dividir e separar. Comunicam a mensagem de que os povos não são iguais, e que os do "outro lado" são perigosos e devem ser temidos. Criam um sentido de superioridade e inferioridade... Muros levam à desumanização dos que estão do outro lado.

Nós não existimos, ou assim parece, na visão de muitos cristãos.

A Bíblia foi transformada em arma.

Jonathan Glazer

Nosso filme mostra até onde a desumanização conduz ao seu pior... Estamos aqui como homens que rejeitam que a judeidade e o Holocausto sejam sequestrados por uma ocupação que levou ao conflito tantas pessoas inocentes. Quer sejam as vítimas do 7 de outubro em Israel ou do ataque em curso a Gaza – todas são vítimas dessa desumanização.

Naomi Klein

O sionismo é um falso ídolo que tomou a ideia transcendente da terra prometida – uma metáfora para a libertação humana que viajou através de múltiplas crenças a todos os cantos deste globo – e se atreveu a transformá-la numa escritura de venda para um etnoestado militarista.

Waseem Al-Masri

Não haverá paz enquanto todos não pudermos viver em paz.

Yuval Boah Harari

Não sofremos da estreiteza de terras, mas da estreiteza de mentes.

A terra é suficiente para judeus e palestinos.

Síntese histórica do conflito israelo-árabe-palestino

A História recente da Terra Santa é a do encontro de dois povos sofridos e traumatizados por séculos e séculos de guerras, invasões, destruições, expulsões e retornos, inquisições, pogroms, massacres, ocupações, humilhações.

Esse encontro traumático é o resultado de três vetores históricos: (i) o antissemitismo na Europa, que produziu o sionismo como fórmula de proteção do povo judeu em um Estado nacional exclusivo, e não disperso entre nações hostis; (ii) o imperialismo europeu, com sua mania de traçar geografias artificiais segundo zonas de interesse geopolítico desconsiderando complexidades étnico-históricas – seja na África, na Ásia ou no Oriente Médio; e (iii) a resistência árabe-palestina contra o que é percebido como projeto colonial expansionista israelense e como enclave ocidental no Levante.

Evidentemente, não cabe, aqui, recuar no tempo – três, quatro mil anos – para recordar as origens bíblicas do conflito, que todos conhecem. Prefiro poupar a preciosa paciência do(a) leitor(a) e iniciar com a ideia da partilha da Terra Santa.

A ideia da partilha sempre foi europeia, sobretudo britânica. Tem raízes em uma mentalidade cruzada, imperialista, colonialista, maniqueísta, binária, excludente, incompatível com a mentalidade sofisticada, complexa, multicultural e pluriétnica do Levante, que é mais aberta à pluralidade e ao convívio no mesmo espaço.

A proposta da partilha não nasceu na *Peel Commission* em 1936/7, durante o mandato britânico, nem na Resolução 181 da Assembleia Geral da ONU, em 1947.

Seus antecedentes podem ser remontados à Terceira Cruzada, quando, em 1192, Ricardo Coração de Leão enfrentou o grande sultão aiúbida, general Salah al Din (Saladino). O rei inglês reconquistou Acre e Jafa, mas não conseguiu avançar sobre Jerusalém. Diante do impasse militar, Saladino e Coração de Leão celebraram o acordo de “Paz de Jafa”. O tratado estabeleceu a primeira partição da Palestina: os muçulmanos se manteriam em Jerusalém, e os cruzados ocupariam o território costeiro entre Tiro (hoje, Líbano) e Jafa (hoje, Israel, contígua a Tel Aviv). A partilha da Palestina, firmada com o Rei Ricardo, possibilitava a convivência pacífica entre povos e religiões, incluindo o respeito aos peregrinos.

Um salto de sete séculos, para as últimas décadas do período otomano. No final do século XIX, o antissemitismo castigava, na Europa, a comunidade judaica: perseguições, pogroms, massacres, expulsões, impedimentos civis, militares e profissionais de toda sorte.

É curioso que os europeus, que hoje se apresentam como paladinos dos direitos humanos, da civilização e da ordem mundial, são responsáveis pelas causas de diversos conflitos na África e no Oriente Médio, incluindo a disputa israelo-palestina.

Como já dito, o movimento sionista resulta da perseguição antissemita na Europa. Seu objetivo era proteger o povo judeu, assegurando-lhe um lugar seguro no mundo. As conferências sionistas debateram se o lugar seria na África, na América do Sul ou no Oriente Médio. Prevaleceu o desejo milenar de retorno a Israel ("ano que vem, em Jerusalém", repetiam as famílias judias nas celebrações da Páscoa, por séculos).

Em um desenvolvimento paralelo, as disputas imperialistas das potências europeias na África conduziram à partição territorial desse continente na Conferência de Berlim (1884-5). O novo desenho geopolítico da região foi traçado pelos interesses metropolitanos sem qualquer consideração às etnias e à ecologia africanas. O mesmo critério seria aplicado três décadas mais tarde no Levante pelo Acordo Sykes-Picot (abaixo). Mas os povos árabes tinham sentido de identidade histórica, organização social e resistência político-militar bem maior do que as tribos africanas...

O sionismo chegou a cogitar uma espécie de protetorado prussiano na Palestina, em acordo com o Império Otomano, tendo como língua nacional o alemão.

Organizou-se o deslocamento para a Palestina dos judeus perseguidos pelo antissemitismo europeu. Por seu turno, os chamados judeus árabes continuavam vivendo de forma relativamente pacífica e próspera no Levante e na África do Norte, até mesmo no Irã.

Um amigo de Herzl enviou rabinos para verificar a viabilidade da construção de um futuro "lar judeu" na Palestina. Em seu retorno, eles relataram algo curioso, de forma jocosamente poética e franca, mas que antecipava o problema: "A noiva é bonita, mas está casada com um outro homem". Em outras palavras, sabiam que havia população residente na terra prometida, não era "uma terra sem povo".

O incremento das migrações começa a gerar os primeiros atritos entre árabes e judeus no final do século XIX e início do XX. No final do período otomano, e com o crescimento dos atritos que levaram à Primeira Guerra Mundial, fortaleceu-se o nacionalismo árabe, com o estímulo britânico, que conduziu a movimentos de independência baseados em identidades específicas de libaneses, jordanianos, sírios e palestinos, hachemitas e sauditas.

Durante a Primeira Guerra Mundial, em 1916, um acordo secreto entre França e Reino Unido sela a nova geografia do Levante, seguindo a mesma lógica imperialista aplicada na África: o acordo Sykes-Picot.[5] O entendimento dividia partes do Império Otomano em áreas de influência: basicamente, concedia à França o Líbano, e à Inglaterra o que hoje é Palestina, Jordânia, Iraque e parte da Síria, regiões ricas em petróleo.

No esforço de guerra contra Império Otomano, os britânicos prometeram aos árabes mais do que podiam cumprir. Mais que isso, as promessas eram incompatíveis. Entre elas, por exemplo, a independência dos estados árabes sob comando hachemita, que terminaram perdendo o controle sobre o Hijaz (Península Arábica), que ficou nas mãos do grupo adversário, os sauditas. "Lawrence da Arábia", ator relevante das negociações, critica seu próprio governo pela forma como ludibriava os povos árabes.

A Declaração de Balfour, em 1917, é um marco fundamental na história do conflito Israel-Palestina. A carta de Arthur Balfour, então Secretário do *Foreign Office*, dirigida ao Barão Rotschild, transmitia a mensagem de simpatia do governo britânico às "aspirações sionistas", indicando expressamente o compromisso e

---

5 Sir Mark Sykes era político conservador e diplomata britânico, e François Georges-Picot, jurista e diplomata francês.

o empenho no estabelecimento de um "lar nacional para o povo judeu" na Palestina. Mas impunha uma condição: "nada será feito que possa prejudicar os direitos civis e religiosos das comunidades não-judaicas na Palestina".

No mesmo ano (1917), o general britânico Edmund Allenby conquista Jerusalém, pondo fim a quatro séculos de domínio otomano. Sinos voltaram a tocar nas igrejas da capital, após silêncio de 400 anos.

Na Conferência de Paris, em 1919, o Rei Faisal, da Arábia Saudita, chegou a prometer a Weizman apoio a um "lar para o povo judeu" (sem consulta aos palestinos), contanto que também houvesse independência árabe.

Em 1922, a Liga das Nações outorga ao Reino Unido o mandato sobre a Palestina, que se prolongará até 1948.

Na época, 94% da população local era árabe: 84% muçulmanos sunitas, 10% cristãos, e 5% judeus. A imigração judaica se intensifica, de forma intermitente, gerando confrontos com a população árabe-palestina. Os palestinos, que haviam lutado contra os turcos e contra o colonialismo britânico, passaram a enfrentar os imigrantes judeus.

Tais confrontos culminam com a revolta árabe de 1936. O mandato britânico constitui a comissão *Peel* para buscar soluções ao problema que fugia do controle. O relatório da *Peel Commission*, produzido em 1937, propôs a partilha da Palestina no entendimento de que se tratava de um conflito entre "duas comunidades nacionais sem bases comuns nas fronteiras de um pequeno território". Essa visão imperialista ocidental desconsiderava a perspectiva das comunidades judias que viviam há séculos no Levante, mas reconhecia a "aspiração contrastante de dois movimentos nacionais".

Em 1939, reuniu-se conferência britânica para discutir a partilha da Palestina. Delegações árabes (Jordânia, Egito, Iemen,

Iraque) e judaicas não se sentaram na mesma mesa. A conferência foi um fracasso.

A Segunda Guerra Mundial testemunhou os horrores do Holocausto, com o sacrifício de seis milhões de judeus. Esse evento trágico, chaga profunda na História e na consciência da humanidade, aumentou e legitimou a pressão para a imigração das comunidades judaicas liberadas da Europa e do nazi-fascismo.

Pressionado pelas elites árabe-palestinas, o mandato britânico se opôs ao crescimento do fluxo de judeus que fugiam da Europa. Navios repletos de refugiados da guerra eram impedidos de desembarcar. Alguns retornaram para aquele continente, onde foram exterminados.

O Mufti de Jerusalém também pressionou Mussolini e Hitler contra a imigração judaica.

Ainda durante a Guerra, a liderança sionista, encabeçada por Ben Gurion, passa a reivindicar toda a Palestina; surgem planos de mapeamento da região em áreas segundo uma lógica que será retomada mais tarde, nos acordos de Oslo.

Em 1947, é criada a UNSCOP (*United Nations Special Committee on Palestine*), com mandato de produzir recomendações sobre o "futuro governo da Palestina". A UNSCOP recomendou o encerramento do mandato britânico e a partilha da Palestina.

Com o agravamento dos problemas, a Assembleia Geral da ONU, sob a presidência de Oswaldo Aranha, aprova em 1947 a célebre Resolução 181 que "recomenda" o plano de partilha da Palestina.

A Resolução 181 tinha por título "Futuro governo da Palestina". Recomenda ao Reino Unido, com mandato sobre a Palestina, e aos membros da ONU a adoção e implementação de um "Plano de Partição com União Econômica". Solicita que o Conselho de Segurança tome medidas para sua implementação e determine como ameaça à paz, violação da paz ou ato de agressão qualquer tentativa de alterar pela força o acordo previsto. A resolução obriga o Reino Unido a evacuar a área situada no território do Estado Judeu, e determina que "Estados Árabe e Judeu Independentes" serão estabelecidos após a evacuação das forças britânicas.

Jerusalém é designada *corpus separatum*, sob administração internacional da ONU. Gaza é separada da Cisjordânia, conformando um território árabe-palestino não contíguo.

A Resolução 181 nasceu letra morta. Os israelenses concordaram, mas os países árabes, que haviam votado contra, não aceitaram a partilha da Palestina. Gaza é colocada sob administração egípcia.

Em 1948, proclama-se o Estado de Israel. O momento é interpretado de duas formas antagônicas. O povo judeu celebra sua nação reconquistada; o povo palestino encara sua catástrofe (*Nakba*).

De fato, os palestinos, ao lado dos curdos, foram os povos que não lograram constituir-se como Estados após a descolonização do Levante.

Em 2023, a Embaixada de Israel, em nota, refutou a crítica do Presidente Lula de que a ONU não consegue criar o Estado Palestino, e pôs a culpa nos países árabes, que "lançaram um ataque às aldeias e cidades judaicas e ao Estado recém-fundado". "Na guerra que nos foi imposta – prossegue –, vencemos e estabelecemos um Estado – o Estado de Israel. A ONU deu a oportunidade do estabelecimento de um Estado Árabe/Palestino em 1947. Os árabes tiveram a oportunidade de estabelecer um estado e o rejeitaram".

Segundo a narrativa israelense, após a declaração de independência, o país recém-formado foi atacado simultaneamente por seus vizinhos árabes – Egito, Jordânia, Síria e Líbano. No contexto da ofensiva, populações palestinas teriam abandonado "voluntariamente" suas casas.

As Forças Armadas de Israel foram treinadas e assistidas por oficiais do Reino Unido, e herdaram seus postos estratégicos, equipamentos e munições após a evacuação das tropas britânicas.

Da perspectiva palestina, entretanto, a "agressão" israelense não teria sido resposta defensiva ao ataque das nações árabes (uma "guerra imposta"), mas já se verificava antes, com a destruição e o massacre de cidades e vilas, que aterrorizaram e expulsaram a população palestina. A guerra, inclusive psicológica, e a limpeza étnica (massacres dos vilarejos de Deir Yassin e de Lod / Lida) são anteriores à "guerra de independência". Havia, nessa visão, desde o início, um plano de conquista territorial, deslocamento populacional e alteração de sua composição étnica.

Ademais, a repartição estabelecida pela Resolução 181 foi considerada "injusta" pelos países árabes, um "mau negócio", pois confrontava a realidade demográfica. Apesar de ter quase 70 % da população, o novo "Estado árabe" perderia mais da metade do espaço, ficando com apenas 45 % do território. Por seu turno, a população judaica, pouco mais de 30 %, receberia 55 % do território.

Ilan Pappe assinala que Israel poderia ter ocupado todo o território da "Palestina histórica" durante a guerra de independência, em 1948, mas não o fez por causa de um acordo com a Jordânia negociado no final do mandato britânico – que também serviu para limitar a participação da Jordânia na guerra. O Reino Unido havia secretamente costurado um acordo entre israelenses e o Rei Abdullah de forma a evitar choques diretos entre seus exércitos (*the phony war*). Como recompensa, a Jordânia manteria o controle sobre a Transjordânia (Palestina) e Jerusalém Este.

Com a independência de Israel e a primeira guerra árabe-israelense (1948-9), surge a complexa e sensível questão dos refugiados. Entre 700 mil e 750 mil refugiados palestinos – de uma população de mais de 1,4 milhão – são expulsos para Jordânia, Síria, Líbano e Gaza, além da Transjordânia (hoje Cisjordânia).

O Egito se recusou a receber refugiados (mesmo durante a atual guerra de Gaza). Os refugiados das regiões próximas se amontoaram em Gaza, gerando um núcleo de tensão política, social e de segurança permanente, tanto para Israel quanto para o Egito, espaço aproveitado pelo radicalismo extremista islâmico.

Segundo o Escritório Central Palestino de Estatísticas, foram ocupadas 774 cidades e aldeias, e 571 foram destruídas. Houve 51 massacres no período da guerra de independência (a *Nakba*), que teriam provocado a morte de 15 mil palestinos. Outros 200 mil palestinos teriam sido deslocados para a Jordânia após a guerra de 1967. Em paralelo, em sentido contrário, ocorreu, segundo a mesma instituição, massiva imigração: 318 mil judeus chegaram à região entre 1932 e 1947, e 3,3 milhões entre 1948 e 2022.

Outras dezenas de milhares de árabes-palestinos expulsos de suas terras, vilas e aldeias não saíram do país, mas foram realocados e concentrados em cidades árabes muito antigas que foram incorporadas pelo Estado de Israel, como Haifa, Nazaré, Jafa, Abu Gosh e outras. Formou-se assim uma importante comunidade árabe-israelense "de 1948" (conhecidos como *forty eighters*).

Se não opusessem resistência, os *forty-eighters* seriam autorizados a permanecer no território israelense, sob forte controle de segurança militar em cidades de maioria árabe. Em caso de revolta, seriam expulsos. O "direito do retorno" dos refugiados jamais será atendido.

Vilas árabes-palestinas foram arrasadas fisicamente e deletadas dos mapas (praticamente não se encontram referências à sua existência na internet). As casas mais nobres foram ocupadas por colonos israelenses, sobretudo em Jerusalém Ocidental. Os antigos moradores jamais conseguiram reavê-las judicialmente.

As famílias palestinas levavam consigo as chaves de suas casas, acreditando que a crise seria passageira, e retornariam. Nunca voltaram. As chaves se transformaram em símbolo da esperança de abrirem novamente as portas de seus lares. Mas o "direito do retorno" jamais lhes será permitido, contrastando com a *alyah*, estímulo oficial à imigração de judeus de todo o mundo.

Para dar assistência aos refugiados palestinos, a ONU cria a agência UNRWA, sempre questionada por Israel (ver abaixo).

Ilan Pappe assinala que Israel poderia ter ocupado todo o território da "Palestina histórica" durante a guerra de independência, em 1948. Segundo Pappe, membros da elite israelense lamentaram esse "erro histórico" e planejaram "corrigi-lo" com vistas a criar um "Grande Israel", que incorporasse a Cisjordânia.

Isso exigiria uma anexação da "Geografia sem Demografia", ou com uma "demografia hostil" (população árabe). Entretanto, passadas as levas de refugiados de 1948 e 1967, nas décadas seguintes os novos "deslocados internos" não se tornariam mais refugiados no exterior. Seria necessário ocupar, anexar e implementar um regime marcial sobre os milhões de palestinos que permaneceriam na Cisjordânia e em Gaza.

Ben Gurion advertiu sobre o perigo demográfico de incorporar um milhão de árabes em um Estado israelense que contava, na ocasião da guerra de independência, com 1,7 milhão de habitantes.

O Plano Dalet, demandado por Ben Gurion, constituiu diretrizes para consolidar e proteger o território do Estado de Israel por meio da conquista de cidades e vilas árabes. Debate-se, hoje, se o plano Dalet era apenas defensivo ou de limpeza étnica planejada.

Grupos armados "irregulares" israelenses (que hoje seriam chamados terroristas) fizeram atentados. Em 1946, o *Irgun* dinamitou o famoso Hotel King David, em Jerusalém, em atentado contra o mandato britânico, matando 91 pessoas. Em 1948, o *Stern* assassinou o Conde Bernadotte, emissário sueco e mediador das Nações Unidas.

Em 1949, foram assinados armistícios entre Israel e Egito, Líbano, Jordânia e Síria. O armistício de 1949 estabeleceu uma fronteira, denominada "Linha Verde".

Israel torna-se membro da ONU em 1949. A Resolução do Conselho de Segurança estabelece que Israel é um Estado "amante da paz" – condição para ingressar na organização – e está disposto a respeitar suas obrigações da Carta da ONU.

A questão do acesso da Palestina ao *status* de membro da ONU será tratada na Parte III.

Durante a Guerra Fria, o Levante passa da lógica da disputa entre potências imperialistas europeias para a dinâmica da confrontação bipolar Estados Unidos – União Soviética.

A Guerra de Suez, em 1956, provocada pela nacionalização do canal pelo Presidente egípcio Gamal Abdel Nasser, é um marco nessa transição. Estados Unidos e União Soviética não aceitam a intervenção da França e da Inglaterra contra o Egito. Israel, aliada daquelas potências na ofensiva contra o Egito, participa das ações militares. Suez é considerada a última guerra do imperialismo clássico no Oriente Médio, sendo as potências europeias – e Israel – forçadas a recuar de suas posições pelas novas superpotências, EUA e URSS.

No tabuleiro geopolítico da Guerra Fria, Nasser entra na órbita soviética e lança o panarabismo: numa pretendida reedição de Salah al Din, tenciona unir Egito, Jordânia, Síria e Líbano. Um dos objetivos é cercar e destruir Israel. De seu lado, Israel reforça sua adesão estratégica ao (e dependência do) Ocidente, especialmente Estados Unidos.

Após o conflito de Suez, a ONU estabelece missão de paz UNEF I (*United Nations Emergency Force*). Essa será a primeira participação do Brasil em uma força de paz. Soldados brasileiros do Batalhão Suez são desdobrados em Rafah, Gaza, de 1957 a

1967, com a missão de proteger a população civil palestina das hostilidades entre Egito e Israel, e monitorar a linha de armistício.

Apesar disso, as tensões entre Israel e Egito não cessam de se intensificar.

Em 1964, nasce a Organização para a Libertação da Palestina.

Em 1967, eclode a Guerra dos Seis Dias. Estados Unidos e União Soviética não intervêm diretamente, mas tomam posições: Estados Unidos apoiam militarmente Israel, e a União Soviética, o Egito.

De início, aparentemente, não era objetivo de Israel tomar Jerusalém e ocupar a Cisjordânia. A guerra era contra o Egito e a Síria, e isso teria sido avisado à Jordânia. Mas o Reino Hachemita atacou Jerusalém, pressionado pela solidariedade árabe. Palestinos partiram da Jordânia para atacar Israel, com apoio do exército jordaniano. Sinagogas foram incendiadas. Em resposta, o exército israelense entrou na Cidade Antiga de Jerusalém, conquistou-a e a "libertou", unificando-a ao setor Ocidental. Jerusalém foi proclamada "capital eterna e indivisível" de Israel.

Cisjordânia, Golã e Gaza foram ocupadas. Não havia, em princípio, propósito de "anexação" definitiva, mas de "ocupação estratégica", temporária, para fins militares e futura troca de território por paz e, sobretudo, pelo reconhecimento do Estado de Israel.

O Conselho de Segurança da ONU aprova, por unanimidade, a célebre Resolução 242, que estabelece a retirada das forças israelenses dos territórios ocupados, incluindo Jerusalém Oriental. Todas as iniciativas do processo de paz – Camp David, Oslo, Anápolis, Iniciativa Árabe – foram negociadas segundo os parâmetros estabelecidos pela Resolução 242. Sua implementação definitiva, entretanto, nunca ocorreu.

A nova geografia, imposta pela Guerra dos Seis Dias, ceifou metade do território palestino de 1947: restaram-lhe apenas 22% do espaço da "Palestina histórica".

Foram atacadas populações civis na Cisjordânia, Golã e Gaza, gerando nova expulsão de 430 mil palestinos e causando problemas políticos e de segurança nos países vizinhos. A derrota e ocupação de 1967 foi chamada de *Al Naksa*, o "revés".

Em um primeiro momento, as autoridades militares israelenses justificaram a ocupação como necessidade de profundidade estratégica de defesa, diante da possibilidade de ataques vindos da Jordânia e da Síria, pelo Leste e Nordeste, além do Egito, pelo Sul. A ocupação seria, portanto, apenas "provisória".

Mas essa ocupação "provisória", para fins estratégico-militares, iria tornar-se permanente. De início, justificada por objetivos de "segurança", passou a servir a interesses históricos e messiânicos: a "reconquista" das regiões bíblicas de Judeia e Samaria.

Com o passar dos anos, Israel consolida sua presença demográfica e fortalece as linhas de suprimento e a logística de transportes para atender os "postos avançados" militares. A estratégia era criar "fatos no terreno", tornando irreversível a ocupação. A presença efetiva é impulsionada por incentivos oficiais e privados para novos colonos, inclusive com apoio de grupos messiânicos extremistas e ultranacionalistas.[6] Estes reivindicam presença permanente e expansão dos assentamentos, e se opõem de forma visceral a qualquer proposta de troca de "terra por paz".

O rabino Meir Kahane é um dos próceres da corrente messiânica ultranacionalista, adepta da supremacia, do retorno e do exclusivismo judeu em uma "grande Israel", da militância anti-árabe

---

6 A Suprema Corte de Israel considerou ilegais as expropriações de terras privadas palestinas nos territórios ocupados para assentamentos. A fim de contornar esse impedimento, vários espaços foram "redefinidos" como terras públicas devolutas, o que viabilizou a ocupação de quase um terço do território palestino. Nos últimos anos, sob pressão política, vários assentamentos antes considerados ilegais pela Justiça estão sendo legalizados, e novos estão sendo construídos.

e da limpeza étnica. Seu partido político (*Kach*) foi proscrito pela justiça israelense, mas seu conjunto de ideias, designadas como "kahanismo", inspirou os autores dos atentados cometidos por extremistas na década de 1990 (o Massacre do Túmulo dos Patriarcas, em Hebron, e o assassinato de Yitzhak Rabin).

A gramática do conflito também se ajustava: não se trataria mais de "ocupação", mas de "disputa territorial", em favor da "grande Israel", que se estenderia a trechos da Jordânia e Síria. A ocupação e a expansão impunham a desarticulação e desmembramento territorial jordano-palestino, inviabilizando a contiguidade espacial de um eventual futuro Estado.

Forma-se o Fatah, liderado por Arafat, símbolo da resistência armada. A Frente Popular para a Libertação da Palestina, outro grupo militante, planeja derrubar o Rei Hussein, da Jordânia. O Monarca hachemita declara guerra à OLP e pede ajuda à Síria e também a Israel. A causa palestina torna-se um problema para os países árabes. Israel intervém em favor da Jordânia e ataca os palestinos ali instalados. Nasser intermedeia acordo entre Hussein e Arafat, e a OLP abandona a Jordânia.

A militância palestina transborda sob forma de terrorismo para a Europa e os países vizinhos: Setembro Negro na Jordânia, atentado nos jogos olímpicos de Munique. Expulsos da Jordânia, sua liderança se transfere para o Líbano e se envolve na guerra interna deste país, aliando-se aos muçulmanos. Os cristãos buscam ajuda de Israel, que invade o Líbano. O Presidente Bashir Gemayel é assassinado, Sabra e Shatila são chacinadas. Arafat é mais uma vez expulso, e se instala na Tunísia.

A Guerra do Yom Kippur, em 1973, o quarto enfrentamento árabe-israelense, havia se tornado inevitável. Decididos a reaver Sinai e Golã, Egito e Síria voltam a enfrentar Israel. Estados Unidos e União Soviética dão apoio à negociação do cessar-fogo. Naquele momento, os EUA estavam mais preocupados com o Vietnã e com a própria URSS. O conflito gerou a crise do petróleo nos anos 1970.

Em 1974, Yasser Arafat faz o célebre discurso na Assembleia Geral da ONU, no qual diz que leva, em uma mão, um ramo de oliveira, e na outra, uma pistola; e faz um apelo: "não deixem o ramo de oliveira cair de minha mão". Foi Mahmoud Darwish, o grande poeta palestino, quem inseriu esta magnífica imagem no discurso.

A causa palestina teve amplo apoio multilateral nos anos 1970, com o crescimento do poder dos países árabes, no bojo da crise do petróleo e do influxo dos petrodólares. Nesse período, foram aprovadas diversas resoluções. Na Assembleia-Geral da ONU, a 3236, que reconhece o direito do povo palestino de retorno e autodeterminação; a 3337, que confere à OLP *status* de observador junto à ONU; a 3246, que reconhece a legitimidade da resistência armada; e a polêmica 3379, de 1975, então apoiada pelo Brasil, que declara o sionismo uma forma de racismo, posteriormente anulada pela 4686, de 1991. No Conselho de Segurança, a resolução 476, que deplora a alteração física, demográfica e institucional de Jerusalém; e a 478, que considera nulas as ações e leis israelenses que alteram o *status* de Jerusalém.

Yithzak Rabin, chefe do Estado maior das Forças Armadas de Israel na Guerra dos Seis Dias, ex-embaixador nos EUA e Primeiro-Ministro pelo Partido Trabalhista, após a saída de Golda Meir, defende a retirada das forças armadas israelenses dos territórios ocupados, o congelamento dos assentamentos e um acordo de paz com os árabes – a começar com o Egito. Esses elementos atraíram sobre ele o furor da ultra-direita.

A vitória do Likud de Menahem Begin, nas eleições de 1977, traz novo estímulo à colonização da Cisjordânia. Se a agenda trabalhista havia privilegiado a consolidação e a segurança do Estado de Israel, a direita israelense nutria o anseio de estender a soberania do Mediterrâneo ao Jordão.

O Presidente Jimmy Carter pressiona Begin a negociar a paz com o Presidente egípcio Anuar Sadat com base na tese da "terra por paz". O Primeiro-Ministro israelense é forçado a vencer a pressão contrária dentro de seu próprio partido. Carter também logra convencer Sadat a abandonar a demanda por um Estado palestino.

A Paz entre Egito e Israel, patrocinada pelos Estados Unidos, foi celebrada em Camp David, em 1978. O Egito foi o primeiro país árabe a assinar a paz com Israel, que lhe devolve o Sinai. Os acordos de Camp David constituem elemento estruturante da paz no Oriente Médio, e colocam o Egito na órbita dos Estados Unidos, retirando-o da influência soviética. Como represália do extremismo, Sadat é assassinado.

A questão de Golã, com a Síria, entretanto, permanecerá sem solução.

Em 1980, a Lei Fundamental promulgada pelo Knesset, sob a administração de Menachem Begin, consagra formalmente uma situação de fato conquistada em 1967: o Estado de Israel decreta Jerusalém como sua capital "unificada e eterna".

Em paralelo, o Rei Hussein, da Jordânia, renuncia a pretensão à Cisjordânia, e reconhece que o território pertence à nação palestina.

A Primeira Intifada explode em 1987, como movimento popular em Gaza. Um movimento de base de desobediência civil, espontâneo e popular, que se espalha por Jerusalém e Cisjordânia.

Ariel Sharon sugere a Yithzak Rabin, então Ministro da Defesa, esmagar a revolta com tanques, ao que se opõem Ehud Barak e o gabinete ministerial. Rabin ordena que não se usem armas, mas cassetetes. Braços de centenas de crianças são quebrados. A OLP, desde Tunis, assume o comando da Intifada.

Em 1988, desde Argel, o Conselho Nacional Palestino declarou unilateralmente a independência da Palestina. A Declaração de Independência foi escrita pelo poeta palestino Mahmoud Darwish.

No mesmo ano de 1988, em discurso na Assembleia Geral da ONU, Arafat anuncia a renúncia ao terrorismo.

Surge o Hamas, inspirado pela irmandade muçulmana do Egito. Estrategistas israelenses estimularam esse movimento islâmico como grupo opositor ao Fatah, instalado na Cisjordânia, para acentuar a divisão política e territorial palestina e inviabilizar a constituição de um eventual futuro Estado palestino.

Netanyahu confirmou, em entrevista de 2012, o cálculo de que o Hamas serviria de contrapeso à Autoridade Palestina. "Bibi" apoiou o Hamas no comando de Gaza, assumindo o risco de conter suas ameaças, para fomentar a divisão entre as facções palestinas. A ideia seria dar autonomia à Faixa, tolerando seu regime autoritário e seu financiamento pelo Qatar. Esse cálculo estava presente em 2005, quando foram evacuados os assentamentos israelenses de Gaza.

A estratégia de apoiar o Hamas em Gaza tem sido comparada ao apoio dos EUA aos talibãs do Afeganistão, ao Al Qaeda e ao Iraque de Saddam Hussein, para se contrapor a adversários nos anos 1980 e 1990 (URSS e Irã). Aqueles grupos se voltaram posteriormente contra o Ocidente, tal como ocorreu com o Hamas e Israel.

Ficou claro o equívoco da estratégia: o Hamas saiu do controle, fortaleceu-se política, militar e financeiramente, desviou recursos do desenvolvimento social para a construção de arsenais, aprofundou sua relação com o Irã, de quem se tornou *proxy*, ampliou sua capilaridade na Cisjordânia e no exterior e intensificou seus ataques a Israel.

O Hamas não aceita os princípios do Quarteto (Nações Unidas, União Europeia, Estados Unidos e Rússia): renúncia à violência, reconhecimento de Israel, adesão aos acordos firmados pela OLP.

Durante a guerra Irã-Iraque, era percebido, à época, como ameaça maior. Na primeira Guerra do Golfo, em 1991, quando o Iraque invadiu o Kuwait, Yasser Arafat apoiou o Iraque, um dos suportes da OLP. Isso levou à desconfiança de parte dos países árabes, sobretudo do Golfo, que passaram a reconsiderar o sustento da causa palestina. A derrota do Iraque abalou financeiramente a OLP, que, em posição de fraqueza, aceitou participar do processo de paz.

Yitzhak Rabin afirmou que Israel não podia continuar mantendo ocupação e usar a força do exército indefinidamente sem se desumanizar. Decidiu, assim, enfrentar a oposição interna, crítica às concessões, e buscar o diálogo de paz com os palestinos.

As Conferências de paz de Madrid (1991) e de Oslo (1993) são os grandes marcos da busca de uma solução para o conflito israelo-palestino.

Em Oslo, a OLP reconhece a existência de Israel e renuncia formalmente ao terrorismo e à luta armada. Os Estados Unidos, sob Bill Clinton, patrocinam a assinatura do acordo entre Israel de Ytzhak Rabin e Shimon Perez, e a Palestina de Arafat.

Os termos do acordo de Oslo previam: (i) o reconhecimento recíproco e a solução de dois Estados, permitindo a organização de um governo – a Autoridade Palestina, estruturada sobre a OLP, reconhecida como único representante legítimo da causa palestina – e eleições gerais; (ii) a coordenação de segurança entre Israel e Palestina; e (iii) a divisão territorial da Palestina em áreas A, B e C, correspondendo a espaços de autonomia decrescente da Autoridade Palestina nos centros urbanos (grande população), sua periferia (zonas suburbanas sob segurança israelense) e campos (nenhuma competência palestina, completo controle israelense).

Shimon Peres, ex-Primeiro Ministro e ex-Chanceler, vislumbrava, para as relações entre Israel, Palestina e seus vizinhos, uma comunidade regional de nações, com um mercado comum e órgãos centralizados eleitos, nos moldes da Comunidade Europeia.

Em 1994, firma-se o acordo de paz entre Israel e Jordânia, outro instrumento estruturante para a estabilidade na região.

Em 1995, Yitzhak Rabin apresentou ao Knesset detalhes de sua visão do acordo com a OLP: a "entidade palestina" não seria um Estado totalmente soberano (*State minus*); as fronteiras não retornariam às linhas de 4 de junho de 1967; Jerusalém continuaria capital unificada; o vale do Jordão permaneceria como fronteira de segurança; os assentamentos de Gaza seriam transferidos; e os assentamentos na Cisjordânia seriam anexados ao território israelense.

Religiosos fundamentalistas contrários aos acordos de paz acusaram Rabin de alta traição. Netanyahu e o jovem Ben Gvir (hoje Ministro) eram líderes do movimento contrário às concessões aos palestinos. Netanyahu, líder da oposição, defende a anulação dos compromissos de Oslo, a seu ver perigosos para a segurança de Israel.

No mesmo ano de 1995, o assassinato de Rabin muda o curso da História de forma trágica. Não por um terrorista árabe, mas por um colono nacionalista extremista, contrário à paz mediante "cessão de territórios" aos palestinos. Golpe mortal desferido contra o processo de paz, que nunca mais pôde se reerguer com o mesmo ímpeto.

Em reação à retomada de ações terroristas, o público votou em favor da segurança e contra a paz (e a esquerda trabalhista) nas eleições israelenses que se seguiram.

No ano de 2000, houve nova tentativa de relançamento do processo de paz, mais uma vez patrocinado por Bill Clinton, agora entre o Primeiro Ministro Ehud Barak e Arafat. Na pauta, a sensibilíssima questão do *status* de Jerusalém. Barak propõe dividir a Cidade Antiga: os bairros judeu e armênio passariam à soberania de Israel, e os bairros cristão e muçulmano ficariam com a Palestina.

O maior ponto de discórdia era a Esplanada das Mesquitas / do Templo (*Al Haram Al Sharif*). Barak insiste na soberania israelense, oferecendo a custódia a Arafat. Este recusa, dizendo que o local pertence ao mundo islâmico.

Num último esforço, Clinton propõe Jerusalém Leste como capital palestina; e a divisão da Esplanada entre a parte superior, que ficaria em mãos islâmicas, e o *Kotel* (Muro das Lamentações) mais a parte inferior, em mãos israelenses, incluindo as ruínas do Templo de Salomão. A proposta foi popularmente chamada de "lasanha", uma soberania fatiada horizontalmente em andares, ou camadas.

Ariel Sharon acusou Barak de traição, por barganhar o lugar onde se situava o antigo Templo. Pressionado pela oposição, Barak recuou. Arafat tampouco aceitou (teria perguntado a Clinton se ele queria ir para seu enterro).

Os esforços negociadores foram torpedeados de vez pela visita feita por Sharon (que logo se tornaria Primeiro Ministro) à Esplanada das Mesquitas / do Templo, provocação que deflagrou a Segunda Intifada.

O ano de 2001 muda definitivamente a maré da década anterior, quando o fim da Guerra Fria havia gerado um *momentum* político global de otimismo liberalizante, democratização e busca de soluções de problemas globais pendentes, como a questão israelo-palestina.

O atentado contra as torres gêmeas de 11/9 em Nova York e a nova Guerra do Golfo colocam o combate ao terrorismo no topo da agenda global. Crescem a radicalização e polarização, inclusive no âmbito de uma suposta "guerra de civilizações" (Samuel Huntington) entre o Ocidente judaico-cristão e árabes islâmicos. Por outro lado, os Estados Unidos precisavam do apoio árabe para a invasão do Iraque e o combate ao radicalismo islâmico.

George Bush "filho" decidiu apoiar a política repressora de Ariel Sharon. A "guerra ao terror" consolidou a parceria entre o neoconservadorismo norte-americano e a direita israelense.

Ainda no contexto da Segunda Intifada, ocorre a destruição do campo de refugiados de Jenin e o "encurralamento" de Arafat em seu palácio presidencial, em Ramallah. Sharon somente aceitou libertá-lo mediante o compromisso de não haver comissão internacional de verificação sobre as ações militares em Jenin.

Com o objetivo de apresentar ao mundo uma imagem pacífica dissociada dos eventos de 11/9, a Arábia Saudita lidera em 2002 a "Iniciativa Árabe de Paz". Um dos pontos centrais da Iniciativa é uma agenda para a solução do conflito israelo-palestino.

Em 2004, morre Arafat, provavelmente envenenado. Sua sucessão é tumultuada. Em 2005 e 2006, as eleições na Palestina dão vitória a Mahmoud Abbas, para Presidente, e ao Hamas, para o legislativo, o que o habilitaria a formar o governo.

A comunidade internacional não aceita o resultado. Segue-se um violento confronto entre o Hamas e seu opositor, o Fatah, que é expulso de Gaza. A Faixa passa, então, a ser objeto de bloqueio econômico e de segurança por atores relevantes da comunidade internacional. O Hamas, apoiado pelo Irã, passa a atacar Israel com foguetes, que retalia com pesados bombardeios.

Em 2005, o Primeiro Ministro Ariel Sharon promove a "Lei de desengajamento", que determina a evacuação de colonos israelenses de Gaza. Em contraponto, Sharon fortalece a ocupação de partes da Cisjordânia, consolidando e protegendo assentamentos ilegais. Somente em 2023 o Knesset revogará restrições ao retorno dos colonos a Gaza.

A primavera Árabe, iniciada em 2011 na Tunísia, despertou no Ocidente esperanças (e tentações) de mudanças de regime nos países da África do Norte e do Levante, o que não aconteceu. Ao contrário, acirraram-se as tensões e se produziram crises profundas – políticas e de segurança, com dramáticas repercussões humanitárias – como na Síria, falsamente acusada de ter armas químicas.

Tal como ocorrera no Iraque, *false flags* forneceram justificativa para bombardeios de potências ocidentais.

A desestruturação política e social do Iraque, após a guerra contra Sadam Hussein, abriu espaço para o crescimento do Estado Islâmico/*Daesh*/ISIS. Esse movimento sunita surgido do Al Qaeda atingiu o apogeu em 2017 na Síria e Iraque, e foi militarmente destruído em 2018, mas espalhou militantes pela África e no Levante.

Fortaleceram-se movimentos islâmicos populares radicais no Egito, Síria, Iraque e outros países, gerando receios nas monarquias e regimes autoritários da região.

Donald Trump (2017-2021) reconheceu formalmente Jerusalém como Capital de Israel e transferiu a Embaixada norte-americana para Jerusalém. Ademais, patrocinou acordos de normalização entre Israel e países árabes, conhecidos como "Acordos de Abraão". O plano, que tem por título "Peace to prosperity – a vision to improve the lives of the Palestinians and the Israeli people", é crítico do processo de Oslo e das resoluções da ONU, especialmente a 242. O tema será abordado mais em detalhe na seção seguinte.

Além de Estados Unidos, Guatemala, Kosovo, Honduras, Papua Nova Guiné e Paraguai têm embaixadas em Jerusalém. A Argentina também fez o mesmo anúncio.

Vale deter-se, nessa síntese histórica do conflito, sobre uma de suas causas: a questão dos assentamentos israelenses na Cisjordânia.

Curiosamente, o território do Estado de Israel corresponde mais às terras dos filisteus, seus inimigos bíblicos, do que às ocupadas pelas tribos de Israel e Judá, designadas pelos israelenses como Judeia e Samaria. Estas, na Cisjordânia, são "administradas" – com todas as dificuldades e restrições – pela Autoridade Palestina.

Daí a pressão do nacionalismo sionista e das correntes religiosas extremistas para a ocupação desses territórios por meio da expansão dos assentamentos (alguns considerados ilegais pelo direito internacional, e pela própria Justiça israelense); pela expulsão dos habitantes dos campos (violência dos colonos); e pelo encurralamento da população em centros urbanos densos, de mobilidade severamente reduzida, cercados de *check points* e objeto de constantes incursões policiais e do exército.

Para aquelas correntes, trata-se de reparação histórica de terras perdidas há dois mil anos, além de questão de segurança. Entretanto, segundo a doutrina e jurisprudência do direito internacional humanitário, tais práticas configurariam crimes de limpeza étnica.

Após a Guerra dos Seis Dias, em 1967, o general Moshe Dayan garantiu respeito aos sítios sagrados e cultos, incluindo a proibição de judeus orarem na Esplanada das Mesquitas / do Templo. Também favoreceu um sistema de fronteiras abertas com a Cisjordânia e a manutenção de certa autonomia árabe-palestina, sem anexação territorial. Dayan era favorável à integração de comunidades, com a contratação de trabalhadores árabes-palestinos por empresas e famílias israelenses.

Ao contrário da visão de Moshe Dayan, no mesmo período, Ygal Allon defendia a ocupação da Cisjordânia. Segundo o "plano Allon", Israel deveria anexar amplos trechos da Cisjordânia para se proteger e dissuadir contra eventual invasão pelo Leste (Jordânia, Síria) com base em "faixas" de assentamentos e instalações militares ao longo do Jordão. Seriam anexadas áreas do vale do Jordão, Hebron, a ligação entre Jerusalém e Jericó, bem como o entorno oriental de Jerusalém, forçando novos deslocamentos de populações palestinas.

Essa proposta repetiria, de certa forma, na Cisjordânia, o mesmo padrão de ocupação e controle de cidades e populações árabe-israelenses desde 1948, mas com uma diferença importante: os palestinos não seriam considerados cidadãos israelenses, não teriam os mesmos direitos que seus "primos" *forty-eighters*.

Analistas notam que a ideologia do "grande Israel" não é exclusiva da ultra-direita: Allon pertencia ao partido trabalhista.

O "plano Allon" não foi aprovado pelo parlamento, mas constituiu a base do projeto de assentamentos nas décadas seguintes.

Discípulos do rabino Kook fundam o *Gush Emunim* (bloco da fé). Em sua visão, Deus dera oportunidade a Israel, em 1967, para "dominar" toda a *Eretz Israel*, do Mar ao Jordão. Em vez disso, ao contrário, as autoridades israelenses teriam preferido "apaziguar os *goim*". Surgem o "Sionismo da redenção da Torah" e outros grupos que defendem a expulsão dos árabes e a colonização de Hebron, a expansão de Kiryat Arba e outras cidades e assentamentos. Aqueles grupos vivem em assentamentos que se ampliam, estão em permanente confronto com a população palestina residente há séculos na região e mantêm presença constante na Mesquita dos Patriarcas, em Hebron. Alguns de seus membros nutriam a ideia de explodir o Domo da Rocha, em Jerusalém, para construir o Terceiro Templo.

Autoridades israelenses, mesmo não religiosas, passaram a sofrer pressão do *Gush Emunim* e outros movimentos messiânicos e dos colonos em favor da expansão dos assentamentos, da anexação de trechos da Cisjordânia e do controle e expulsão de palestinos de cidades e campos.

Como já dito acima, após a Guerra de 1967, Israel ocupa e instaura regime marcial em áreas da Cisjordânia. Ocupa territórios palestinos de forma "provisória", por motivos estratégico-militares. Mas essa ocupação se torna permanente. Para os que defendem essa prática, não se trata de "ocupação" de um território pertencente a outro Estado soberano, mas de disputa territorial contra grupos não constituídos como Estado, sem governo nem controle sobre seu próprio território.

Ao contrário do Sinai, devolvido ao Egito pelo Acordo de Paz 1978, e de Gaza, de onde os assentamentos foram unilateralmente retirados, é quase impossível, nas condições atuais, a retirada dos assentamentos nos territórios ocupados da Cisjordânia, de Golã e sobretudo de Jerusalém Leste.

Nas últimas décadas, expandiram-se assentamentos. Calcula-se hoje em mais de 700 mil o número de colonos na Cisjordânia e no entorno de Jerusalém. Essa expansão inviabiliza estrutural e geograficamente a consolidação de um Estado palestino com unidade e contiguidade territorial.

Forma-se gradualmente, na prática, um "terceiro Estado", designado como um *settler-colonial state*, encravado nos territórios palestinos ocupados, cercado de forte estrutura de segurança militar e conectado ao território de Israel por uma malha viária moderna (chamadas de "estradas do *apartheid*").

Shimon Peres observou que, com a ocupação da Cisjordânia, Israel passou a administrar dois sistemas paralelos com conjuntos de valores contraditórios. A maior parte da sociedade israelense é aberta, liberal e democrática. Trata-se da franja que reside nas grandes cidades do litoral (Tel Aviv, Haifa), de população laica. Mas basta adentrar poucos quilômetros a Leste e atravessar um *check point* para deparar-se com outra sociedade onde não impera a democracia, mas uma ferrenha lei marcial.

Essa realidade afeta mais de três milhões de palestinos na Cisjordânia, que não têm direito à mobilidade em seu próprio território, são cercados por muros e humilhados nos *check points*, agredidos por soldados e colonos. Podem ter suas casas e famílias invadidas e destruídas, e ser presos e torturados por vários anos, sem qualquer julgamento (prisões "administrativas" extrajudiciais).

Desafio quem não acredita no que estou descrevendo, nem no contraste entre a democracia e a lei marcial, a dirigir menos de uma hora de carro rumo a Leste e atravessar a Cisjordânia sozinho, sem a companhia de guias turísticos, ou com um acompanhante palestino, sem a proteção das "cápsulas" de segurança que os agentes de propaganda oferecem. Ou viajar de ônibus para cidades palestinas, conviver na rotina de famílias locais (que acolherão regiamente, com toda a honra, segundo a nobre hospitalidade árabe). Verão como transeuntes palestinos são humilhados, inclusive crianças, sob a constante mira de fuzis.

A experiência de interagir com soldados e colonos extremistas da “ocupação” é extraordinariamente desagradável. Situações constrangedoras são comuns na “interação” com jovens soldados em postos de controle, muitas vezes arrogantes, assustados e despreparados.

Certa vez fui impedido, pela segurança israelense, de realizar visita à Esplanada das Mesquitas / do Templo (*Haram al Sharif*), sem explicação. Tal como nas ocasiões anteriores, estava tudo acertado com o *Waqf*, entidade islâmica ligada ao governo da Jordânia responsável pela administração e proteção do sítio sagrado. De forma surpreendente e arbitrária, a segurança israelense informou que minha entrada não estava autorizada. O Itamaraty fez reclamação oficial sobre o caso.

Outra vez um soldado ameaçou-me com fuzil quando dirigia o carro por *check point* em Jericó. Atitude quase tão “simpática” ocorreu no *check point* de saída de Gaza. Em outra ocasião, controladores de metrô agiram de forma desrespeitosa e agressiva comigo e minha família e amigos. Na Páscoa grega ortodoxa, em Jerusalém, fui impedido, juntamente com outros embaixadores, de entrar na cidade para a cerimônia do Fogo Sagrado. Visitas de campo com embaixadores eram acompanhadas por snipers e tropas de choque. Em uma visita a Hebron, dezenas de soldados armados com fuzis brutalmente empurravam moradores e turistas, e ameaçaram a mim e meus amigos e familiares, para a passagem de colonos norte-americanos que visitavam o centro histórico da cidade. Aliás, Hebron é uma tristeza de se ver. Epítome da brutalidade da ocupação. O *modus vivendi* que se vê ali tende a se expandir pela Cisjordânia.

No aeroporto, por diversas vezes, minha mala e as de minha família foram retidas, quebradas, abertas, revistadas, uma perda de tempo, recursos e paciência apenas para encontrarem roupas, livros, remédios e *souvenirs*. A mala diplomática do Brasil uma vez chegou com o lacre aberto e danificado.

Outras missões relatam diversos maus tratos e descortesias, em violação da praxe e das regras diplomáticas, especialmente nos *check points*. Há casos curiosos, como o de veículo francês que levava bebidas para a festa do *14 juillet* em Jerusalém e ficou horas retido. A tradicional festa do Consulado da França quase ficou sem vinhos...

Se isso ocorre com diplomatas e carros oficiais, imagine-se o quanto sofre a população palestina todos os dias.

Aliás, não preciso "imaginar". Eu sei. Suas vilas e casas são invadidas à noite, revistadas, membros de suas famílias e vizinhos são presos em banheiros e quartos, adultos e jovens são espancados e presos (sem comunicação nem justificativa oficial), sofrem maus tratos ou são baleados, ficando sangrando na rua (às vezes até a morte) sem que ambulâncias e paramédicos tenham permissão para se aproximar e prestar socorro. Carros, lojas e casas são apedrejados, alguns são atropelados nas estradas por colonos, e assim por diante.

Centros urbanos densos da Cisjordânia – Hebron, Nablus, Jenin, Jericó, Belém, Tulkarem e outros – tornam-se pouco a pouco "pequenas Gazas", com focos de extremismo e potencial terrorismo. O *modus operandi* da repressão é semelhante: isolamento, ataques militares com bombardeios aéreos e tanques, destruição de infraestrutura, prédios públicos e casas de família, aprisionamento e tortura de lideranças, prisões administrativas extrajudiciais. Em conjunto, práticas de punição coletiva que vão muito além da mera "defesa".

A coordenação de segurança entre Israel e a Autoridade Palestina, um dos pontos mais importantes dos Acordos de Oslo, implica troca de informações de inteligência. Membros da "resistência" se revoltam contra as autoridades de segurança palestinas, dizendo que aquela coordenação significa uma "camada adicional da ocupação", uma "terceirização" da opressão contando com "traidores" locais. Quando a coordenação é interrompida e militantes palestinos não são presos pelas autoridades locais, forças de segurança de Israel fazem incursões militares nas cidades da Cisjordânia, invadindo centros populosos – às vezes todas as semanas. O seriado *Fauda* popularizou esse tipo de operações para o público Netflix.

O lado israelense considera as intervenções militares na Cisjordânia importantes para sua segurança, visto que combatem células terroristas e realizam ações preventivas contra atentados potenciais. Prendem líderes radicais e obtêm informações de inteligência que antecipam e impedem movimentos hostis e ações terroristas, a exemplo da "toca dos leões", na região de Nablus.

Críticos afirmam que as humilhações quotidianas impostas pelos muros de separação e pelos soldados dos *check points* e nas ruas de Jerusalém, Hebron, Nablus e outros centros não se destinam a "defender" ou a "garantir a segurança". A atitude arrogante, de humilhação dos cidadãos, inclusive mulheres e crianças, as arbitrariedades e abusos de poder servem apenas para "mostrar quem manda" e "impor o medo". Entretanto, ao contrário do objetivo de segurança, o que geram é mais revolta da população, sobretudo entre jovens. Em vez de "pacificar pela força", "conter e deter", o efeito psicológico é inverso: multiplica-se o número de terroristas em potencial. A multiplicação de inimigos não é uma estratégia inteligente.

Em visitas de terreno na Cisjordânia que fiz com outros diplomatas, organizadas por agências da ONU, ONGs e pela Autoridade Palestina, fica evidente a força e irreversibilidade do projeto de expansão dos assentamentos, sua infraestrutura, sua malha viária e seu impacto geográfico e ambiental.

Esse projeto fragmenta o território palestino, polui e compromete os recursos naturais acessíveis à população local, que se vê isolada e concentrada em cidades cada vez mais densas, socioeconomicamente deprimidas e sem perspectivas de desenvolvimento.

Os mapas dessa expansão parecem desconsiderar a existência de mais de três milhões de habitantes (uma "terra sem povo"), e sua expansão demográfica. A viabilidade do que tem sido chamado *settler colonial project* exige o aprofundamento do regime marcial sobre a população palestina: o controle cada vez mais coercitivo sobre a mobilidade e a rotina e a repressão da "resistência" – daí comparações com o "modelo Gaza", os "bantustões" e o *apartheid*.

Se, há décadas, Israel dependia de potências ocidentais e se via forçada a aceitar compromissos territoriais, hoje não se sente constrangida a dar satisfações ao mundo e fazer concessões que lhe impeçam de expandir seus assentamentos nos territórios ocupados. O objetivo seria conquistar o máximo de território com o mínimo de população (de novo, a "Geografia sem Demografia").

Consolida-se a proteção de Jerusalém dentro do triângulo Modi-In / Gush Etzion-Hebron / Maale Adumin. Jerusalém Leste se desconecta cada vez mais da Cisjordânia, seja por disputas imobiliárias judiciais, seja pela multiplicação de assentamentos que a separam de Belém, no Sul, e de territórios ocupados no Norte.

Críticos da posição israelense sublinham que a expansão dos assentamentos não se justifica mais pela necessidade estratégica "defensiva" de 1948 ou 1967, mas reflete diretriz de ocupação permanente e anexação. Na "Judeia e Samaria", expande-se a ocupação mediante uma rede de assentamentos e exploração agrícola e pecuária, servida por estradas modernas independentes das vias secundárias de má qualidade, pelas quais trafegam velhos carros palestinos. O resultado dos assentamentos e da proliferação de *outposts* militares e zonas de segurança em seu entorno será o "enquadramento" dos centros urbanos palestinos, a drástica redução dos espaços agropecuários e a sobre-exploração dos recursos naturais palestinos, notadamente fontes de água.

Tais empreendimentos são justificados, pelo lado israelense, como necessidade de segurança e proteção contra a chamada "demografia hostil" (população palestina). Com esse objetivo, ocupam-se os topos das montanhas, sufocam-se centros urbanos e negam-se aos palestinos acesso a seus campos e pastos, dos quais são expulsos pelas agressões diárias dos colonos. A atual geração de colonos não é urbana ou suburbana, mas se dedica à agropecuária em território ocupado, movida por uma ideologia messiânica ultranacionalista. A violência dos *settlers* nos campos e cidades palestinos, que leva à expulsão de comunidades pastoris palestinas e destruição de plantações e de seu gado, ocorre sob proteção de forças militares israelenses.

Em 2004, a Corte Internacional de Justiça (CIJ) decidiu que os assentamentos israelenses na Cisjordânia são ilegais à luz do direito internacional. Em 2016, a Resolução 2334 do Conselho de Segurança estabeleceu que os assentamentos constituem violação do art. 49 da IV Convenção de Genebra, que proíbe que uma potência ocupante transfira partes de sua própria população para o território ocupado.

Em julho de 2024, a CIJ emitiu opinião consultiva afirmando que Israel anexou, de forma ilegal, territórios palestinos na Cisjordânia, incluindo Jerusalém Leste. O assunto será desenvolvido na Parte III.

Ao concluir esta seção de síntese histórica, cabe fazer um resumo das percepções sobre duas questões: "quem começou o conflito?"; "quais os erros de cada lado?"

Para responder à pergunta "quem começou o conflito?", há várias respostas possíveis, conforme a inclinação ou a simpatia do observador por um ou outro lado.

Para os que se prendem às causas "bíblicas", as primeiras manifestações do conflito remontam a quatro mil anos: batalhas travadas por Abraão; a inveja dos filisteus com a prosperidade de

Isaque; quase oito séculos depois, a invasão e extermínio dos povos originais quando Josué conquistou a Terra Prometida; nos séculos seguintes, períodos bíblicos dos "juízes" e "reis", o estado de guerra permanente entre hebreus (Sansão, Davi etc.) e os filisteus, cananeus e amalequitas, entre outros; as invasões assírias e babilônicas; a oposição dos locais ao retorno dos judeus exilados da Babilônia; e os conflitos com os invasores helênicos, romanos, bizantinos e islâmicos.

Feito um salto de vinte séculos, a resposta para "quem começou o conflito" é debatida entre historiadores, ideólogos e religiosos de forma apaixonada e polarizada. O debate "fez correr muita tinta", como se diz. Consideram-se elementos como o surgimento do sionismo e o estímulo à colonização de imigrantes judeus europeus no fim do século XIX e nas primeiras décadas do XX; o desequilibrio demográfico resultante e os primeiros ataques árabes e as retaliações de grupos armados judeus; as revoltas árabes-palestinas nas décadas de 1920 e 1930; o treinamento militar e a posse de armamentos britânicos pelos israelenses; o surgimento de grupos paramilitares como *Haganah*, *Irgun Zvai Leumi*, *Stern Gang* (que hoje seriam considerados terroristas); a não-aceitação da partilha em 1947; o *Nakba* e a guerra da independência de 1948, com a destruição de cidades e vilarejos palestinos; deslocamentos forçados, torturas e confisco de terras e expulsão de refugiados; a retaliação palestina por meio de grupos e ações terroristas, inclusive nos países vizinhos e na Europa; a alegada cobrança de uma percebida dívida histórica da humanidade com o povo judeu, após dois mil anos de exílios, perseguições, inquisições e do Holocausto.

A pesquisa *Palestinian-Israeli Pulse*, já mencionada acima, indica que, de fato, não há consenso entre palestinos e israelenses sobre a causa inicial do conflito. A maioria de ambos os grupos, entretanto, coincide em que o problema começou antes de 1948 (52% dos judeus e 60% dos palestinos). A maioria dos palestinos menciona como marco inicial a declaração Balfour (1917); já a maioria dos israelenses e dos árabes-israelenses acredita que o conflito começou com a guerra de 1948.

Quanto à segunda pergunta – quais os erros estratégicos de cada lado –, os israelenses apontam, como erros dos árabes-palestinos: o ataque sistemático aos imigrantes judeus no início do século XX; o apoio do Mufti de Jerusalém a Mussolini e Hitler; a recusa da partilha de 1947 proposta pela ONU (inaugurando um comportamento que o diplomata israelense Abba Eban chamou de "os palestinos nunca perdem uma oportunidade de perder uma oportunidade"); atacar Jerusalém e destruir sinagogas em 1948 e 1967; subestimar militarmente Israel e sobre-estimar a solidariedade e a capacidade militar dos vizinhos árabes; o recurso ao terrorismo; perder oportunidades de aceitar acordos de paz; o apoio de Arafat ao Kuwait na Guerra do Golfo; a recusa do plano Clinton, em 2000; e, de forma geral, adotar uma postura maximalista e querer ganhar tudo nas negociações (e, como dito, perder oportunidades).

Os árabes-palestinos, por seu turno, denunciam as seguintes ações israelenses: o recurso a métodos terroristas, desde grupos paramilitares da luta contra britânicos e árabes até o que consideram "terrorismo do Estado" de Israel; a limpeza étnica e o genocídio após 1948; a participação na guerra do Sinai contra o Egito, ao lado de potências imperialistas (França, Inglaterra); a expansão dos assentamentos e a anexação dos territórios ocupados; a violência dos colonos; a supremacia racial e o exclusivismo étnico do Estado judeu, consignado na Lei Geral do Estado Nação judaico, aprovada em 2018; o regime de *apartheid*; a brutalidade policial, humilhação e provocação, que geram ódios e multiplicam o potencial de terrorismo (o povo historicamente oprimido se teria tornado opressor, segundo alguns, repetindo práticas de algozes); os muros e as humilhações diárias nos *check points*; e a atual coalizão de ultra-direita, ultra-nacionalista e anti-árabe.

Na visão palestina, as hostilidades em Gaza e a violência dos colonos e militares na Cisjordânia e em Jerusalém têm trazido à memória aspectos do *modus operandi* israelense, como os abaixo ilustrados:

– Modo Irgun (destruição do hotel King David, em 1948), aplicado aos hospitais e escolas em Gaza;

– Modo Deir Yassin (massacre do vilarejo, em 1948), aplicado às operações em cidades de Gaza;

– Modo *yalla al Abdallah* ("vão para Abdallah" – rei da Jordânia –, expusão dos refugiados em 1948), aplicado aos deslocamentos populacionais em Gaza e na Cisjordânia;

– Modo Hebron 1994 (massacre na Tumba dos Patriarcas por extremista judeu, que motivou a divisão do templo e seu controle militar), aparentemente pouco a pouco aplicado à mudança do *status quo* do *Haram al Sharif* (Esplanada das Mesquitas / do Templo).

A sociedade palestina, que em sua maioria repudia a violência armada do movimento de resistência islâmico, questiona a possibilidade lógica de um diálogo no qual um interlocutor (Israel) nega ao outro interlocutor (Palestina) sua existência e identidade.

As explosões de violência são expressões belicosas da psicologia coletiva de uma identidade nacional que quer ser reconhecida em sua existência. Se, por um lado, o Hamas nega o Estado de Israel, a OLP, há três décadas, mudou sua posição inicial e passou a reconhecer este país. Os líderes da OLP, entretanto, afirmam que Israel tem sistematicamente negado a solução de dois Estados e boicotado os esforços de paz.

A situação de Gaza e os desenvolvimentos dos últimos anos serão tratados na parte III deste livro, e o *status* de Jerusalém, na parte IV.

Mapas do caminho para a paz? O GPS ocidental não funciona

Caminante, no hay camino, se hace camino al andar. Antonio Machado, com essas palavras, ensina que não há rota previamente traçada, o que importa é caminhar.

Rumi, poeta e filósofo persa sufi, já havia escrito no século XIII algo semelhante: “Quando se começa a caminhar, o caminho aparece”.

A mesma imagem me ocorre quando leio, no livro de Êxodo, a ordem que Deus deu a Moisés, encurralado diante do Mar Vermelho, pressionado pelo exército egípcio, e liderando uma multidão de refugiados. “Por que Me clamas a Mim?”, pergunta Deus. “Diga ao povo que marche!” E o mar se abriu.

Antes de ser deslocamento físico guiado pela cartografia, o caminho é uma atitude mental, de disposição emocional e corajosa, de sair de uma situação e avançar.

A companhia, a experiência, a interação, o prazer ou as dificuldades do caminho são mais importantes do que o traçado da estrada, a quilometragem horária ou a definição do ponto de chegada. Quando não se sabe o caminho, basta sair da inércia e dar os primeiros passos, com coragem e esperança, para que as possibilidades se abram, e o próprio caminho se descortine à frente. Dar os primeiros passos sem mapa, GPS ou *Waze*.

Aplicando essa metáfora ao conflito israelo-palestino, e ao diálogo político paralisado há mais de dez anos, e cada vez mais distante, é possível afirmar que a paz não é o ponto de chegada, é o próprio caminhar.

Nisto está um dos equívocos dos formuladores e estrategistas políticos do Ocidente, que põem o foco nos resultados de paz e nos “mapas do caminho”, com seus cronogramas e mecanismos de monitoramento, e não sobre a necessidade de construção de um ambiente de confiança entre os atores. Como não há confiança, nem se têm definidos os objetivos a serem alcançados, ninguém dá o primeiro passo. O impasse se eterniza, não se iniciam conversas e negociações, e a situação não cessa de se agravar.

Como dito acima, as raízes do problema não são racionais, políticas, nem religiosas, nem de territórios, mas sim o reconhecimento da identidade e da dor do outro, seus traumas e aspirações. A convicção de que ambos os povos estão "condenados" a conviver em um espaço exíguo com mais de 7 milhões de pessoas do "outro lado". Um entendimento que só pode ser alcançado caminhando juntos, seja qual for sua direção, o trajeto e os termos do resultado final.

O GPS ocidental, baseado numa mentalidade racional de poder, utilitarismo e interesses geopolíticos, contaminada com cargas de supremacia etnocêntrica e imperialismo, não funciona na geografia humana, nem no *ethos* do Levante, com seus fortes componentes identitários e emocionais.

Aliás, não é somente metáfora: o GPS não funciona mesmo na Palestina. Aplicativos como *Google Maps* e *Waze* são propositadamente programados para não guiar com precisão os motoristas que se aventuram nas estradas e vilas da Cisjordânia e em Gaza. A exclusão digital dos espaços geográficos e rotas palestinas confundem os motoristas estrangeiros de forma deliberada.

Google Maps e *Waze* reconhecem assentamentos israelenses nos territórios ocupados, mas não vilas e estradas palestinas. Para corrigir isso, em 2016, movimentos como *Right to Movement Palestine* participaram da maratona para o reconhecimento da Palestina junto ao *Google* e à *Apple*. Estas empresas negaram as acusações, dizendo que a comunidade internacional não reconhece o país. Entretanto, há mapas sobre regiões disputadas – Chipre e China, por exemplo, contêm mapas distintos dependendo da localização do IP que faz a pesquisa. Já os mapas digitais da Cisjordânia aparecem sem o detalhamento reconhecido pelos Acordos de Oslo – zonas A, B, C –, mas mostram com clareza assentamentos nos territórios ocupados.

Retomando o argumento: não há *roadmap* para a paz; esta não se guia por localizadores racionais do GPS de metas políticas e formatos oficiais e agendas rígidas de negociação. E seu trajeto está longe de ser retilíneo. Sua rota é labiríntica.

A mentalidade ocidental não consegue se impor sobre a forte mentalidade do Oriente Médio, que tem valores culturais próprios e profundamente arraigados; é "cabeçuda", orgulhosa, tenaz, mas também muito generosa e com profundo sentido de honra.

É necessário, portanto, reformular ou reenquadrar o sentido da paz naquela região. Tal como o caminho, que se faz ao caminhar, a paz é antes de tudo uma atitude mental e disposição emocional de coragem diante do indefinido.

A paz está mais presente em uma mesa partilhada com pratos árabes que israelenses apreciam, quem sabe sentados em almofadas no chão ao estilo beduíno, ou nas casas antigas de pedra de Jerusalém, Jafa, Haifa, Hebron ou Nablus do que em mesas de negociação a milhares de quilômetros dali. Mais próxima do café, do *hummus*, do falafel, dos chás com menta e mel, dos pães árabes, das saladas, dos sucos, das romãs, tâmaras, figos, doces amendoados, do azeite de oliva e das azeitonas e dos temperos como o *za'atar* do que dos cardápios europeus, vinhos e coquetéis dos elegantes salões dos palácios de negociação ocidentais.

Uma das coisas que mais me tocam em Jerusalém é ver como fiéis de religiões diferentes desejam aos amigos bons votos durante festividades do outro: muçulmanos e judeus desejando Feliz Natal aos cristãos, muçulmanos e cristãos desejando Feliz Páscoa e *Hag Hanukkah Sameach* aos judeus, judeus e cristãos desejando *Ramadan Kareem* e *Eid Al Adha* aos muçulmanos. Acreditem ou não os ocidentais desinformados, isso é comum aqui, e na verdade sempre foi, há séculos. Amigos e vizinhos de outras religiões são convidados para ceias e celebrações religiosas de outras crenças, e ali são tratados com honra. A amizade verdadeira impera sobre as divergências teológicas e políticas.

A primeira estação da *Via Crucis* da Sexta Feira da Paixão começa no pátio de uma escola islâmica, sobre as ruínas da Fortaleza Antonia, onde Pôncio Pilatos condenou Jesus. A procissão da *Via Dolorosa* atravessa todo o bairro muçulmano, coincidindo com o fluxo de centenas de fiéis islâmicos que se dirigem à Mesquita de Al Aqsa, sem qualquer incidente (não há necessidade de tantos soldados armados de fuzis, que chocam, com a *vibe* opressora, o clima de oração e contrição).

Por isso a necessidade de reformular e reenquadrar as iniciativas de paz, dando mais ênfase ao respeito e reconhecimento das diferenças e mentalidades do outro do que aos cálculos racionais de poder, interesses e territórios. Nessa perspectiva, o preâmbulo da constituição da UNESCO é lapidar:

> *Uma vez que as guerras se iniciam nas mentes dos homens, é nas mentes dos homens que devem ser erigidas as defesas da paz... A grande e terrível guerra que acaba de chegar ao fim foi uma guerra causada pela negação dos princípios democráticos da dignidade, da igualdade e do respeito mútuo dos homens, e através da propagação, em seu lugar, por meio da ignorância e do preconceito, da doutrina da desigualdade entre homens e raças... Uma paz baseada exclusivamente em arranjos políticos e econômicos dos governos não seria uma paz que pudesse garantir o apoio unânime, duradouro e sincero dos povos do mundo... Portanto, a paz, para não fracassar, precisa ser fundamentada na solidariedade intelectual e moral da humanidade.*

Metas, cronogramas e *roadmaps* diplomáticos serão sempre insuficientes sem essa mudança de mentalidade, que implica o reconhecimento e o respeito do outro, suas dores e aspirações.

Antes de discorrer sobre as diversas fórmulas de paz, pensadas para resolver o conflito israelo-palestino, vale deter-se brevemente sobre a importância da região para as grandes potências.

Desde a Idade Antiga, o Levante sempre despertou o interesse das potências. Mapas século XVI mostravam Jerusalém como o centro do Planeta: a Carta Universal do Mundo (*Orbis Typus*

Universalis Tabula), elaborada por Jerônimo Marini, em 1512;[7] e o Mapa do Mundo em Folhas de Trevo, elaborado por Heinrich Bunting em 1581.

Nas últimas décadas, entretanto, perdeu espaço no interesse geopolítico global. Outros espaços tornaram-se prioridade na Ásia, África e Oriente Médio. Nos últimos anos, com a guerra na Ucrânia, o *hinterland* da Europa voltou a ocupar posição central.

A Guerra de Gaza fez com que o conflito árabe-palestino-israelense voltasse a ocupar lugar de relevo na agenda global. Menos por interesse geopolítico do que como apelo à consciência universal, pelo impacto que teve sobre o problema do terrorismo e particularmente pela questão humanitária.

É intrigante como a Terra Santa sempre esteve em alta conta na política mundial, apesar de não ter petróleo nem recursos naturais, mas somente areia, pedras e utopias.

Três razões podem explicar. Primeiro, por ser região de passagem entre o Norte da África, o Levante, as rotas comerciais para Índia e China (especialmente após a abertura do canal de Suez), além do acesso aos recursos petroleiros do Iraque e da Síria. É interesse do Ocidente manter aberta a comunicação para a Ásia por terra e pelo mar Vermelho e por Suez, além do Golfo de Ácaba. O projeto do Canal Ben Gurion, ligando o Mediterrâneo ao Mar Vermelho, seria uma alternativa concorrente de Suez – e que poderia ter seu trajeto encurtado se Gaza for repartida ao meio e ficar sob controle de Israel.

Segundo, desde as Cruzadas, a região se tornou enclave do Ocidente no Mediterrâneo Oriental e no Levante.

---

7 Reprodução deste mapa em tapeçaria encontra-se no gabinete do Ministro das Relações Exteriores, Itamaraty, em Brasília.

Terceiro, por ser o berço da civilização judaico-cristã e das religiões monoteístas, referência existencial para judeus, cristãos e muçulmanos. Espaço de enorme importância simbólica, religiosa, psicossocial, com reflexos na política global.

Por tais características, a Terra Santa (bem antes de ter esse nome) sempre foi um espaço disputado pelas potências vizinhas ou mais distantes, em sua luta pela influência ou hegemonia (em cada época), regional e mundial: egípcios, hititas, assírios, babilônicos, persas, gregos, romanos, bizantinos, árabes, otomanos, britânicos, franceses, russos e soviéticos, norte-americanos, agora também chineses...

As potências ocidentais sempre intervieram aqui, na Idade Antiga e na Idade Média, destruindo e massacrando, mas também deixando profunda marca civilizacional na cultura, arquitetura, geografia, diversidade étnica e formas de governo. Na Idade Contemporânea, as intervenções resultaram de disputas entre otomanos, russos, prussianos, franceses, britânicos.

A Terra Santa foi cenário de ressonância dos conflitos mundiais, opondo potências da Europa Ocidental às da Europa Central e do Levante. Na Primeira Guerra Mundial, os aliados ocidentais combateram otomanos e alemães. Na Segunda Guerra, judeus lutaram ao lado dos britânicos e aliados, ao passo que o Mufti de Jerusalém apoiou o Eixo.

No contexto bipolar da Guerra Fria, Israel sempre esteve mais ligada ao Ocidente, embora muitas lideranças mantivessem relações estreitas com países socialistas e o "império soviético". Nações árabes, principalmente Egito e Síria, giraram na órbita de Moscou. Como dito na seção anterior, a Guerra de Suez, que contrapôs Egito a França e Inglaterra, com a participação de Israel, foi considerada a última guerra do imperialismo, visto que Estados Unidos e União Soviética não aceitaram a intervenção militar ocidental contra o Egito.

Estados Unidos e União Soviética tampouco intervieram diretamente nas Guerras dos Seis Dias e do Yom Kippur, mas cada um tomou seu lado e apoiou com armamentos e informações estratégicas para manter suas zonas de influência. Estados Unidos apoiaram Israel, e União Soviética, o Egito e a Síria. Com os Acordos de Camp David, que selam a paz entre Egito e Israel, o Egito passa para a órbita dos Estados Unidos.

O pós-Guerra Fria gerou um ambiente internacional propício às negociações de paz. Como visto, entretanto, não houve progresso definitivo na questão israelo-palestina.

Após a queda de Sadam Hussein e o colapso do Iraque, as potências ocidentais tentaram obter, no contexto da Primavera Árabe, mudanças de regime em países árabes, também sem sucesso – sendo o caso da Síria o mais dramático em termos humanitários. A desestruturação política e social do Iraque e da Síria gerou um vácuo de poder que possibilitou o surgimento do Estado Islâmico/ Daesh/ ISIS, destruído pela robusta intervenção de potências ocidentais, da Rússia e do Irã. No entanto, houve disseminação de militantes radicais na África e no Levante.

Durante a Primavera Árabe, houve deterioração dos vínculos entre o Hezbollah e o Hamas. O braço armado do Hamas lutou contra o Presidente da Síria, apoiado pelo Hezbollah.

Cresceu também a mobilização de movimentos islâmicos populares radicais, que geram receio das monarquias árabes tradicionais.

A Iniciativa Árabe de Paz, de 2002, proclama que nenhum acordo de paz com Israel seria assinado sem a resolução da questão palestina. Entretanto, em paralelo, desenvolvia-se um processo discreto e informal de normalização e colaboração entre Israel e Emirados Árabes, Arábia Saudita, Catar, Omã, Bahrain e Kuwait.

Os antecedentes das iniciativas de normalização firmadas por Egito (1979) e Jordânia (1994), de fundamental importância por se tratarem de inimigos militares de Israel, eram citados para demonstrar não só a viabilidade, mas a necessidade de acordos de paz. Os Estados do Golfo teriam interesse em concluir tais acordos, tendo em mente não somente a ausência de guerras com Israel, mas também as perspectivas de comércio, investimento e conexão energética e de transportes – além de terem o Irã como inimigo comum.

Nessa lógica inserem-se os acordos de normalização com Israel (Acordos de Abraão), patrocinados por Donald Trump, que buscaram, ao mesmo tempo, selar a paz entre árabes e israelenses e consolidar uma rede de resistência à ameaça iraniana. A questão palestina estava fora do radar, transformada praticamente em questão interna de Israel, a ser resolvida diretamente entre as partes – o que nunca ocorre.

O plano de Trump acolhia reivindicações históricas de Israel, como o não-reconhecimento da obrigatoriedade de devolução do território conquistado em 1967, como prescrito na Resolução 242. Previam-se, por outro lado, *swaps* de território: assentamentos israelenses na Cisjordânia seriam incorporados ao território israelense; e áreas do deserto do Negev previstas no território pré-1967 seriam incorporadas ao espaço palestino. O vale do Jordão ficaria sob soberania israelense.

O plano seria uma "solução de dois Estados realista": um realismo determinado pela segurança de Israel, com limitações de poderes em áreas palestinas.

Acenava-se a duplicação do PIB palestino em 10 anos e oportunidades de cooperação entre Israel e países árabes nas áreas de transporte, infraestrutura e comércio.

Propunha-se uma infraestrutura de transportes ampla e integrada com países vizinhos. Previam-se obras públicas em Gaza, incluindo um corredor de conexão com a Cisjordânia e um porto e aeroporto para aviões de menor porte. O lado palestino disporia de condições especiais de acesso a portos israelenses de Haifa e Ashdod. Um fundo internacional financiaria operações de *land swaps* e projetos de infraestrutura.

Jerusalém seria confirmada "capital indivisível" de Israel. Para o lado palestino, previa-se a capital em Abu Dis, contígua a Jerusalém Leste, mas separada por um muro.

A custódia dos sítios sagrados seria retirada da Jordânia e concedida a Israel, incluindo *Al Haram Al Sharif* (Esplanada das Mesquitas / do Templo) e o Santo Sepulcro.

Em suma, o plano proposto por Trump consagraria, do ponto de vista jurídico-político, a realidade de fato do terreno, derrogando resoluções da ONU.

A Autoridade Palestina considerou os Acordos de Abraão uma "facada nas costas". Repudiava o fato de que sua "causa" estava sendo negligenciada pelos parceiros árabes em troca de benefícios econômicos, financeiros e militares. Os palestinos se sentiram traídos e ausentes de qualquer representação na discussão sobre seu próprio destino.

A questão palestina pareceu haver-se tornado marginal na política árabe. Os palestinos teriam perdido seu "poder de veto" na normalização. Prova disso foi a decisão da Liga Árabe de não aprovar proposta da Autoridade Palestina condenando o acordo de normalização entre Israel e os Emirados Árabes Unidos.

Historiadores recordaram, a propósito, que a solidariedade árabe nunca fora garantida: em 1919 o Rei Faisal, da Arábia Saudita, havia apoiado, sem consulta aos palestinos, a ideia de um "lar para o povo judeu", em paralelo à independência árabe. Outros recordaram que, quando Arafat se aliou a Saddam Hussein no momento da invasão do Kuwait, as monarquias do Golfo se sentiram traídas. O Kuwait expulsou a comunidade de palestinos ali residente.

A "vontade popular", por outro lado, mostrava-se contra a normalização das relações com Israel. As mídias sociais árabes revelavam reação negativa em relação aos acordos de normalização com Israel.

Apesar disso, além dos Emirados Árabes, Marrocos, Barhein e Sudão firmaram os Acordos de Abraão, e outros começaram a ser negociados, mas de forma inconclusiva (até o momento), sobretudo com Arábia Saudita. Israel sustenta que a questão central é a ameaça do Irã e seus *proxies* – Hamas em Gaza, Hezbollah no Líbano, Houties no Iêmen, outros grupos na Síria.

O Brasil saudou o anúncio da normalização das relações entre Israel e os Emirados, considerando que "contribui significativamente para reduzir as tensões no Oriente Médio". Acrescentou, todavia, que o ato "não afeta iniciativas e esforços de paz" (isto é, não se substitui à eventual retomada do diálogo político entre Israel e Palestina).

Quebrava-se mais uma vez a unidade árabe? Egito e Jordânia haviam sido acusados de rompê-la quando firmaram os tratados de paz com Israel. Sadat e Rabin pagaram com a própria vida o preço de buscarem a normalização entre israelenses e árabes.

Ademais da tensão com o Irã, outros fatores de preocupação dos vizinhos árabes são a influência persa na Síria, no Líbano e em Gaza, os efeitos negativos da Primavera Árabe sobre as elites e o radicalismo islâmico.

De sua parte, o Primeiro-Ministro Netanyahu afirma que a reconciliação com o mundo árabe deveria preceder qualquer acordo com os palestinos. Em reação à posição do Primeiro-Ministro israelense, a Arábia Saudita afirma não apoiar acordo de normalização sem o tratamento da questão palestina – apesar de manter relações discretas com Israel.

Em entrevista, o príncipe saudita Bandar bin Sultan, ex-embaixador em Washington, defendeu a aproximação dos países do

Golfo a Israel e criticou a liderança palestina. Afirmou que esta pede ajuda e conselhos à Arábia Saudita, que oferece ambos, sem pedir nada em troca; mas os palestinos ficam com a ajuda financeira e descartam os conselhos, fazendo o contrário. Também recordou que os palestinos apostaram no lado errado da História ("o cavalo perdedor"): o Mufti apoiou o Eixo nazi-fascista, Arafat apoiou Saddam Hussein, e agora a liderança se aproxima da Turquia e do Irã.

O príncipe saudita comentou que a causa palestina é justa, mas seus defensores são um fracasso; de outro lado, a causa israelense é injusta, mas seus defensores têm sucesso (sobretudo militar). Reiterou que a Arábia Saudita sempre apoiou a Palestina, e tem prendido e perseguido os membros do Hamas que atuam em seu país.

Países do Golfo temem o avanço do Hamas, pois "exportaria" para a Cisjordânia a irmandade muçulmana. Por outro lado, tanto Israel quanto Catar, Irã, Egito, Turquia e outros atores mantêm relações diretas com o Hamas em Gaza, "passando por cima" da Autoridade Palestina.

Uma das causas apontadas para os ataques de 7 de outubro teria sido a tentativa de inviabilizar o prosseguimento das negociações de um acordo entre Israel e Arábia Saudita, isolando o Irã. Este, segundo analistas, teria incentivado o Hamas a atacar Israel e recolocar a agenda palestina no centro da agenda mundial. A guerra de Gaza será tratada na parte III deste livro.

Feita esta introdução sobre as interferências históricas de potências alheias à região e a seus interesses, faço um resumo das propostas de paz entre israelenses e palestinos.

Um primeiro ponto a ressaltar é a demografia, fator absolutamente crucial do conflito e de qualquer acordo político para sua solução. Já se referiu, acima, à lógica insustentável da "Geografia sem Demografia". A questão demográfica recebe o impacto combinado do impedimento do retorno dos refugiados, da chegada de colonos israelenses e da expansão dos assentamentos.

O número de habitantes somados em Israel e Palestina, "entre o Rio e o Mar", é de cerca de 15 milhões:[8] 9,8 milhões em Israel, sendo cerca de 7,1 milhões (73 %) judeus israelenses e 2 milhões (21 %) árabes palestinos (mais de 6% não são classificados nem como judeus, nem árabes); cerca de 5,3 milhões de palestinos, sendo 3,2 milhões na Cisjordânia, e 2,1 milhões em Gaza (antes da guerra calculavam-se 2,3 milhões); e mais de 700 mil colonos israelenses na Cisjordânia ocupada, incluindo Jerusalém Leste.

Dentro do território de Israel, a população árabe-israelense cresce mais do que a judaica: enquanto a proporção de judeus passou de 75 % em 2010 a 73 % em 2023, a de árabes-israelenses cresceu de 20 % em 2010 a 21 %.

O crescimento populacional de Israel foi de 2 % em 2023, segundo maior entre os países da OCDE (quatro vezes superior à média da OCDE). Em grande parte, esse crescimento não se deve à natalidade, mas à imigração estimulada pelo Estado e instituições privadas (a chamada *Alya*).

Considerando-se a população total combinada de Israel e Palestina do Jordão ao Mediterrâneo, alcançou-se, em 2022, relativo equilíbrio etnodemográfico entre árabes-palestinos e judeus. Entretanto, se contabilizado o crescimento do número de colonos israelenses nos territórios palestinos ocupados, com o crescimento da imigração e a expansão dos assentamentos, a demografia tende a pender para o lado judeu: haveria, hoje, 7,8 milhões de judeus e 7,3 milhões árabes-palestinos.

---

8 Os dados aqui apresentados foram recolhidos de várias fontes, sobretudo o Escritório Central de Estatísticas de Israel e o Escritório Central de Estatísticas da Palestina.

Segundo o Conselho Econômico Nacional, a população de Israel atingirá quase 16 milhões de pessoas em 2050, mantendo-se o atual percentual de 79 % judeus. A previsão é de que, naquele ano, haverá 3,2 milhões de árabes-israelenses, também mantendo a proporção (21%) de hoje. A população de judeus ultraortodoxos dobrará em 2050 para 3,8 milhões – 24% da população (hoje são 12,6 %). A taxa de natalidade poderia cair nas famílias dessa comunidade (de 6,7 filhos para 6,2), e também entre muçulmanos (de 3 para 2,7). A alta taxa de crescimento deve manter o perfil jovem da população: em 2050, mais de um terço (5,6 milhões) terá 19 anos ou menos.

Há mais de 14,2 milhões de palestinos no mundo: 7,3 milhões na "Palestina Histórica" (incluindo árabes-israelenses), 6,2 milhões em países árabes vizinhos e 738 mil em outros países. Entre estes, 5,8 milhões são refugiados, segundo a UNWRA, distribuídos em Gaza, Cisjordânia, Jordânia, Síria e Líbano.

As projeções demográficas em Israel podem gerar mudanças no cenário político, segundo pesquisadores, que também chamam atenção para os impactos sociais e ambientais do crescimento populacional. Israel continuará sendo o único país de alta renda *per capita* com problemas típicos de países com altas taxas de natalidade, o que exigirá, entre outras ações, dobrar o ritmo de construção de novas moradias até 2050. Além disso, caminha para se tornar um dos países mais densamente povoados. Segundo estimativas, a maioria dos judeus ultraortodoxos permanecerá concentrada em Jerusalém e seus arredores (crescimento de 360 mil hoje para 915 mil em 2050).

Feita essa importante digressão demográfica introdutória, que determina a estratégia política, retomo o resumo das propostas de paz.

Os Acordos de Oslo não consagram expressamente a "solução de dois Estados", visto que a constituição de um Estado palestino se inscreve no *status* final do conflito, agenda deixada para negociações posteriores, estagnadas desde 2014. Entretanto, ao se mandatarem negociações diretas entre as partes e autorizar a formação de um governo, há o reconhecimento implícito de um futuro Estado nacional palestino. Já estariam relativamente definidos os critérios população (ainda pendente a questão dos refugiados) e governo (Autoridade Nacional Palestina, tampouco mencionada explicitamente nos acordos, mas decorrência implícita de sua implementação). Restam definir território e soberania.

Apesar de defendida pela grande parte da comunidade internacional, a solução de dois Estados nunca foi parte do projeto árabe-palestino original. Suas lideranças não aceitaram a partilha de 1947. Intelectuais de prestígio, como Edward Said, defendiam apenas um Estado, dada a relação inextricavelmente próxima entre as populações ali residentes.

A proposta é considerada por muitos uma imposição de potências mundiais nas negociações de Madri e Oslo. A liderança palestina teria concordado de forma pragmática com o estabelecimento de uma Autoridade Nacional, com base nos quadros da OLP, para viabilizar o processo de paz.[9]

Há hoje cinco cenários, combinando-se as propostas de um ou dois Estados, inclusão e democracia (e suas antíteses).

I) Dois Estados no padrão Oslo

Com base nas fronteiras de 1967, nos termos da Resolução 242 da ONU, pressupondo a retirada dos colonos israelenses nos territórios ocupados. Israel rejeita categoricamente tal retirada, sobretudo de Jerusalém Oriental e da Cidade Antiga.

---

9 O Fatah, grupo político hegemônico que controla a Autoridade Palestina e a OLP, defende a solução de dois Estados. Por outro lado, o Hamas, a Jihad Islâmica e a Frente Popular para a Libertação da Palestina (FPLP) rejeitam tanto a solução de dois Estados quanto o reconhecimento de Israel.

Ao contrário do episódio da retirada unilateral de colonos israelenses da Faixa de Gaza, em 2005, é impraticável, hoje, evacuar mais de 700 mil colonos de assentamentos na Cisjordânia e do entorno de Jerusalém.

II) Dois Estados com soberania assimétrica ou confederação

Israel e Palestina estão assimetricamente entrelaçados, mas não conseguem conciliar as preocupações de segurança israelense e as aspirações nacionais palestinas.

Entretanto, essas preocupações não são irreconciliáveis, mas complementares: a segurança israelense somente será obtida com a redução das tensões e frustrações resultantes da não-concretização da autodeterminação na forma de um Estado palestino.

A proposta de "soberania assimétrica" leva em conta um regime de segurança na Cisjordânia, que perpetuaria a ocupação militar israelense. O *interim agreement* de Oslo II, de 1995, segue essa lógica ao prever a constituição do Estado Palestino (em 1999) na forma de um *State Minus*, sem a plenitude de suas competências soberanas, principalmente na área militar.

Shimon Peres defendia uma confederação assentada numa "economia da paz", com interconexão produtiva e de infraestrutura, e aproveitamento do potencial agrícola e de turismo da região.

Já o plano apresentado por Donald Trump previa o estabelecimento de um Estado palestino abrangendo áreas não contíguas da Cisjordânia, Gaza e parte da periferia de Jerusalém Leste. Israel anexaria o restante do território, incluindo Jerusalém Oriental, assentamentos e o vale do Jordão. O plano foi rejeitado tanto pelo lado palestino quanto pela direita israelense, que se opõe por questão de princípio à ideia de um Estado palestino e a trocas territoriais. O *deal of the century* de Trump reduzia a complexa questão a uma mera disputa territorial, quase imobiliária.

III) Um Estado binacional, democrático e inclusivo

A proposta prevê a incorporação da população palestina em um Estado único, binacional e democrático, com os mesmos direitos civis e políticos dos árabes-israelenses.

Lideranças palestinas abertas a soluções "criativas" poderiam aceitar essa fórmula, com poder compartilhado entre israelenses e palestinos, mesmo com flexibilidade de fronteiras, contanto que houvesse tratamento isonômico aos cidadãos dos dois grupos. O próprio Presidente Abbas chegou a defender a hipótese de um Estado binacional como alternativa à constituição de Estado palestino, em seu discurso na Assembleia Geral da ONU em 2021.

Israel, entretanto, rejeita a ideia de um Estado binacional, que representaria o fim do projeto sionista. Tampouco aceita estender aos palestinos os mesmos direitos de que gozam os árabes-israelenses, notadamente a mobilidade e direitos político-eleitorais ("uma pessoa, um voto"). Para muitos, isso representaria um risco à sua segurança.

IV) Estado único de *apartheid*

Na Lei do Estado Nação Judaico aprovada em 2018, o Estado de Israel é formalmente consagrado como Estado exclusivamente judeu, tendo o hebraico como língua oficial (excluiu-se o bilinguismo com o árabe). Analistas a consideram resultante da intolerância à diversidade étnico-cultural.

Relatório do *think tank B'Tselem* de 2021 denunciou que a situação deixou configurar "ocupação" e se transformou em regime de *apartheid*, por causa do regime marcial e da expansão e anexação dos assentamentos. A Anistia Internacional, a *Human Rights Watch* e diversas entidades internacionais passaram a incorporar o conceito de *apartheid* em seus relatórios (ver Parte II).

Segundo essa visão, conforma-se, na Cisjordânia, uma *settler colony*, uma espécie de "terceiro Estado". Estaríamos diante, de certa forma, de uma "solução de três Estados" (não mais de "dois Estados"). A *settler colony* seria incorporada, em termos militares, jurídicos e de infraestrutura, ao Estado de Israel em um Grande Israel, que se tornaria necessariamente um *apartheid state*, com a criação de "bantustões" nos territórios palestinos ocupados.

V) Deterioração progressiva, tática do *fait accompli*

A persistir o atual impasse, a tendência é a "não-solução", em detrimento da geografia, demografia e do Estado palestinos. Uma "deterioração sustentável" da situação, sempre flertando com o ponto de ruptura, com a "normalização" de eventos graves: expansão dos assentamentos, repressão policial e incursões militares, tática do *fait accompli*, alteração do *status quo* histórico de Jerusalém, estrutura territorial palestina "arquipelágica" (ilhas desconexas em "submersão") com proliferação de "bantustões", violações sistemáticas do direito internacional e do direito humanitário. O *modus operandi* de Gaza se espalharia por toda a Cisjordânia, a começar por Jenin e Hebron, avançando sobre Nablus, Tulkarem, Jericó e outros centros.

Predomina, na opinião pública israelense, a impressão de que a "solução de dois Estados" não é uma opção alcançável nem desejável. Nas quatro eleições consecutivas em Israel, de 2019 a 2021, a questão palestina esteve praticamente ausente de quase todas as campanhas dos partidos.

Salman Rushdie, que sempre se mostrou favorável a um Estado palestino, afirmou que, hoje, um tal Estado seria governado pelo Hamas, e se tornaria um Estado terrorista apoiado pelo Irã: seria como o Talibã. Alertou, ademais, que a comoção mundial em relação aos mortos em Gaza poderia transformar-se em antissemitismo, gerando um problema maior, especialmente se gerar apoio ao Hamas.

Por seu turno, palestinos denunciam a "sabotagem" de Israel à "solução de dois Estados". A extrema direita israelense rejeita a agenda de Oslo, que a seu ver comprometeria a segurança de Israel, considerando o Estado Palestino como um "Estado terrorista".

Por outro lado, muitos assinalam a fragilidade da percepção de segurança israelense, assentada sobre a opressão militar, a superioridade tecnológica e bélica e barreiras físicas (muros e *checkpoints*). A melhor forma de garantir, de forma sustentável, a segurança de Israel seria permitir a autodeterminação do povo palestino, permitindo-lhe viver uma vida também segura e próspera.

A atual conjuntura se caracteriza pela quase total perda de confiança e capacidade de diálogo entre facções palestinas e entre lideranças palestinas e israelenses, o que favorece a radicalização e marginaliza correntes moderadas, e a falta de estadistas e líderes com visão de longo prazo. Esse quadro se torna mais complexo com o crescimento populacional de jovens, pobres e fundamentalistas, tanto palestinos quanto israelenses. A radicalização política, aliada à deterioração econômica, tornam improváveis os cenários otimistas.

As sondagens de opinião pública são instrumentos úteis para compreender a realidade e a viabilidade política das propostas acima apresentadas, segundo a percepção popular.

A já citada pesquisa *Palestinian-Israeli Pulse* revela queda acentuada e praticamente simétrica do apoio à solução de dois Estados em ambos os lados. Em setembro de 2020, 43% de judeus e palestinos apoiavam a ideia. Em dezembro de 2022, esse apoio caiu para 33% entre os palestinos, e 34% entre judeus. Interessante notar que o apoio à solução de dois Estados foi maior em Gaza (40%) do que na Cisjordânia (28%), e também maior entre os eleitores do Fatah e os que não se consideram religiosos. Apenas 14% dos eleitores do Hamas apoiavam aquela solução.

Do lado israelense, observa-se queda no apoio aos dois Estados em todos os segmentos. Nota-se polarização entre os eleitores de esquerda, que apoiam maciçamente (83%), e os de direita, onde o percentual é de apenas 16%. A maioria (56%) dos eleitores de centro apoiam tal solução. A maioria (57%) dos judeus seculares apoia os dois Estados, ao passo que 64% dos tradicionalistas se lhe opõem. A rejeição é maior entre os grupos religiosos e ultrarreligiosos – respectivamente, 76% e 85%.

O pessimismo é maior entre os jovens judeus (18-34 anos): 66% destes não acreditam na viabilidade dessa solução. Quanto a faixas etárias mais elevadas, há 37% de apoio entre 35-54 anos, e percentual maior (47%) acima de 55 anos.

Entre os árabes-israelenses, 51% dos jovens e 71% dos adultos apoiam a solução de dois Estados. Entre os árabes-israelenses muçulmanos, 45% dos praticantes e 73% dos não-praticantes também apoiam aquela solução.

O declínio geral do apoio à solução de dois Estados decorre, além do aumento dos confrontos nos últimos anos, à percepção de sua crescente inviabilidade. Entre os palestinos, 70% acreditam serem baixas as chances de sua implementação; entre os judeus, o percentual de mesma opinião negativa é avassalador, 88% (89% para os colonos). A anexação da Cisjordânia é apoiada por apenas 10% dos judeus. Entretanto, somente 8% dos palestinos e 13% dos judeus concordam com a manutenção do *status quo*.

Duas alternativas foram apresentadas aos entrevistados na mesma pesquisa: um único Estado democrático, com direitos iguais para todos; e um único Estado com assimetria de direitos entre israelenses e palestinos. O apoio a um Estado igualitário é minoritário (20%) entre judeus israelenses, em contraste com o apoio de 44% de árabes-israelenses. O apoio a um Estado desigual e não-democrático cresceu entre judeus (37%) – superando o apoio à solução de dois Estados. Já entre árabes-israelenses, 20% apoiam e 46% rejeitam um Estado com direitos desiguais. O apoio a soluções não-democráticas e igualitárias é maior entre os judeus religiosos (entre 57% e 50%).

O apoio à ideia de uma confederação caiu para 28% na população israelense, mas se eleva a 60% junto aos árabes-israelenses. Já entre os palestinos, apenas 22% a apoiam. Os grupos que mais apoiam a ideia são judeus de esquerda, palestinos não-religiosos e árabes-israelenses.

Sob o impacto da guerra de Gaza, o *Palestinian Center for Policy and Survey Research* fez outra pesquisa em dezembro de 2023, apenas entre os palestinos. 62% dos entrevistados apoiaram a ação de organismos internacionais para solucionar a crise israelo-palestina; 55% apoiaram o retorno a confrontações e à Intifada armada; e 45% defenderam a resistência popular não armada.

Em levantamento realizado pela mesma instituição em março de 2024, 61% dos entrevistados acreditaram que a solução de dois Estados não é mais viável, por causa da expansão dos assentamentos. Apesar do pessimismo em relação à viabilidade, o apoio a essa solução cresceu para 45%. 72% acreditam que as chances de estabelecimento de um Estado palestino independente nos próximos cinco anos são praticamente inexistentes.

O pessimismo em relação à solução de dois Estados se acentuou ao longo de 2024 entre israelenses e palestinos, reflexo deletério da guerra de Gaza. Pesquisa de opinião, publicada em maio de 2024 pelo *Pew Research Center*, indicava que apenas 19% de judeus acreditavam que Israel e um Estado palestino pudessem coexistir pacificamente. Esse foi o índice mais baixo desde o início da pesquisa, em 2013, quando quase metade daquele grupo, e a maioria dos israelenses em geral (incluindo árabes-israelenses) apoiavam a solução de dois Estados.

Já 65% dos palestinos manifestaram oposição à solução de dois Estados, e apenas 32% apoiaram essa solução, em pesquisa de junho de 2024 do *Palestinian Center for Policy and Survey Research*.

No que tange à melhor forma de conquista de um Estado independente, segundo a citada pesquisa do centro palestino, de março de 2023, 46 % apoiam a luta armada; 25%, negociações; e 18% a resistência popular não violenta. Houve uma queda no apoio à luta armada, e aumento do apoio a negociações e métodos não violentos de resistência.

No que tange à proteção contra ataques de colonos extremistas, a pesquisa de março de 2024 revelou que 41% desejam a formação de grupos armados por residentes.

A ideia de uma coalizão internacional composta por Estados Unidos, Egito, Arábia Saudita e Jordânia para fortalecer a Autoridade Palestina, restaurar negociações baseadas na solução de dois Estados e alcançar a normalização entre árabes e israelenses foi rejeitada por 73% dos entrevistados. Revelou-se que o nível de aprovação das Nações Unidas é baixo, e dos Estados Unidos, praticamente nulo.

Essa percepção negativa em relação ao apoio da comunidade internacional, especialmente EUA e Europa, reflete a frustração de ver que as potências estrangeiras se contentam com o mero "manejo da crise", e não buscam sua solução efetiva por meio de pressão sobre Israel. Ao contrário, muitos acreditam que as potências ocidentais são causa dos problemas.

Cristãos na Terra Santa do século XXI

Como resultado dos conflitos e das crises econômicas nos últimos cem anos, a população cristã autóctone declinou na Terra Santa mais de um terço em termos absolutos (de 70 mil para 50 mil, aproximadamente), e mais de 90% em termos relativos (de 11% a 1% da população total).

A perspectiva dos cristãos árabe-palestinos, cujos antepassados vivem há dois milênios na Terra Santa, é quase desconhecida pelos cristãos ocidentais. Eles se sentem invisíveis aos olhos de seus irmãos ocidentais.

Para muitos ocidentais, ser cristão e árabe (mais ainda palestino) é um oxímoro, nas palavras de Munther Issac, pastor luterano de Belém, autor de "The other side of the Wall: a Palestinian Christian narrative of lament and hope". O reverendo Munther ficou mundialmente conhecido no Natal de 2023, quando decorou o presépio de sua igreja, em Belém, de forma original: ao invés da tradicional casa de palha, com manjedoura aconchegante, inspirada na decoração natalina inaugurada por São Francisco na Itália do século XIII, o Menino Jesus foi colocado no meio de escombros, em memória das milhares de crianças vitimadas na guerra de Gaza.[10]

A percepção ocidental de Israel é, em grande parte, determinada pelo sionismo evangélico,[11] corrente surgida na Inglaterra no século XIX, anterior ao próprio sionismo.

Essa corrente é inspirada no messianismo cristão e na teologia "dispensacionalista" (relativa à escatologia, Fim dos Tempos). Segundo essa visão, a aliança abraâmica se cumpre com a criação do Estado de Israel, visto como ato divino, concretização de profecias bíblicas. A história de Israel é "o relógio de Deus", que se aproxima da vinda (volta) do Messias. Reconduzir o povo judeu para a Palestina seria cumprimento da promessa divina.

Lorde Ashley Cooper, Conde de Shaftesbury, Presidente da *London Society for Promoting Christianity Among Jews* teria afirmado, em 1843: "Há um país sem nação; e agora Deus, em Sua sabedoria

---

10 O pastor Munther foi convidado para visitar o Brasil e apresentar a situação dos cristãos na Terra Santa. Até a conclusão deste livro a viagem ainda não se tinha realizado, pois lideranças evangélicas, após uma primeira reação positiva, recuaram e optaram por não organizar eventos com ele, temerosas de perderem dízimos, ofertas, seguidores e fiéis. "Há uma idolatria em relação a Israel", confidenciou-me um importante líder evangélico.

11 O sionismo evangélico tem grande influência política nos Estados Unidos e no Brasil, associado ideologicamente à direita e ultra-direita. O Presidente Donald Trump, nessa perspectiva, assinalou que a mudança da embaixada norte-americana para Jerusalém fora gesto em favor dos evangélicos.

e misericórdia, nos dirige a uma nação sem país". A declaração foi reinterpretada de forma resumida como "uma terra sem povo para um povo sem terra", um dos lemas do pensamento sionista.

O Rabino Lord Jonathan Sacks, entretanto, pondera que não teria sido essa a intenção original do Conde de Shaftesbury. O sentido seria que o povo judeu era a única nação que fazia jus àquela "terra" como espaço nacional, mas não que estivesse despovoada.

Colocada e difundida nesses termos, a sentença ignora a população árabe-palestina ali residente há milênios.

O pastor Munther Issac comenta que muitos peregrinos vêm visitar os sítios cristãos (que estão na Palestina, em grande parte), mas não conhecem nem interagem com os cristãos da Terra Santa. Guias turísticos contratados os impedem de andar livremente nas ruas comerciais das cidades e bairros árabes e comprar *souvenirs* de lojas palestinas fora do circuito estabelecido, porque seria "perigoso", e "financiaria terroristas". Tampouco se lhes permite conversar livremente com palestinos nas ruas.

A teologia escatológica e dispensacionalista é eivada de desvios e exageros teológicos. Torna-se belicosa, supremacista e intolerante, e se afasta dos ensinamentos de paz, amor, misericórdia e acolhimento de Jesus.

O pastor Munther considera o sionismo evangélico uma "teologia imperial". Recorda como, ao longo da História, a Bíblia e a teologia cristã foram usadas para justificar a escravidão, o *apartheid* e a colonização. Hoje, estariam sendo empregadas para legitimar o projeto colonizador de Israel em detrimento do povo local, inclusive cristãos árabes-palestinos.

A grande maioria dos evangélicos, no Brasil ou nos Estados Unidos, tem fé sincera nas promessas de Deus para o povo judeu, mas desconhece a realidade do Oriente Médio, sobretudo o conflito israelo-palestino.

As terras bíblicas que existem no imaginário dos visitantes é despovoada de cristãos concretos, hoje de fala árabe, mas em grande parte descendente das primeiras comunidades de cristãos que estão ali há quase dois mil anos. Muitos cristãos ocidentais, assimilando inconscientemente a arabofobia, tratam cristãos árabes como muçulmanos, indistintamente. Tal como os cruzados da idade média.

A leitura da realidade da maioria dos cristãos ocidentais sobre a Terra Santa de hoje é superficial, imaginária e ideológica, transportada nos púlpitos e cruzadas evangelísticas diretamente do Antigo Testamento para os tempos atuais, sem o escrutínio do conhecimento da História e da complexidade étnica e sociopolítica. Sua perspectiva é a de uma "teologia do domínio" belicosa, incompatível com a visão do Novo Testamento, dos Evangelhos e da mensagem de Jesus em favor da paz, da mansidão, da tolerância, do acolhimento, da justiça.

Em um incidente ocorrido em 2023, o movimento evangélico norte-americano *International House of Prayer of Kansas City* promoveu orações e cânticos em benefício de "Jerusalém e Israel" no parque arqueológico Davidson Center, situado no contorno Sul da muralha da Cidade Velha de Jerusalém, adjacente ao Muro das Lamentações. Extremistas judeus, convocados pelo vice-prefeito de Jerusalém, Aryeh King – colono residente em assentamento no Monte das Oliveiras –, realizaram protesto para impedir o evento evangélico. Ultrarreligiosos cospem em procissões com cruzes e vandalizam sítios e cemitérios cristãos, inclusive uma escultura de Jesus na Igreja da Condenação (Via Dolorosa).

Narrativas contidas nos livros de Êxodo, Levítico, Deuteronômio e Josué tratam da conquista da terra prometida ao povo judeu, após o exílio no Egito, e a invasão, a destruição e a expulsão dos povos originários (ver os versículos mencionados no início da parte I deste livro). Escritos da Idade do Bronze, treze séculos antes de Cristo, reorganizados e recompilados na Idade do Ferro, entre oito e cinco séculos a.C., são revalidados teológica e politicamente para justificar crimes e ações militares nos séculos XX e XXI. Ora, aquelas práticas, hoje, são tipificadas como genocídio e limpeza étnica pelo direito internacional e humanitário.

Da mesma forma que o catolicismo impôs o dogma da infalibilidade papal, a impressão é a de que a corrente evangélico-sionista criou o dogma da infalibilidade de Israel. Tudo o que é feito pelo país contaria necessariamente com a aprovação e a bênção divinas. Basta ler comentários nas mídias sociais sobre a guerra de Gaza e ouvir pregações de pastores mais exaltados. Questionar Israel, mesmo com base nos direitos humanos e humanitários, é opor-se a Deus, e atrair sobre si a maldição divina ("aquele que vos amaldiçoar será amaldiçoado"). A própria ONU é apresentada, por representantes do governo israelense, como instituição antissemita, e por evangélicos fundamentalistas, como entidade diabólica por cobrar responsabilidade de dirigentes israelenses frente a obrigações do direito internacional.

O dogma da infalibilidade de Israel, entretanto, não tem base bíblica. A Bíblia não dá um "cheque em branco", mas estipula padrões claros de justiça, misericórdia e humanidade. Diversas passagens da Torá e de outros livros do Antigo Testamento – Êxodo, Deuteronômio, Reis, Crônicas – denunciam enfaticamente erros cometidos pelos reis, autoridades civis e religiosas, falsos profetas e cidadãos de Israel e Judá, confrontados por Deus e pelos verdadeiros profetas. "Fizeram mal aos olhos de Deus".

Leitura belicosa parecida foi feita pelas Cruzadas. Sob a convicção feroz e guerreira de que *Deus vult* ("Deus quer"), exércitos europeus invadiram a Terra Santa entre os séculos XI e XIII, massacrando judeus e muçulmanos, mas também cristãos árabe-ortodoxos, assimilados aos árabe-muçulmanos aos olhos dos invasores cristãos brancos europeus. Corria sangue, literalmente, nas ruas de Jerusalém.

A situação dos cristãos árabe-palestinos (católicos latinos, gregos melquitas, grego-ortodoxos, sírio-aramaicos, sírio-ortodoxos, armênios, protestantes históricos, entre tantos) é dramática na

Terra Santa. São "algodão entre cristais", para tomar emprestada a imagem de Lord Ponsonby, negociador britânico, ao referir-se à posição do Uruguai entre Brasil e Argentina. De um lado, judeus; de outro, muçulmanos. Sob o impacto dessa disputa, e sofrendo as mazelas da crise econômica e do desemprego, a população cristã tem declinado fortemente nas últimas décadas com a emigração para Estados Unidos, Europa e outros continentes.

Os cristãos árabe-palestinos se espantam e se entristecem com o fato de que cristãos ocidentais não os reconheçam como irmãos de fé. Muitos são descendentes dos primeiros cristãos não judeus, "gentios" que se converteram no primeiro século, após a ressurreição de Jesus.

Notam que seus irmãos de outros continentes têm uma visão romantizada da Terra Santa e desconhecem as transformações ocorridas nos últimos milênios, desde que os apóstolos Paulo, Pedro e Thiago foram espalhar o Evangelho na Europa, no final do primeiro século, como relatado no livro de Atos dos Apóstolos.

Sobretudo desconhecem o impacto, sobre os cristãos árabe-palestinos, do retorno do povo de Israel à Terra Santa desde o início do século XX.

Os cristãos árabe-palestinos sentem desconforto ao ler passagens do Antigo Testamento que se referem a Israel. De um lado, a imagem cotidiana do opressor violento que os humilha e agride todos os dias com soldados e colonos. De outro, a distinção entre a Israel bíblica e espiritual (romantizada e idealizada) e o Estado de Israel, que veem como marcial, opressor e ocupante. E se perguntam: os cristãos árabe-palestinos da Terra Santa foram rejeitados por Deus como inimigos do povo escolhido?

Muitos cristãos ocidentais adotam essa postura, associando os cristãos árabe-palestinos aos inimigos da Israel bíblica e atual. Os cristãos árabes são, muitas vezes, associados a muçulmanos e aos inimigos ancestrais do povo judeu, a serem destruídos por instrução divina: filisteus, amalequitas, jebuseus, cananeus, hititas etc. (ver as citações bíblicas no início desta seção). Muçulmanos "convertidos" em igrejas evangélicas no Brasil sofrem igual preconceito, e são isolados dentro das próprias igrejas. Doações para missões evangélicas em países árabes foram drasticamente reduzidas nas igrejas brasileiras desde o 7 de outubro de 2023.

Nesse sentido, em vez de agirem como Jesus ensinou, criando pontes entre inimigos, os cristãos ocidentais assumem um lado no conflito, tornando-se parte do problema, e não da solução.

A Demografia revela a difícil condição dos cristãos palestinos, forçados a migrar da Terra Santa. No início do mandato britânico, em 1922, calculava-se em 70 mil o número de cristãos palestinos (11% da população total), dos quais 46% ortodoxos, 20% católicos latinos e 20% católicos orientais. A população cristã hoje é estimada em cerca de 50 mil (40 mil na Cisjordânia).[12]

Calcula-se que hoje 56% dos cristãos originários da Terra Santa tenham se estabelecido na diáspora palestina, sobretudo nas Américas e na Europa. Em Belém, lugar de nascimento de Jesus, o declínio demográfico cristão foi de 87% em 1922 a 22% em

---

12 Em 1946, o percentual de cristãos havia declinado para 8%, embora em números absolutos a população tenha mais que dobrado, para 145 mil. Em 1949, no contexto da primeira guerra árabe-israelense, o número de cristãos caiu para 51 mil, e em 1961, para 46 mil. Após a guerra de 1967, o percentual de cristãos palestinos na Cisjordânia se reduziu para 43 mil (6% da população). Em 1997, o número continuou a cair, para 40 mil, havendo queda muito maior em termos relativos, para 1,5%. Em 2007, houve ligeiro aumento, para 42 mil, embora persistisse a queda percentual, para 1,2%. O aumento líquido continuou em 2017, quando foram registrados 47 mil cristãos, mas persistiu a queda relativa, para 1%. Além da emigração, a queda percentual do número de cristãos também se deve à menor taxa de natalidade, comparativamente aos muçulmanos e judeus. Vale também notar o maior número de idosos cristãos em relação aos muçulmanos (em 2018, 39% da população cristã tinha mais de 50 anos, comparada com 21% de muçulmanos na mesma faixa etária). Os dados são de pesquisa do *Palestinian Center for Policy and Survey Research* (2020).

2007. Muitas das famílias cristãs de Belém se transferiram, desde o período otomano, para a América Latina, sobretudo Chile e Brasil.

Atualmente, metade da comunidade cristã é formada de católicos latinos (romanos); um terço é ortodoxo; os outros são armênios, gregos católicos, sírios, coptas, etíopes e protestantes históricos. Grande parte dos imóveis urbanos e rurais é de propriedade da Igreja Ortodoxa Grega, hoje vendida ou alugada para israelenses (inclusive os espaços de Jerusalém Ocidental ocupados pelo Governo de Israel).

A população cristã tem alto nível de educação, é poliglota e altamente competitiva no mercado de trabalho, sendo preferida por empregadores israelenses. É um grupo 80% urbano, concentrado em cidades como Jerusalém, Belém, Beit Jala, Beit Sahour, Ramallah, Birzeit, Taybeh (nesta última, antiga vila de Efraim, quase 100% são cristãos). Os cristãos árabe-israelenses estão presentes em cidades como Nazaré e Haifa.

O *Palestinian Center for Policy and Survey Research* realizou, em 2020, pesquisa sobre os cristãos palestinos que evidenciou tendências que apresento a seguir. Partindo da constatação de que o desejo de abandonar a terra natal, entre cristãos, é o dobro do que o observado entre muçulmanos, o objetivo da sondagem de opinião foi detectar as razões que levam esse grupo a buscar a emigração, sobretudo para Estados Unidos, Canadá e Europa, onde têm familiares residentes.

A maior parcela afirma ser impulsionada pela busca de melhores oportunidades econômicas; outros mencionam fatores como educação, segurança e liberdade religiosa. Muitos reclamam do impacto da ocupação israelense como *checkpoints*, violência de colonos e confiscos de terras. A maioria afirma que a ocupação busca expulsá-los de sua terra natal.

A grande maioria dos cristãos se sente plenamente integrada na sociedade palestina. Alguns mencionam, entretanto, preocupação com o extremismo islâmico, apesar de não reportarem perseguição religiosa (mas há casos de agressão verbal ou blasfêmias). Apenas uma minoria acredita que os muçulmanos desejam expulsá-los. Um quarto dos entrevistados relatou terem sido objetos de tentativa de conversão ao Islã. Alguns denunciaram preconceito ao buscarem postos de trabalho na Autoridade Palestina.

Os cristãos palestinos, em sua grande maioria, apoiam a "causa árabe". Por outro lado, a expansão do Islã os preocupa por dois motivos: certa tendência excludente; e porque os extremistas associam cristãos aos ocidentais (em alguns casos, colaboradores dos judeus).

A maioria dos cristãos palestinos deseja um arranjo político de paz que conduza à criação de um único Estado democrático e inclusivo (ver seção anterior), no qual palestinos e israelenses tenham direitos iguais. Apenas um terço deseja a "solução de dois Estados".

Segundo os entrevistados, para evitar o êxodo da população cristã da Terra Santa seriam necessárias medidas de fortalecimento da economia e assistência social, com geração de empregos, financiamentos, políticas de habitação, aprimoramento das condições de segurança, respeito à lei, democracia e tolerância.

Um dos aspectos que mais constrangem os cristãos árabes-palestinos e dezenas de milhares de peregrinos é a excessiva e opressora presença policial nas celebrações tradicionais em Jerusalém, como Semana Santa e Natal. Na procissão da Sexta-Feira Santa, por exemplo, quando a *Via Crucis* atravessa o bairro muçulmano, coincidindo nas estreitas ruas com milhares de fiéis islâmicos que se dirigem à Mesquita de Al Aqsa, sem qualquer incidente, o desdobramento de centenas de soldados, com seus fuzis e atitude ameaçadora, choca o clima de oração e contrição. Por supostas razões de segurança, durante as Sextas-Feiras Santas ou as cerimônias do "Fogo Sagrado" da Igreja Ortodoxa Grega, a polícia israelense limita arbitrariamente o número de fiéis nas procissões e nos templos, impondo barreiras e desferindo golpes de cassetetes sobre mulheres e idosos, inclusive, que ali estão apenas para rezar. Cenas lamentáveis.

O Patriarca Latino de Jerusalém, Cardeal Pierbattista Pizzaballa, enfatiza a situação dos cristãos na Terra Santa, a difícil relação com autoridades de Israel e o receio de mudanças no *status quo* de Jerusalém. O líder católico considera que os cristãos não deveriam ser considerados grupo "entre judeus e muçulmanos", mas "no meio" deles. Não acredita que os cristãos possam, na atual conjuntura, servir de "ponte" entre aquelas confissões, já que "uma ponte precisa ter dois fundamentos", em ambos os lados, mas isso não existe hoje: "se os dois lados não conversam, não se pode fazer nada".

O Patriarca desejaria ver lideranças políticas cristãs na região, hoje inexistentes. Lembra que a comunidade contribui com "valores cristãos" como a não-violência e a "advocacia" por direitos, além da ação social de instituições como escolas e hospitais. O Cardeal defendeu que os cristãos desenvolvam uma "narrativa religiosa própria sobre Jerusalém".

A maior preocupação de Pizzaballa são os cristãos de Jerusalém, por causa da percebida política de "judaização" da capital e das ações imobiliárias de desalojamento de moradores não-judeus. Ele também se inquieta com a dificuldade financeira por que passa a Igreja, responsável pelo sustento de milhares de empregados cristãos.

As relações da Igreja Católica Latina com as Igrejas Ortodoxa e Armênia são boas, mas o Cardeal deseja que as confissões sejam mais unidas. Considera as relações com o *Waqf* islâmico "corretas", melhores do que com a comunidade religiosa judaica, quase inexistentes. A tentativa de um diálogo interreligioso com o rabinato não tem prosperado, em sua opinião.

Patriarcas e Chefes de Igrejas em Jerusalém têm emitido comunicados conjuntos nos quais denunciam a ameaça à presença cristã na Terra Santa. Afirmam que os cristãos têm sido alvo de ataques de grupos radicais: agressões físicas e verbais contra padres e membros do clero; vandalismo e profanação de igrejas e lugares sagrados; e intimidação contra fiéis.

Lideranças religiosas cristãs manifestaram preocupação com o aumento dos ataques anticristãos por parte de extremistas judeus, e apelam para a "proteção dos cristãos na Terra Santa". Quanto aos islâmicos, a relação é de relativo respeito mútuo, embora seja tensa com os extremistas, que desejam impor regras morais, de vestimenta e do papel da mulher contra a cultura cristã, considerada mais "liberal" para os padrões do Levante.

Os líderes religiosos reconhecem que há compromisso do governo israelense em defender a segurança dos cristãos e preservar sua comunidade como parte integrante da sociedade, mas criticam o fracasso em conter as atividades de grupos radicais. Em particular, denunciam a ação desses grupos para adquirir e ocupar propriedades nos bairros cristão e armênio, muitas vezes por meio de métodos fraudulentos ou de atos de intimidação.

Por outro lado, os Patriarcas ressaltam a contribuição do turismo de peregrinos cristãos para economia israelense (estimada em US$ 3 bilhões por ano) e as ações nas áreas social, educacional, saúde e humanitária das comunidades cristãs.

Os Patriarcas e Chefes de Igrejas em Jerusalém propõem a criação de uma zona especial da cultura e patrimônio cristão na Cidade Antiga de Jerusalém para resguardar a integridade do bairro.

Em 2022, o Patriarca Grego Ortodoxo de Jerusalém, Teófilo III, publicou artigo no *The Times* britânico intitulado "Christians are under threat in the cradle of their faith". Acusou "grupos extremistas sionistas" de violência contra cristãos, denunciando que pretenderiam "extinguir" a presença cristã em Jerusalém.

Segundo a Igreja Ortodoxa Grega, a aquisição de imóveis tem sido feita mediante corrupção e suborno. Casos similares têm ocorrido no bairro armênio, onde colonos têm adquirido propriedades da Igreja Armênia em transações também controversas. Por seu turno, a Custódia da Terra Santa, administrada pelos franciscanos, e o Patriarcado Latino, católico romano, se mostram mais resistentes às pressões de grupos e autoridades israelenses e conseguem proteger mais eficazmente o patrimônio e a presença cristã.

Por Gaza passou o bebê Jesus, com poucas semanas de vida, carregado por Maria e José, rumo ao Egito, para fugir da matança de Herodes, o Grande. E também por ali retornou a pé, pois já era criança, depois da morte de Herodes, a caminho de Nazaré, na Galileia.

Por isso, a paróquia católica de Gaza tem o nome de Igreja da Sagrada Família. Ela acolhia os "consulados itinerantes" do Brasil (ver abaixo).

Em uma estrada de Gaza (provavelmente ao longo da avenida central, chamada Salah ad Din, hoje destruída), o Apóstolo Felipe pregou para uma importante personalidade etíope, que se converteu. O livro dos Atos dos Apóstolos assim menciona o começo do episódio: "Um anjo do Senhor disse a Filipe: Vá para o sul, para a estrada deserta que desce de Jerusalém a Gaza".

Por isso, o Cristianismo está presente em Gaza desde o final do primeiro século. Ali foram construídas igrejas bizantinas, séculos antes da chegada do Islã.

Em Gaza, os cristãos (de maioria ortodoxa) eram cerca de três mil em 2009. Antes da guerra, o número já se havia reduzido em dois terços (para pouco mais de mil), sendo cerca de 400 católicos latinos e pouco mais de 600 ortodoxos. No início da guerra, 600 se abrigaram na Paróquia da Sagrada Família, 200 na Igreja Ortodoxa de São Porfírio, e os restantes em outra paróquia católica. Alguns vizinhos muçulmanos se juntaram àqueles grupos. A paróquia de São Porfírio foi destruída por bombardeio, com pelo menos 17 mortos (ver Parte III).

A estimativa hoje é de que haja entre 620 e 650 cristãos no Norte de Gaza, 400 dos quais abrigados na Paróquia da Sagrada Família e pouco mais de 200, na de São Porfírio.

As Forças de Defesa de Israel pressionaram para que a população se deslocasse várias vezes em Gaza para zonas humanitárias, que sempre eram modificadas, forçando novas marchas extenuantes na Faixa. Vários cristãos decidiram deslocar-se para a fronteira com o Egito, onde se encontram atualmente, em grande perigo. A instrução das autoridades eclesiásticas, entretanto, é de que os cristãos continuem abrigados nas paróquias e não abandonem as propriedades e as instalações da Igreja no Norte, por temor de que se tornem mais vulneráveis em outras áreas de Gaza e de que os espaços da Igreja venham a ser utilizados, seja por militantes islâmicos, seja por soldados israelenses, e que, após cessar fogo, não possam ser recuperadas, como deverá acontecer com grande parte dos imóveis palestinos destruídos.

Os brasileiros, evacuados do Norte de Gaza, foram generosamente acolhidos pela comunidade cristã, nos primeiros dias do conflito, na Escola das Irmãs do Rosário, uma das instalações de propriedade da Igreja, hoje completamente destruída. Isso os protegeu dos bombardeios na primeira semana da guerra antes de que se deslocassem para o Sul da Faixa, aguardando a abertura da fronteira com o Egito (ver abaixo).

No trágico contexto da guerra de Gaza, os Patriarcas das Igrejas Católica Latina, Grego-Ortodoxa e Armênia aconselharam suas congregações a renunciarem às festividades de Natal em 2023. As próprias autoridades da cidade de Belém, onde nasceu Jesus, anunciaram que não seriam realizadas as tradicionais celebrações de Natal, “em sinal de luto e em homenagem” aos mortos. As festividades teriam um tom mais reservado, sem luzes, árvore ou presépio, concentrando-se em missas e orações pelas vítimas da guerra. O mesmo episódio voltou a acontecer no Natal de 2024.

Jesus era judeu. Viveu como judeu, caminhou e pregou de forma absolutamente fiel ao Pentateuco (*Torah*), aos profetas (*Neviim*) e aos escritos (*Ketuvim*) – o *Tanach*, que chamamos Antigo Testamento –, respeitando as tradições e a cultura judaicas. Mas as reinterpretou e aplicou com a autoridade do amor e da misericórdia, e não do legalismo arrogante. Em diversas passagens, dirigiu-se a não-judeus, e elogiou sua fé.

O Apóstolo Pedro, ao visitar o centurião romano (representante da potência invasora e opressora) em Cesareia, entendeu que "Deus não faz acepção de pessoas" e que a salvação se estendia a todos os povos e nações. O Apóstolo Paulo ensinou aos Gálatas (hoje, região de Istambul, na Turquia, antiga Constantinopla) que "não há judeu, nem grego", porque "todos vós sois um em Cristo Jesus".

Certa vez alguém me perguntou o que os cristãos podiam fazer no contexto do conflito entre palestinos e israelenses. Respondi que a primeira coisa é não tomar partido, nem pelos judeus, nem pelos palestinos, mas seguir o que Jesus ensinou: amar o próximo, ter empatia, sensibilidade e compaixão, colocar-se a serviço do outro, buscar a paz, a justiça, ser manso e não violento, humilde e não arrogante, ser misericordioso e não acusador, acolhedor e não preconceituoso.

Triste ver muitos cristãos, hoje, fazendo todo o contrário. Muitos aderem à chamada "teologia do domínio", buscam modelos teocráticos absolutistas ancorados numa interpretação rígida e literal do Antigo Testamento (há quem fale em "evangelistão" e "talibãs evangélicos"). Em sua versão extrema, reeditam obscurantismos da Idade Média em pleno século XXI, sem a misericórdia e o amor ensinados por Jesus no Novo Testamento.

Cristãos irreconhecíveis pelo próprio Jesus, portanto. Como dito por Ele no Evangelho de Mateus:

> *Nem todo o que me diz: Senhor, Senhor! entrará no reino dos céus, mas aquele que faz a vontade de meu Pai, que*

está nos céus. Muitos me dirão naquele dia: Senhor, Senhor, não profetizamos nós em Teu Nome? E em Teu Nome não expulsamos demônios? E em Teu Nome não fizemos muitas maravilhas? E então lhes direi abertamente: Nunca vos conheci; apartai-vos de mim, vós que praticais a iniquidade.

PARTE II

EXPERIÊNCIA DIPLOMÁTICA NA TERRA SANTA (2020-2023)

Minha primeira designação como embaixador do Brasil me levou a Jerusalém, cidade de maior densidade de História por metro cúbico (considerando superfície e escavações) do Planeta. Esta seção relata minha experiência de trabalho como Embaixador do Brasil junto à Palestina. Dividi em duas partes: anotações de 2020 a 2023; e o período da guerra de Gaza (2023-2024), que será tratado na Parte III.

Agradeço muito as preciosas contribuições e ensinamentos da Embaixadora Ligia Scherer, que chefiou a Representação do Brasil em Ramallah, do Embaixador Sidney Romero, então Diretor do Departamento do Oriente Médio do Itamaraty, e do Conselheiro Leandro Vieira, então chefe da Divisão do Oriente Médio.

Quero deixar merecido elogio ao Ministro Roberto Medeiros, ao Ministro comissionado Gustavo Campelo e ao Conselheiro André Cortes, que ocuparam, com grande competência, a segunda posição de comando no Escritório em Ramallah, por vezes assumindo a encarregatura de negócios.

Registro o agradecimento, na produção da vasta massa de informação diplomática de qualidade (mais de dois mil telegramas) do Escritório do Brasil em Ramallah, aos Conselheiros comissionados Fernando Mehler, Eduardo Galvão e Felipe Ortega – jovens e brilhantes diplomatas que cuidaram do setor político.

À Conselheira comissionada Adriana Farias, pelo excelente trabalho no setor cultural, e aos Oficiais de Chancelaria Carlos Bueno, Daniel Arneiro, Matheus Moraes, Rafaela Bomfim e Wanda de Melo, pelo extraordinário apoio na Administração do posto.

Além dos(as) funcionários(as) do quadro do Serviço Exterior Brasileiro, temos contratados(as) locais, brasileiros(as) e palestinos(as), que são de uma dedicação impressionante. Que seria dos diplomatas sem o apoio deles(as)! Motoristas, secretárias, consulado, tradução, contabilidade, informática, administração, segurança, cozinha, limpeza, cafezinho. Aprendi muito sobre o povo e o país, seus sentimentos e suas expectativas. *Shukran iktir* a todos(as)!

Antes de assumir o posto, ainda em Brasília, dediquei-me, de junho a novembro de 2020, a estudos de preparação, inclusive forçado pela reclusão obrigatória no trágico momento da Covid. Como dito desde o início, este é um caderno de apontamentos. As notas logo abaixo são desconexas, registradas à medida que leio ou vejo vídeos.

O Primeiro Chefe de Estado das Américas a visitar a Terra Santa foi o Imperador D. Pedro II, em 1876, quando fez sua peregrinação. Um dos resultados de sua viagem histórica foi o estímulo à imigração de árabes cristãos para o Brasil, sobretudo libaneses e sírios, mas também palestinos. Em dezembro de 2022, no Bicentenário da Independência do Brasil, o Escritório do Brasil em Ramallah produziu um documentário sobre essa visita (ver adiante).

A primeira onda da diáspora palestina – final do século XIX e primeiras décadas do XX – foi oriunda de Belém e cidades vizinhas, e se instalou principalmente no Nordeste: Recife, Natal,

Fortaleza. A segunda teve lugar depois do *Nakba*, como resultado da guerra de independência israelense e seu impacto sobre os refugiados. Esse segundo grupo de migrantes foi composto, quase que totalmente, por muçulmanos, que se instalaram no Rio Grande do Sul, Paraná, Goiás e Mato Grosso.

Nos anos 1990, animados pelas negociações de paz, diversas famílias decidiram retornar à Palestina. Seus filhos e filhas, nascidos no Brasil, constituíram famílias brasileiro-palestinas. Hoje, a comunidade brasileira na Palestina conta com cerca de 6.500 membros (em Israel, há 14.000 brasileiros). O fato de ter uma importante comunidade binacional faz com que a agenda do relacionamento bilateral tenha relevante componente consular de apoio aos brasileiros da Cisjordânia e Gaza.

O Presidente Lula da Silva fez a primeira visita presidencial à Palestina, em 2010, tendo na mesma ocasião também visitado Israel. Naquele mesmo ano, o Brasil reconheceu o Estado Palestino.

A visão histórica e civilizacional israelense é de longo prazo, talvez comparável à da China, em termos de longevidade e persistência: projeta sua visão nacional sobre o território e a população em uma escala de décadas e séculos. A política externa de Israel é determinada por sua agenda de defesa e da segurança.

A complexidade étnica, social e religiosa da Palestina é imensa, em um espaço geográfico limitado. Parece uma versão reduzida do Líbano, o que torna, às vezes, complicado "colar sociologicamente".

Segundo Cristovam Buarque, o presente favorece mais os "populistas de segurança" do que os estadistas de longo prazo, que foram assassinados.

A imprensa palestina assinalava, durante a campanha presidencial norte-americana de 2020, que não haveria diferença entre Biden e Trump: qualquer que fosse o vencedor das eleições, "a Palestina será traída", já que "os dois candidatos são dois lados da mesma moeda". Os EUA continuariam comprometidos com a segurança de Israel.

A mesma percepção continuava válida quatro anos depois, no contexto da disputa entre Kamala Harris e Donald Trump. Ambos reafirmam o compromisso com a defesa de Israel e o combate ao terrorismo, mas a candidata democrata demonstrou preocupação com o elevadíssimo número de mortes de civis palestinos.

A vitória de Biden, em 2020, gerou alguma expectativa de redução das anexações territoriais na Cisjordânia e abriu a possibilidade de diálogo com os palestinos, inexistente na administração Trump. A embaixada norte-americana, entretanto, continuaria em Jerusalém.

Já a vitória de Trump, em 2024, foi recebida como sinal de que Israel terá apoio irrestrito dos EUA para avançar em sua política de ocupação e anexação de espaços palestinos, tanto na Cisjordânia quanto em Gaza.

Em 2020, os pilares que sustentavam a causa palestina – Direito Internacional (Resoluções da ONU), o Acordo de Oslo e a solidariedade / Iniciativa Árabe – haviam perdido sua força. Os países árabes pareciam deixar de formar um bloco unificado de oposição a Israel. Para os adversários árabes do Irã, Israel deixava de ser problema, como inimigo, e passava a ser parte da solução. Os "Acordos de Abraão" eram testemunho dessa nova dinâmica (ver seção II).

Já a Palestina parecia, naquele momento, tornar-se um "problema" para alguns países árabes, no sentido de que constituía um empecilho da "normalização" de laços com Israel promovida pela administração Trump, e perdia seu poder galvanizador de décadas anteriores. A nova geração da liderança árabe não havia vivenciado o *Nakba*, mas fora afetada pela Primavera Árabe, que abalou a estrutura de poder em alguns países, pelo dramático enfrentamento com o Estado Islâmico, e pelo fortalecimento do Irã e seus *proxies*.

Parti para o posto dia 29 de novembro de 2020, "dia da solidariedade palestina", referência à data da aprovação da Resolução 181/1947. Em encontro ainda em Brasília, o Embaixador da Palestina, Ibrahim Alzeben, me deu um conselho: "Fique longe do problema, mas perto da solução". Palavras sábias que sempre guardarei, e que me guiaram na minha missão.

Tel Aviv, Jerusalém e Ramallah, dezembro de 2020 a março de 2021

Cheguei na Terra Santa no dia seguinte, 30 de novembro de 2020. Por causa da epidemia de Covid, tive que fazer quarentena em um hotel de Tel Aviv. Continuei meus estudos e anotações, que reproduzo abaixo, também de forma desconexa.

Assisti aos seguintes vídeos, recomendados por meu colega Conselheiro Leandro Vieira: *Five Broken Cameras*; *Jenin, Jenin*; *Arna's Children*; *The Law in These Parts*; *The Gatekeepers*; *Palestine Blues*; *Elusive Peace*; *The 50 Years War: Israel and the Arabs* (1999); *Reel Bad Arabs: How Hollywood Vilifies a People*; *Arab & Jew – Return to the Promised Land*; *Islam – Empire of Faith* (PBS); *Jerusalem – Center of the World* (PBS).

Arna's Children é um documentário sobre o "Teatro da Liberdade", em Jenin, criado durante a Primeira Intifada por Arna Mer Khamis, israelense que decidiu investir em crianças palestinas através da arte lúdica. Conta a saga de jovens palestinos que se transformaram sob o impacto da destruição do campo de refugiados de Jenin. Crianças felizes e talentosas são confrontadas com a brutal da realidade da ocupação, não têm oportunidade de melhorar de vida e se transformam em pequenos terroristas. Lembra muito o Brasil, nossa juventude perdida nas favelas e periferias, aliciada pelo tráfico.

Depois que assisti ao documentário fiquei com enorme desejo de conhecer o "Teatro da Liberdade". Conseguirei realizar esse desejo em 2023 (ver abaixo). Posteriormente, em 2024, também conheci Emad Burnat, diretor do *Five Broken Cameras*, casado com brasileira.

Vendo as crianças do documentário *Arna's Children*, lembro-me de um trabalho com teatro infantil de que participei em uma igreja de São Sebastião, na periferia de Brasília. Anos depois, voltei ali e perguntei ao pastor como estavam aquelas crianças: grande parte estava desvirtuada, nas drogas, no crime, na prostituição, algumas mortas pela violência urbana. Crianças com todo o potencial haviam-se tornado adultos perigosos e perdidos. Seja pela ocupação militar de uma potência vizinha, seja pela opressão socioeconômica, o resultado da violência é o mesmo. Vidas perdidas.

O livro do Deuteronômio ordena aos filhos de Israel não buscarem paz com os amalequitas, povo do Sinai (antepassados dos atuais habitantes de Gaza), pois não os ajudaram na travessia do deserto, e encomendaram maldição ao profeta Balaão. Por outro lado, manda não odiar os edomitas, que habitavam ao Sul do Mar Morto (hoje Jordânia), pois são "irmãos" dos israelenses (descendentes de Esaú, irmão de Jacó). Também ordena não odiar os egípcios.

A bandeira de Israel remete ao *talit* (xale de oração judaico), branco com listras azuis, e contém, no centro, o escudo de Davi.

A bandeira da Palestina – semelhante às da Jordânia, Síria e Iraque – contém uma faixa preta, que representa o profeta Mohammed e a dinastia abássida; uma verde, que simboliza a família do profeta e a dinastia fatímida; e uma branca, que representa a dinastia omíada. O triângulo vermelho remete à dinastia hashemita.

O *Shin Bet* não favorece o avanço dos colonos sobre a Cisjordânia, e se opõe a células extremistas das comunidades de colonos que planejam atentados contra os árabes. Aquela agência de inteligência se preocupa com fundamentalistas e sua incitação à violência, mas estes dizem que o governo não pode se opor à *Torah*.

A agência sabe desde pelo menos os anos 1970 que há um plano de dinamitar o Domo da Rocha. O propósito místico seria extirpar a "abominação sobre o Santo dos Santos", construir o Terceiro Templo, realizar a batalha final – Gogue *vs* Magogue – e iniciar o reino messiânico, a restauração de Israel.

Concluída a quarentena, instalei-me na residência oficial do Brasil, no bairro de Sheikh Jarrah, Jerusalém Oriental, dia 15 de dezembro de 2020.

Minha primeira ação foi de peregrinação. Meu motorista me deixou na Porta de Damasco. Olhei para o belo portal de tanta história e senti que minha alma disse a mim mesmo: "Você está aqui". Caminhei para a *Via Dolorosa*, em peregrinação silenciosa e reverente nas ruas vazias, não havia turistas por causa da Covid. Percorri as 14 estações, do flagelo e condenação até o Santo Sepulcro. Emocionante, fazer cada passo, ler e meditar no que aconteceu em cada lugar e momento. Ponto a ponto, recordar o que Jesus passou em suas horas finais.

Sei que não são, exatamente, as ruas por onde Jesus passou, pois seu traçado e seus prédios foram diversas vezes alterados nos últimos dois mil anos. Também sei que a cidade da época romana está a cinco ou seis metros abaixo das várias camadas de pedras e ruínas reconstruídas das civilizações bizantina, árabe, cruzada, otomana – que se sucederam nos últimos dois mil anos.

Há também controvérsias sobre se Jesus teria sido julgado por Pilatos na Fortaleza Antonia (percurso tradicional) ou no Palácio de Herodes (próximo à porta de Jaffa), o que modificaria todo o traçado. Mas isso não importa, o que vale é a Cruz que foi carregada bem próximo daquelas vias por onde eu passava.

Também é necessário fazer abstração das lojas e do barulho das ruas, e do mau gosto e exagero da confusa decoração do Santo Sepulcro (o projeto original, de Santa Helena, no século IV, era muito mais harmônico, aberto e agradável). Também há que esquecer as disputas entre denominações regidas pelo *status quo*, a confusão da competição arquitetônica e o aspecto lúgubre do Santo Sepulcro, para focar no sacrifício e na ressurreição.

Em meus quase quatro anos de posto, farei várias vezes esse percurso, detendo-me sempre no Santo Sepulcro para orar por familiares e amigos e pedir misericórdia por tanto sofrimento desta terra e destes povos.

É muito interessante ver os rostos dos moradores de Jerusalém e da Palestina. São rostos brasileiros. Principalmente do interior do Nordeste. Vi sósias de pessoas que conhecia. Poderiam tranquilamente ser sertanejos pernambucanos, paraibanos, potiguares. Os velhos são os velhos do sertão; as mulheres e meninas com tez morena e olhos e rostos lindos (aqui, sempre bem maquiados, emoldurados elegantemente pelos véus); as crianças, muitas, brincam livres nas ruas, pátios e calçadas, e caminham para a escola em bandos, com seus uniformes.

Todos os dias, faço o trajeto da residência em Jerusalém até o Escritório do Brasil em Ramallah, que dista 21 km. Essa pequena distância, em linha reta, transforma-se em um percurso de 24 km que demora cerca de 40 minutos, por causa do muro de separação, passando por bairros mistos e assentamentos de Jerusalém e da Cisjordânia ocupada.

O *check point* de Giva'on/EL JIB, por onde entro na Palestina, fica no lugar bíblico de Gibeon, sobre a qual "o Sol parou" e "pedras do céu caíram" durante a batalha entre os israelitas, liderados por Josué, e os amorreus. Ali, também, "embaixadores" gibeonitas se vestiram de mendigos para forjar uma aliança com os israelenses. Aquela é a região da tribo de Benjamin, onde também o rei Saul travou batalhas. O profeta Samuel também andava ali – aliás, passo ao lado de seu túmulo todos os dias na volta do trabalho.

Lembro-me de passagens bíblicas por todos os lugares por onde passo. Cada canto tem milênios de História (costumo dizer que a "bandeirada" é de dois mil anos).

Começo a produzir telegramas para a Secretaria de Estado (Ministério das Relações Exteriores, em Brasília), informando sobre a complexa situação e a permanente tensão e escalada dos conflitos.

No meu primeiro telegrama de avaliação de chegada, sublinhei a reação negativa causada pelos acordos de normalização com Israel firmados com os Emirados Árabes, Barhein, Sudão, Marrocos, e a possibilidade de ampliação dos signatários. Na visão palestina, sua causa teria passado para segundo plano frente a interesses pragmáticos daqueles países. A desilusão com os parceiros históricos estimulou palestinos a buscarem apoios alheios ao mundo árabe, notadamente Turquia, Irã. Um cálculo arriscado, na medida em que convidam a entrar no jogo nações milenarmente rivais dos árabes, não necessariamente interessadas no processo de paz, mas em zonas de influência estratégica.

O Presidente Abbas havia prometido, em 2020, convocar eleições presidenciais e legislativas na Palestina (não ocorridas desde 2005-6). Analistas receavam, entretanto, que forças moderadas do Fatah – que comanda a Autoridade Palestina, a OLP e o Conselho Nacional – viessem a ser substituídas por grupos radicais, especialmente o Hamas. Tendo em mente o alerta de "como morrem as democracias" (Levitsky), temia-se que o exercício democrático do voto, em si desejável, confrontasse projetos e visões antitéticos da sociedade palestina – laica *vs* religiosa, livre *vs* autoritária –, e resultasse no controle do sistema político por segmentos extremistas.

Entretanto, comentava-se que, com a vitória de Biden, Abbas teria perdido interesse na "reconciliação intrapalestina" (com facções como o Hamas) e nas eleições. De fato, estas foram suspensas (ver abaixo).

O importante *think tank* israelense *B'Tzelem* elaborou relatório, em janeiro de 2021, no qual assinala que a situação deixou de ser "ocupação" para tornar-se *apartheid*, com o avanço dos colonos e assentamentos. Importante mudança de paradigma na forma de encarar o conflito.

Uma das dimensões do conflito árabe-israelense é o espaço histórico e simbólico: a identidade, a memória, a denominação de lugares. Em uma região que abriga cidades com mais de quatro mil anos de História, camadas de civilizações se justapõem sobre construções, monumentos, bairros e ruas. Nesse contexto de conflitos milenares, agentes nacionais disputam a nomenclatura oficial, buscando impor narrativas excludentes sobre a diversidade complexa.

Esse fenômeno é notado, em particular, no que tem sido chamada política de "(re)judaização de Jerusalém" e de outras cidades históricas, como Hebrom, Belém e Nablus.

Autoridades e imprensa palestinas têm intensificado críticas ao que chamam de "provocações, agressões e crimes" contra a Mesquita de Al Aqsa e o Domo da Rocha por parte de grupos ultranacionalistas. Membros de tais grupos extremistas (que não devem ser confundidos com os ultra-ortodoxos) percorrem e realizam rituais na Esplanada do Templo, protegidos pelas forças de segurança israelense. A comunidade islâmica denuncia a intenção de destruir a Mesquita e construir o "Terceiro Templo", assim como avançar escavações a partir do Muro das Lamentações (Kotel, em hebraico; praça Al Buraq, em árabe).

Autoridades e imprensa manifestam-se contra o que consideram política de eliminação da identidade multicultural de Jerusalém. Os métodos para tanto seriam a demolição e o confisco de casas e a negação para novas construções, assim como a mudança da denominação de ruas e bairros. Exemplo do primeiro caso é a ameaça de desalojamento de mais de 30 mil árabes-palestinos no bairro de Silwan, no prolongamento do Monte das Oliveiras a Leste das escavações da "Cidade de Davi" (localização original de Jerusalém há três mil anos, ao Sul da antiga Esplanada do Templo), para construção do chamado "Jardim do Rei", incluindo um teleférico.

O segundo caso é a disputa em torno de nomes, como se observa, por exemplo, na "guerra das placas" de rua. Estas, muitas de cerâmica armênia, eram bilíngues antes de 1967 (árabe e inglês), e passaram a ser trilíngues após a conquista de Jerusalém, acrescentando-se o hebraico. Mas, desde então, os nomes vêm sendo alterados. Ilustrações disto são as novas placas que substituem a tradicional *Nablus road* por "Estrada de Siquém". Trata-se da mesma cidade: a Nablus palestina era há quase três mil anos Siquém, primeira capital do então reino de Israel. Nas autoestradas, o nome Jerusalém aparece escrito em inglês *Jerusalem*, em hebraico *Yerushalayim*, mas em árabe transliterado como em hebraico, e não no nome tradicional *Al Quds*.

Autoridades palestinas e ONGs israelenses como *Peace Now* assinalam que a urbanização da municipalidade de Jerusalém busca tornar contíguos os bairros e assentamentos judaicos e deslocar palestinos, de forma a separá-la da Cisjordânia e inviabilizá-la definitivamente como capital do Estado Palestino. Nos litígios de direito urbano, o Judiciário é sempre acusado de atuar como "instrumento da ocupação" (alguns juízes são colonos).

Outras modalidades seriam a proibição, por autoridades israelenses, de obras de restauração e manutenção de mesquitas (inclusive a de Al Aqsa e o Domo da Rocha) e a modificação dos currículos escolares de História da Palestina para alunos de Jerusalém Leste, de forma a apagar traços da presença palestina.

Em entrevista de fevereiro de 2021, Noam Chomsky assinala que tanto Estados Unidos quanto o Reino Unido apoiaram a corrente radical do Islã, pois acreditavam que o nacionalismo secular seria mais perigoso; com o Islã radical, ao contrário, seria possível conviver e controlar. Assim, o Ocidente apoiou o Islã radical contra o nasserismo e o panarabismo, preocupado com o Canal de Suez e o acesso à Ásia (Índia, China).

Nesse contexto, prossegue Chomsky, a vitória de Israel 1967 sobre o Egito teria esmagado o nacionalismo secular e beneficiado Islã radical. Erro de avaliação pelo qual estão pagando caro – semelhante ao que aconteceu com o Afeganistão.

O renomado linguista nota que Israel, há 20 anos, era preferida pelos setores "liberais e instruídos" dos Estados Unidos; hoje, entretanto, o apoio a esse país se deslocou para a extrema direita – cristãos evangélicos e ultranacionalistas. A extrema direita do Partido Republicano constitui a principal base de apoio a Israel, ao passo que muitos democratas liberais, especialmente os mais jovens, passaram a apoiar os direitos palestinos.

Jerusalém, Ramallah, Nazaré, Tiberíades, Cafarnaum e Samaria, abril de 2021

Páscoa em Jerusalém. Quinta-feira à noite, missa no Getsêmane, na Igreja de Todas as Nações. As missas na Terra Santa são plurilíngues: latim, inglês, árabe, polonês, espanhol, português, hebraico, alemão...

No jardim, oliveiras milenares. As mais antigas, da época romana, testemunharam a agonia e o sofrimento de Jesus naquela noite, após a ceia, quando levou seus discípulos para aquele jardim para orar e vigiar com ele.

Após ser detido por guardas, e a reação violenta de Pedro, Jesus lhe explica o contexto da batalha espiritual, invisível para os humanos: "Se eu rogasse ao Pai, Ele mandaria mais de doze legiões de anjos". Uma legião romana tinha entre 3.000 e 5.000 homens. Jesus fazia alusão a uma quantidade colossal de anjos: entre 40.000 e 60.000!

A procissão segue o mesmo caminho escuro feito por Jesus, descendo o vale do Cedron e subindo até a casa de Caifás, Sumo Sacerdote. O local, hoje, é ocupado pela igreja São Pedro in

Gallicantu (referência ao galo que canta após a negação de Pedro). É possível visitar, no subsolo, o lugar onde possivelmente Jesus teria passado a noite preso, provavelmente amarrado.

Cedo no dia seguinte, Caifás e os sacerdotes vão até a fortaleza romana Antonia, ao Norte do Templo, hoje no bairro muçulmano, para pressionar o procurador Poncio Pilatos a que sentencie Jesus.

Há uma corrente de historiadores e arqueólogos que sustenta que Pilatos não estaria na fortaleza Antonia, mas no palácio de Herodes, perto da porta de Jaffa, no lugar hoje conhecido como "cidadela de Davi". Mas sigo o percurso tradicional da *Via Crucis* (desde a Idade Média), que parte de onde se localizava a fortaleza romana.

Primeira e Segunda estações. Condenação e flagelação de Jesus, na fortaleza Antonia, hoje ocupadas por capelas franciscanas e uma escola muçulmana. Sim, a procissão da *Via Crucis* começa no pátio de uma escola muçulmana, da qual se vê a Esplanada das Mesquitas / do Templo, e o Domo da Rocha.

Ao saber que o acusado era galileu, Pilatos, procurador da Judeia, encaminha Jesus para o rei Herodes, tetrarca da Galileia e Pereia, sob cuja jurisdição o cidadão Jesus estava subordinado. Esse Herodes é o Antipas, filho de Herodes, o Grande, com uma samaritana. Um rei muito impopular, inclusive por ter ordenado a decapitação de João Batista. O suntuoso palácio de Herodes (erroneamente chamado Torre de Davi pelos cruzados, nome guardado até hoje) ficava onde hoje está a Porta de Jaffa, poucas quadras a Oeste da fortaleza Antonia. Herodes, de início, alegra-se ao conhecer de perto o profeta milagroso tão falado em sua terra, e lhe pede que faça algum sinal (pretendia, provavelmente, divertir-se com mágicas). Jesus fica em silêncio. Desapontado, Herodes o despreza e o devolve a Pilatos.

O julgamento e a execução de Jesus foram sumários. Não sendo cidadão romano, portanto fora dos cânones do Direito forense do Império, Jesus foi condenado e executado em poucas horas, sem um "devido processo legal" e sob a pressão das autoridades e do povo.

Conhecer a topografia de Jerusalém dá a ideia do percurso e do sofrimento de Jesus ao carregar a Cruz. O trajeto todo, de uns 600 m, começa no plano alto da fortaleza Antonia, ao Norte da cidade de então, construída pelos romanos para dominar sobre o Templo, sobre os fundamentos de um edifício da época de Esdras, no século VI a.C, quando da reconstrução do (segundo) Templo, após o retorno do exílio babilônico. Tendo sofrido o flagelo e a condenação, Jesus sai da fortaleza rumo a Oeste, uma descida.

Passa-se sob o arco *Ecce Homo*. Poucos metros abaixo, no pátio *Lithostrotos*, o lugar da condenação de Jesus pelo procurador romano. Pilatos se choca ao ver o homem torturado e ensanguentado, e o apresenta aos seus acusadores, com um misto de repulsa e indignação pelo exagero da punição: "Eis o homem". Talvez tenha pensado em acrescentar "vocês estão me pressionando para condenar; já não basta isso?" Mas a pressão continua, e o procurador termina por condená-lo à pena mais perversa da crucifixão, reservada aos piores criminosos.

Terceira estação. Jesus tropeça e cai. Isso acontecerá diversas vezes, pelo plano inclinado o trajeto, as pedras grandes, lisas e irregulares das ruas romanas (algumas estão lá até hoje), e pelo cansaço físico. O lugar é marcado por uma pequena capela armênia.

Quarta estação. Jesus se encontra com Maria, sua mãe. Viúva, com cerca de 50 anos de idade. Esta estação se localiza ao lado da Terceira, também uma igreja armênia.

Após a quarta estação, na esquina da fortaleza romana, a Via Dolorosa tradicional segue à esquerda, rumo ao Santo Sepulcro. A tradição "recente" evangélica-protestante considera que o Gólgota e o túmulo de Jesus não se situam no Santo Sepulcro, mas no Norte da cidade, saindo pela Porta de Damasco[13], lugar hoje ocupado por uma estação de ônibus (de onde se vê uma rocha realmente parecida com uma caveira); o túmulo se situaria num belo lugar privado chamado "Jardim do Túmulo", entre uma escola alemã e a igreja de Santo Estêvão, onde este mártir teria sido apedrejado (atualmente, uma igreja dominicana francesa, com um instituto de arqueologia bíblica). A Arqueologia descarta, entretanto, que tais sejam os lugares autênticos.

Quinta estação. Extenuado, Jesus não consegue carregar a Cruz no trecho, que é agora uma penosa subida. Suas forças se exauriram. Cai e não consegue levantar-se. Por mais que fosse açoitado, não conseguiria subir até o Gólgota. Por isso, os romanos obrigam "um certo Simão, cireneu, que voltava do campo", a completar o trajeto, carregando a Cruz. O local é marcado por uma humilde capelinha de pedra, na esquina, na base de uma ladeira.

Sexta estação. Segundo a tradição, uma mulher chamada Veronica enxuga o rosto de Jesus. Não está no relato bíblico, mas muito provavelmente uma das mulheres que o acompanhavam teve compaixão e quis aliviá-lo limpando seu rosto de sangue e suor. Para isso, tira o lenço de seu cabelo (gesto considerado vergonhoso na cultura local, quase equivalente à nudez). As marcas de sangue e suor do rosto de Jesus ficam gravadas no lenço. Se bem que o nome Veronica teria sua origem no hebraico Berenice, há quem acredite haver um jogo de palavras: vero + ícone (a "verdadeira imagem" do rosto de Jesus, marcada no lenço).

Sétima estação. Nova queda de Jesus. Hoje, capela franciscana, a "porta da sentença" fica no antigo muro de uma das saídas a Oeste da cidade, na época de Jesus. Na época do Imperador Adriano (século II d.C.), ali se situava o fórum romano, daí o nome "Porta Judiciária".

---

13 Se esse fosse o caso, a procissão teria que dobrar à direita, na Terceira Estação, não à esquerda.

Oitava estação. Jesus diz às mulheres: "Não choreis por mim, mas por vós e pelos vossos filhos".

Nona estação. Mais uma vez, Jesus cai, na subida para o Gólgota.

Da décima à décima quarta, as estações estão localizadas dentro da Basílica do Santo Sepulcro: Jesus é despojado de suas vestes, crucificado, morto, retirado da Cruz e sepultado.

A crucifixão era uma morte de sofrimento atroz. O condenado, em dor extrema, se esvai em sangue, não consegue respirar, busca o ar empurrando os pés para abrir o peito, doi-lhe todo o corpo até expirar. O corpo entra em colapso. Morre em choque e agonia.

Voltando a questões da atualidade política e social da região...

A sociedade e economia palestinas reclamam do controle dos recursos hídricos por parte de Israel. Segundo a Anistia Internacional, o consumo de água de cidadãos israelenses nos territórios ocupados é consideravelmente maior que o de palestinos. Casas e fazendas palestinas não têm autorização para perfurar poços, e o fluxo de água é por vezes interrompido por empresas israelenses ou pela agressão de colonos.

A imagem de um deserto que floresce pelo milagre da tecnologia de ponta perde muito de seu brilho épico quando o observador se dá conta que os recursos hídricos são drenados dos rios e subsolo palestinos...

A região de Nablus, Salfit e Marda, no Norte da Cisjordânia, tem sofrido avanço de assentamentos. É grande o impacto do crescimento de condomínios fechados e áreas industriais (metais, fertilizantes, eletrônica, couro) de propriedade israelense, provocando degradação ambiental (poluição, doenças, derrubadas e queimadas de campos de oliveiras).

Em publicação intitulada "Israeli settlements and the erosion of the two-States solution", o ex-Primeiro-Ministro Mohammad

Shtayyeh argumenta que o Estado de Israel fornece volumosos recursos de assistência aos colonos para construção civil, infraestrutura e segurança privada, além de financiamento e incentivos à migração de famílias para a Cisjordânia ocupada (oferecimento de casas, educação, subsídios, doações, empréstimos facilitados e isenções fiscais para agricultura e indústrias).

Em abril de 2021 tive meu primeiro período de férias na Terra Santa. Fiz uma "peregrinação" pela belíssima região da Galileia, por seu verde e suas montanhas.

Hospedo-me sempre, quando viajo na Terra Santa, na "rede" Casa Nova, administrada pelos franciscanos. Hotéis simples e confortáveis, antigas casas de acolhimento de peregrinos. Penso que seguir os passos de Jesus nos lugares por onde Ele literalmente passou requer simplicidade, e não luxo, inclusive na escolha dos hotéis.

Comecei por Nazaré, cidade de Maria e José, onde Jesus passou a infância e adolescência. Uma cidade na montanha, com ruas bem inclinadas. A Basílica da Anunciação está construída sobre uma gruta onde, segundo a tradição, Maria morava e recebeu a mensagem do Anjo Gabriel. A algumas dezenas de metros mais adiante, a caverna que serviu de casa para a Sagrada Família, inclusive como *atelier* de carpintaria para José e Jesus.

O Bispo brasileiro Bruno Varriano, na época Guardião e Reitor da Basílica da Anunciação e do Santuário da Sagrada Família em Nazaré, explicou-me a arquitetura de uma casa com grutas, cavernas com vários cômodos. Morar nas rochas era bastante comum. No térreo, construídas com pedras, ficavam a sala de estar, quartos para a família e os convidados principais, pátios e jardins. No subsolo, dentro das grutas, ficavam a dispensa de alimentos, o forno, o local para água (normalmente um poço) e os animais domésticos "puros", que conviviam com os moradores dentro das casas. Podiam morar mais de dez pessoas da família numa casa assim, cavada na rocha. Assim moravam Maria, José e Jesus.

O mesmo padrão de habitação se repetia em Belém. Quando José chega a Belém, pequena cidade no topo de uma montanha pouco mais de 10 km ao Sul de Jerusalém, com Maria grávida de Jesus, a tradução da Bíblia indica que não havia lugar na "hospedaria". Nós, ocidentais, imaginamos José preocupado com a falta de reserva em hotéis lotados, para sua esposa prestes a dar à luz. Nós o imaginamos (inclusive alguns filmes retratam assim) batendo de porta em porta, sem ser recebido por ninguém. Ora, a cultura local, entretanto, sobretudo naquela época, não é a de hotéis ou albergues impessoais, e nem admite deixar de acolher um visitante. Ademais, José era da descendência de Davi, tinha família importante em Belém, e ninguém permitiria que ele ficasse na rua, principalmente com uma jovem mãe. A hospitalidade é um traço de honra na cultura do Levante.

O Bispo Bruno me explica: não havia lugar na parte principal das casas, em grego chamada *katálima*, que não significa "hospedaria", como se fosse um hotel. As pessoas mais "dignas" da família, provavelmente mais idosas, já teriam ocupado a parte de cima, de pedra, mais nova e "nobre" da residência. Mas havia, sim, lugar na parte de baixo, a gruta, mais íntima, que era igualmente digna para acolher os membros mais jovens da família, como José e Maria. Ali estavam os animais domésticos e a manjedoura, onde se fazia repousar o trigo ou o feno.

O Presépio original, portanto, não é o que conhecemos em nossas decorações de Natal. Esse é reprodução da bela iniciativa de São Francisco de Assis, em 1223, na cidade italiana de Greccio. Sua ideia foi apresentar aos fiéis uma representação da cena do nascimento de Jesus adaptada à cultura campestre medieval da Europa.

Mas Jesus não nasceu em uma choupana distante de alguma fazenda de Belém. Ele nasceu numa caverna.

A gruta onde nasceu o Menino Jesus, hoje Basílica da Natividade, é extensa. Cavernas semelhantes estão na cidade vizinha de Beit Sahor, onde estavam os pastores, que também guardavam seus rebanhos nas rochas. Avisados pelos anjos, os pastores correram cerca de 2-3 km montanha acima para ver o menino.

O fato de ter habitado em cavernas e rochas até sua adolescência, e depois visto casas construídas sobre areia – provavelmente nas caminhadas pelas margens do Jordão e por Jericó, a caminho de Jerusalém –, se refletirá na metáfora da casa construída sobre a rocha, em contraste com a fragilidade da construída sobre a areia.

As viagens anuais das famílias e amigos para as festividades de Jerusalém, no Templo, eram feitas em grupo. Reflexo tanto da vida comunitária quanto da necessidade de repartir custos de hospedagem e alimentação. Saíam da Galileia e desciam, margeando o Jordão, muitas vezes pelo lado oriental (hoje, Jordânia). Em linha reta seria mais rápido, mas os judeus evitavam esse trajeto para não passar pela região dos samaritanos. Ao chegarem em Jericó, descansavam poucos dias para iniciar a subida até Jerusalém, uma penosa marcha de quase 40 km pelo deserto da Judeia. Era comum ter, em Jerusalém, dois milhões de peregrinos nas principais celebrações.

Em Nazaré, durante sua infância e adolescência, Jesus trabalhou no *atelier* do pai, José. Teve contato com estrangeiros, inclusive romanos, e com o teatro grego, na cidade de Séforis, onde seu pai vendia móveis e peças de madeira por ele fabricados. Estudiosos acreditam que nesse contato com a cultura greco-latina e sobretudo o teatro grego Jesus aprendeu o sentido da palavra grega "hipócrita", que não fazia parte do vocabulário hebraico. "Escribas e fariseus, hipócritas!", bradaria Jesus anos depois, talvez recordando peças do teatro de máscaras. A pura encenação revolta Jesus.

José, o pai terreno de Jesus, morreu cedo, com menos de 50 anos, deixando sua mãe viúva jovem. A longevidade era reduzida naquela época. Jesus cuidou de sua mãe no final da adolescência, assumindo a responsabilidade da casa. Mas a Bíblia silencia sobre o início de sua vida adulta. Há um misterioso hiato na biografia, somente retomada com o batismo, tendo Jesus cerca de 30 anos de idade. O que aconteceu na vida de Jesus com pouco mais de 20 anos? Teria ele frequentado a comunidade dos essênios, em Qumrán, e ali se aproximado de seu primo João Batista e tomado plena consciência de sua missão messiânica? Essa questão será retomada adiante, na parte IV deste livro.

Estou em Cafarnaum. Pedras negras, vilarejo com ruas estreitas, casas de pedra com muros largos, ruas com ângulos retos. À frente, o imponente mar da Galileia. Por detrás, montanhas e campos desertos. Ali Jesus se retirava para orar e falar com o Pai. Ali está o monte das Bem-Aventuranças, lugar do maior discurso-síntese da contra-cultura cristã. A pregação *coach* do evangelismo de auditório de hoje, barulhento, colorido, individualista e triunfalista, está na contramão daquelas palavras doces de simplicidade, fidelidade e amor ao próximo.

Ao cair da tarde, seus discípulos pedem a Jesus que termine a pregação e despeça a multidão, para que comprem comida nos vilarejos e retornem a suas casas. "Dai-lhes vós mesmos de comer", disse Jesus para testá-los. Seus discípulos ficam perplexos: estaria sem noção? "Só temos 5 pães e 2 peixes, mas o que é isso para tanta gente"? Jesus toma os pães e peixes, agradece aos Céus e os reparte. Todos comem e ficam saciados. Sobram 12 cestas cheias.

Talvez o verdadeiro milagre da multiplicação tenha sido quebrar o egoísmo daquelas milhares de pessoas que estavam guardando pães e peixes em suas bolsas, sem compartilhar. Talvez a multiplicação não tivesse acontecido de forma sobrenatural, mas da quebra de algo muito comum e natural: a atitude egoísta. Talvez as pessoas se comoveram a tal ponto com a mensagem de Jesus que tinham acabado de ouvir, e ao vê-lO abençoando aqueles alimentos, resolveram também fazer o mesmo, compartilhando o que haviam guardado em suas bolsas. Com o milagre da quebra do egoísmo, a abundância se fez.

O Evangelho indica que Jesus estava testando seus discípulos. É como se Jesus dissesse: "multipliquem o que vocês estão escondendo, basta repartir". E todos deixaram de lado o egoísmo e compartilharam o que tinham, tocados por aquele momento e pelos ensinamentos que haviam recebido. O egoísmo produz escassez, e a generosidade, multiplicação e abundância.

Talvez o verdadeiro milagre de Jesus ali não tenha sido a multiplicação, mas a divisão. Não a proliferação física e sobrenatural, mas a repartição pelo compartilhamento, quebrando o egoísmo, sem quebrar as leis naturais. A matemática de Deus multiplica ao dividir, tal como a luz de uma vela, que não se reduz nem apaga ao acender as outras; ao contrário, ilumina todo ambiente de trevas.

Os ensinamentos de Jesus são uma releitura da *Torah*, dos Profetas e dos Escritos, com seu sentido correto: sua aplicação prática mediante a interpretação do amor e da misericórdia, e não pela intransigência dogmática. Jesus não criou uma nova religião, apenas aplicou a *Torah* com amor e sentido de serviço.

A 11 km ao Sul de Cafarnaum está Migdal (Magdala), cidade de Maria, de quem Jesus expulsou demônios. Maria de Magdala, Maria Magdalena. Uma cidade importante na região, centro de comércio e industrialização de peixes, que eram exportados aos principais centros do mundo antigo, inclusive Roma. A cidade possuía comércio de produtos do Oriente, sinagoga finamente decorada, ruas agitadas, casas da elite. Escavações recentes para a construção de um hotel descobriram tudo isso. O hotel, aliás, tem uma capela cujo púlpito é uma reprodução de um barco, atrás do qual se vê o Mar da Galileia, para que os fiéis tenham a mesma perspectiva visual de quando Jesus pregava. Em Migdal foram feitos milagres no meio da rua.

O Mar da Galileia é conhecido como *Kineret* (de *Kinor*, harpa, pela sua forma). No trecho desse mar que vejo à minha frente aconteceram os milagres das pescarias abundantes, da tempestade acalmada e a caminhada sobre as águas. Os milagres de Jesus ali demonstram seu Poder sobre as forças da natureza. "Quem é este, que até o vento e o mar obedecem?" Do outro lado, as colinas de

Golã, ocupadas por Israel da Síria, onde Jesus fez a expusão de uma legião de demônios.

Seis quilômetros ao Sul de Migdal, a importante cidade de Tiberíades, construída por Herodes Antipas, filho de Herodes, o Grande, em homenagem ao Imperador Tiberio Cesar.

Em 135-150 d.C., após a revolta judaica e o massacre romano, o Sinédrio se transfere de Yavneh (Jamnia) para Tiberíades. Aqui foi compilada a Mishna pelo rabi Juda Hanasi, na virada do século II-III d.C. Aqui foi também compilada parte importante do Talmud de Jerusalém pelo rabi Jochanan, entre 230-270 d.C. Também aqui os massoretas colocaram os sinais de pronúncia vocabular das letras hebraicas. O grande rabino e filósofo Maimonides, Rambam, está sepultado aqui.

Visitei o Monte Tabor, onde Jesus se transfigurou, uma das mais belas passagens do Evangelho e uma das mais panorâmicas vistas de Israel. Que vista espetacular de toda a região!

De lá, dirigi-me para a planície de *Har Megido*, o local do famoso Armagedon. Ali houve importantes batalhas entre as potências da época – Egito, Assíria, Israel, Hititas. Numa delas, o jovem e sábio rei Josias foi morto pelos egípcios em uma batalha desnecessária. Ali terá o lugar, segundo as Escrituras, a batalha final, o Armagedon.

Também visitei Nablus – Siquém, em Samaria. A comunidade samaritana, composta de judeus mistos, celebra a Páscoa segundo o calendário juliano (tal como os ortodoxos), não gregoriano, de acordo com o rito do Antigo Testamento. Em 2021, assisti ao sacrifício dos cordeiros, que segue o mesmo rito da época do Primeiro Templo, que são assados e repartidos para as famílias da comunidade. Uma grande festa de cidade de interior. Ali perto, o Monte Gerizim, local antigo de culto das 10 tribos do Norte, que rivalizou por séculos com o Templo de Jerusalém. O Monte Gerizim, na época de Josué, era o local onde se pronunciavam as bênçãos. No monte da frente, chamado Ebal, pronunciavam-se as maldições. Entre o "céu e o inferno", por assim dizer, entre os dois montes, está o "purgatório", a cidade de Nablus, uma das mais tensas e violentas da Cisjordânia. Ali perto, Jesus se encontrou com a mulher samaritana. Visitei o poço desse encontro em 2022, hoje abrigado em uma igreja grega ortodoxa, durante as filmagens do documentário sobre a viagem de D. Pedro II (ver abaixo).

Em abril de 2021, houve confrontos violentos no entorno da Cidade Antiga de Jerusalém, em decorrência de manifestações simultâneas de grupo israelense de extrema direita e jovens palestinos, reprimidos pela polícia israelense. O grupo *Lehava*, antiárabe, promoveu marcha com destino à porta de Damasco, onde ocorreram, no Ramadã, confrontos diários entre jovens palestinos e a polícia. Gritava-se "morte aos árabes".

O chefe do Comitê Político do Hamas, Ismail Haniyeh, atribuiu os confrontos a "planos israelenses sobre a mesquita de Al-Aqsa", e afirmou que a "resistência dos palestinos" representava o "caráter árabe, islâmico e palestino" de Jerusalém.

Embora durante o dia, no período de Ramadã, reine aparente calma em Jerusalém Leste, à noite, ao final do jejum e das orações, ocorrem choques nas portas de Damasco, dos Leões e de Herodes, bem como nos bairros de Sheikh Jarrah, Silwan e no Monte das Oliveiras. Mídias sociais de cada lado divulgam suas próprias versões antagônicas do conflito, com imagens e relatos das agressões sofridas e da repressão policial.

Em Gaza, foguetes foram lançados pelo Hamas. Em resposta, ataques aéreos, manobras militares e concentração de forças israelenses na fronteira, além de disparos feitos pela Marinha contra barcos locais. Prenúncios do conflito de maio de 2021 (abaixo) e da guerra de 2023.

Mesmo nesse contexto era possível divulgar a cultura brasileira. No dia 23 de abril de 2021, aniversário de Pixinguinha, a principal rádio palestina fez matéria especial sobre o chorinho brasileiro. E uma outra noite, na porta de Damasco, o grupo de capoeira Menino Bom, de Jerusalém, fez apresentação, acompanhado por centenas de pessoas com aplauso e entusiasmo.

O Presidente Mahmoud Abbas anunciou, em abril de 2021, o adiamento das eleições legislativas, inicialmente previstas para maio. Justificou sua decisão pelo veto israelense à votação em Jerusalém Oriental. A decisão representou revés à vocação democrática e ao frágil processo de construção do Estado Palestino. A percepção generalizada, entretanto, é a de que a verdadeira razão para a suspensão foi o receio do Fatah de mau desempenho no pleito, e da possibilidade concreta de vitória do Hamas. Como se verá mais adiante, o movimento islâmico fortalecerá sua popularidade nos anos seguintes.

Durante visita protocolar que lhe fiz, a vice-Ministra dos Negócios Estrangeiros e dos Expatriados da Palestina, Amal Jadou, comentou-me que não considera suficiente uma "abordagem equilibrada" da questão israelo-palestina, já que a situação é de flagrante "desequilíbrio". Uma mera "abordagem equilibrada" favoreceria a ocupação, e seria necessário que a comunidade internacional pressionasse Israel a retomar o diálogo político de paz.

Jerusalém, Ramallah, Amã e Gaza, maio a dezembro de 2021

Israel argumenta, na ONU, que o verdadeiro problema é o Irã, e que o mundo está perdendo tempo ou desviando sua atenção ao levantar a questão palestina. Insiste em que as negociações com os palestinos têm que ser diretas, e não impostas por outros atores. Mas não há qualquer negociação. As negociações de paz encontram-se paralisadas desde 2014. O argumento soa como protelação indefinida.

As tensões crescem como resultado de vários fatores: frustração com o adiamento das eleições e da renovação política interna na Palestina, medidas de despejo e demolição de casas de famílias palestinas em Jerusalém, ataques e retaliações em assentamentos e *check-points* nos territórios ocupados, bloqueio ao acesso de fiéis muçulmanos e cristãos a celebrações na Cidade Antiga.

A coincidência de celebrações muçulmanas e judaicas em maio torna a tensão ainda maior: por exemplo, a *Laylat Al-Qadr*, uma das noites mais importantes do Ramadã, que marca a revelação dos primeiros versos do Alcorão, coincidiu com o *Yom Yerushalayim*, o "dia da unificação de Jerusalém", que comemora a conquista e reunificação de Jerusalém pelo exército israelense, em 1967.

Como medida preventiva, a polícia israelense anunciou que o "Monte do Templo" (*Haram el Sharif*, para o Islã) estaria fechado para não-muçulmanos. A notícia foi mal recebida por grupos de religiosos judeus que circulam naquela esplanada. O "Instituto do Templo" criticou a polícia israelense por impedir o acesso de judeus ao "Monte do Templo" durante o Ramadã.

Outro fator era o despejo de famílias palestinas residentes no bairro de Sheikh Jarrah, em cumprimento de ações judiciais promovidas por entidades que promovem a colonização judaica em Jerusalém Oriental.

Evento gravíssimo, por sua violência física e simbólica, foi a invasão de soldados israelenses (com botas sobre os tapetes, onde se deve pisar descalço) e o lançamento de bombas no interior da Mesquita de Al Aqsa, repleta de fiéis durante o Ramadã, em maio de 2021. A incursão militar foi considerada afronta à santidade do Islã e a "gota d'água" que resultou na reação militar do Hamas desde Gaza.

No dia 8 de maio de 2021, começaram as hostilidades militares entre o Hamas e Israel: lançamento de foguetes e balões incendiários de Gaza, e retaliação de Israel com bombardeios aéreos. Diante da escalada, aquelas hostilidades foram o oxímoro "surpresa inevitável". Houve também confrontos na Cisjordânia – Ramallah, Nablus e Jenin.

Vejo imagens dos ataques a Gaza e ao Sul de Israel. Sofrimento de inocentes dos dois lados, mas em ordens de grandeza assimétricas, muito mais do lado palestino. A lei do talião no mercado das retaliações tem uma taxa de câmbio determinada pelo ódio e pelo medo acumulado de dezenas de gerações de sofrimento, perseguições, genocídios e humilhações.

Muitos passam a enxergar o Hamas como a única opção de resistência à ocupação israelense. O movimento islâmico cresce em popularidade e tem forte presença clandestina na Cisjordânia. Bandeiras verdes foram agitadas no *Haram Al Sharif*, em Jerusalém.

O conflito de Gaza em maio de 2021 trouxe dois elementos novos. Primeiro, o retorno de Jerusalém ao centro da agenda e das notícias, algo que Israel evita a todo o custo. O *status* de Jerusalém voltou, após décadas, a ser discutido, como resultado dos eventos na Esplanada das Mesquitas / do Templo, da repressão policial na porta de Damasco e das disputas imobiliárias nos bairros de Sheikh Jarrah e Silwan.

O segundo foi a mobilização da população jovem árabe-israelense "de 1948" em solidariedade às causas palestinas, das quais se haviam desconectado há duas gerações. Tal comunidade, que não se envolve com questões dos territórios ocupados, mostrou-se inconformada com as ações da polícia em Jerusalém. Houve manifestações e de árabes-israelenses e confrontos com a polícia em cidades israelenses de maioria árabe. Houve também episódios de violência intercomunitária entre israelenses e árabes-israelenses. Acendeu-se o sinal amarelo, visto o potencial de dano ao *modus vivendi* e ao tecido social de tolerância e convivência construídos desde 1948.

O Conselho de Segurança da ONU, paralisado, como quase sempre, não se manifestou. Houve reação apenas retórica de países árabes e de outros continentes. Reforçou-se a percepção local de que o mundo somente desperta para a gravidade da situação aqui quando se emprega a linguagem da violência.

Netanyahu afirmou que os ataques do Hamas haviam sido *unprovoked*. Para a opinião pública palestina e observadores internacionais, entretanto, era evidente a escalada de violência causada pelos eventos repressivos de Jerusalém acima referidos. A "surpresa inevitável".

Analistas locais acrescentam que o ocorrido teria sido parte da estratégia do Primeiro Ministro de inviabilizar a formação de governo de oposição e escapar de condenações judiciais. As pressões da política interna, sempre, ditando eventos externos e o nível de confronto na relação Israel-Palestina.

Teme-se que a situação escape do controle também nos países vizinhos. Um aumento da solidariedade popular à causa palestina nos países árabes é visto como fator de instabilidade política dentro desses países, levantando alertas junto às monarquias e elites dirigentes.

O cessar-fogo entre Israel, Hamas e Jihad Islâmica, atuantes em Gaza, foi mediado pelo Egito. O anúncio foi recebido com celebrações na Faixa de Gaza, na Cisjordânia e em Jerusalém Oriental. A "resistência" declarava vitória. Manifestações na Cidade Antiga de Jerusalém e Nablus terminaram em confrontos com a polícia israelense.

Israel foi criticada pelo uso desproporcional da força militar, em poder de fogo maior do que no último conflito, em 2014. O número de mortos em Gaza foi de 232, incluindo 65 menores de idade, e mais de 1.700 feridos. 16.800 unidades habitacionais foram danificadas. 75.000 pessoas ficaram desabrigadas, entre as quais 47.000 em escolas da UNRWA.

Na Guerra de Gaza, em 2023/4, o número de mortos será 16.000% maior; o de crianças mortas, 23.000% maior; o de feridos, 5.000% maior (ver parte IV).

Analistas identificaram os seguintes efeitos do confronto, que se intensificariam nos anos seguintes: fortalecimento do Hamas, que se auto-proclamou "protetor" de Jerusalém; perda de apoio e legitimidade da Autoridade Palestina, incapaz de proteger sua população; envolvimento da comunidade árabe-israelense (*forty-eighters*) em questões palestinas e confrontos com judeus, com o risco de dano ao *modus vivendi* interétnico e à segurança interna de Israel.

Comenta-se sobre o risco de uma Terceira Intifada em duas frentes: interna (contra a Autoridade Palestina) e externa (contra a ocupação).

Disse-me um interlocutor: "reajustamos o cronômetro para zero, para o próximo *round*". Previsão correta: o próximo round aconteceria dois anos depois, na Guerra de Gaza 2023-24, que será tratada na parte III.

A paz é vista aqui como algo provisório e precário, um intervalo entre confrontos.

Nos primeiros meses do posto, fiz visitas protocolares aos principais líderes religiosos de Jerusalém.

A primeira visita foi ao Patriarca Latino de Jerusalém, Cardeal Pierbattista Pizzaballa. No encontro, o líder católico afirmou sua percepção de mudança do *status quo* de Jerusalém por parte das autoridades israelenses.

Encontrei-me também com o Patriarca Armênio de Jerusalém, Arcebispo Nourhan Manougian, que sublinhou a importância de sua comunidade para a história de Jerusalém desde o século V. A Armênia foi a primeira nação a se declarar cristã.

Visitei ainda o Mufti de Jerusalém e da Palestina, Sheikh Muhammad Ahmad Husein, que expressou sua preocupação com a volatilidade da situação em Jerusalém Oriental.

Os líderes religiosos compartilharam a mesma inquietação com mudança do *status* de Jerusalém, evidenciada por fatores como restrições policiais ao acesso aos lugares santos, principalmente durante celebrações tradicionais, e a "ofensiva imobiliária" de grupos judaicos sobre casas e prédios de suas comunidades na Cidade Antiga de Jerusalém e na Cisjordânia.

Também visitei o diretor do *Waqf* Islâmico de Jerusalém, Sheikh Azzam Al-Khatib Al-Tamimi. A entidade é encarregada da administração civil, manutenção e restauração da Esplanada das Mesquitas (*Haram Al-Sharif* / Esplanada do Templo), que abriga a Mesquita de Al-Aqsa e o Domo da Rocha. O Sheikh afirmou que o papel do *Waqf* havia sido ratificado por Moshe Dayan, Ministro da Defesa de Israel em 1967, que reconheceu o direito exclusivo de reza aos muçulmanos. O diretor identificou como ponto de inflexão a visita, em 2000, do então líder da oposição israelense, Ariel Sharon, incidente que deflagrou a Segunda Intifada. Criticou o aumento de "visitas de provocação" de "grupos de judeus extremistas".

Rejeitou a possibilidade de qualquer arranjo que implique na divisão do espaço (e do tempo, de acordo com calendários de celebrações) entre fiéis muçulmanos e judeus, a exemplo da prática empregada na Mesquita Ibrahim/Túmulo dos Patriarcas, em Hebron. Al-Khatib afirmou claramente que haverá "derramamento de sangue, guerra religiosa", se o mesmo procedimento de Hebron for imposto ao *Haram Al-Sharif*. Qualificou o lugar de "ponto de ignição" de um confronto maior. Por outro lado, assinalou que a Esplanada está aberta a todas as pessoas, independentemente da fé professada, desde que sejam respeitadas sua santidade e sua caracterização como sítio religioso islâmico. Também rejeitou a prática de escavações na Esplanada, que poderia provocar danos à estrutura da Mesquita de Al-Aqsa, deixando-a vulnerável em caso de terremotos.

Fiz também visita ao Prefeito de Belém, Anton Salman. Na ocasião, ressaltei os profundos laços entre aquela cidade e a diáspora palestina no Brasil – os primeiros imigrantes, cristãos, chegaram a Recife, Natal e Fortaleza na segunda metade do século XIX e início do século XX, e seus descendentes mantêm laços familiares e afetivos estreitos com a região. Sublinhei a importância da *people-to-people diplomacy* como um dos esteios dos laços bilaterais, e comentei que a comunidade palestina no Brasil tem presença destacada no comércio, no empreendedorismo e na cultura. Recordei a contribuição do Brasil à restauração da Basílica da Natividade. Visitei, nos anos seguintes, diversas vezes os prefeitos de Belém que o sucederam, reafirmando a mesma mensagem.

A percepção da opinião pública é fundamental para compreender o contexto político e vislumbrar as perspectivas futuras, ainda que sombrias. Nesse sentido, fui muito beneficiado pelas pesquisas do prestigiado *Palestinian Center for Policy and Survey Research*, dirigido pelo cientista político Khalil Shikaki. Já me referi, em seção anterior, a sondagens de opinião deste centro, e continuarei a fazê-lo nas próximas.

Em setembro de 2021, os entrevistados sublinhavam a queda de popularidade da Autoridade Palestina, ao passo que o Hamas manteve popularidade elevada após o conflito de maio daquele ano. Essa tendência não somente persistiu, mas se intensificou nos anos em que estive no posto, até 2024.

Naquele momento, 71% dos entrevistados afirmaram que o Hamas havia vencido o conflito de maio de 2021, e 63% acreditavam que foram atingidos seus objetivos de pôr fim ao despejo de famílias palestinas em Jerusalém Oriental e forçar Israel a retirar tropas da Mesquita de *Al Aqsa*. 60% defendiam que o Hamas retomasse o lançamento de foguetes em caso de "agressões" israelenses (foi o que aconteceu em outubro de 2023). 45% indicaram o Hamas como movimento mais capaz de representar e liderar o povo palestino, contrastando com apenas 19% que reconheciam o poder do Fatah.

As pesquisas constatavam deterioração no apoio à solução de dois Estados, que decresceu para 36%. 63% consideraram que essa solução não seria mais viável, por conta da expansão dos assentamentos israelenses, e 73% expressaram pessimismo quanto à possibilidade de criação de um Estado palestino independente nos próximos cinco anos. 39% apoiavam a luta armada; 28%, um acordo de paz com Israel; e apenas 10%, resistência pacífica. A retomada das negociações de paz com Israel era defendida por apenas 24%.

Com pequenas variações, essas impressões da opinião pública se manteriam durante o período de minha missão, até 2024.

Com a experiência dos conflitos de maio, e cientes de que a situação permaneceria tensa e voltaria a explodir, o Escritório de Representação do Brasil na Palestina elaborou um plano de contingência. O documento foi feito em colaboração com a Embaixada em Tel Aviv, com o apoio do então chefe do posto, General Gerson Menandro, e o adido do Exército, Coronel Jaques Simplicio. Baseou-se também em documentos semelhantes das Embaixadas e Beirute e Bogotá, assim como na experiência de funcionários do Posto em situações de risco em outros países, que resultaram em procedimentos de evacuação, além de contribuições do Conselho de Cidadãos Brasileiros na Palestina.

O plano de contingência estabelece procedimentos e ações em situações de emergência na Cisjordânia e em Gaza causadas por convulsões político-sociais, conflitos armados ou desastres naturais.

Seus objetivos são assegurar a assistência consular aos cidadãos brasileiros, tanto residentes, quanto em trânsito (turistas, p.ex.), garantir o funcionamento do Escritório do Brasil, a interlocução com as autoridades locais e os organismos internacionais e humanitários. Inclui, ainda, a necessidade de confecção de documentos de viagem e a divulgação de informações à comunidade e à imprensa.

O plano de contingência foi fundamental para a atuação do posto na Guerra de Gaza, em 2023-24 (parte III). Uma ação humanitária não se improvisa...

A Corte israelense de Jerusalém considerou legal a "reza silenciosa" por judeus na Esplanada das Mesquitas / Monte do

Templo. A ação foi movida por rabino que contestou ato da polícia israelense de retirá-lo do local em feriado judaico. A decisão foi proferida em contexto do aumento no número de visitas de grupos religiosos judaicos, acompanhados de forte escolta policial, e com declarações de autoridades israelenses em favor do direito de judeus rezarem no local.

Segundo dados do "Instituto do Templo", que defende a reconstrução do Templo judaico onde hoje se encontra a Esplanada das Mesquitas, mais de seis mil judeus visitaram aquela Esplanada em setembro de 2021, maior número de visitantes de religião judaica desde a destruição do Segundo Templo, em 70 d.C.

Além das visitas, grupos extremistas pretendem ocupar espaço contíguo à "Porta Dourada" para transformá-lo em sinagoga. Na hipótese de que se concretize, isso significaria a primeira instalação física do judaísmo na Esplanada desde a destruição do Templo.

Na esfera cultural, o Escritório do Brasil em Ramallah começou a promover aulas de capoeira associadas à aprendizagem de português para crianças brasileiro-palestinas. As aulas eram dadas por professores árabe-palestinos da academia de capoeira "Menino Bom", de Jerusalém Oriental. O projeto, acolhido com entusiasmo pela comunidade brasileira, foi repetido em 2022 e 2023.

Também em 2021, foram feitas doações de livros de literatura infantil a bibliotecas públicas de cidades palestinas com grande presença de brasileiros, como Beitunia e Mazraa Sharquia. Foi realizado projeto de escolinha de futebol também em Mazraa Sharquia.

Visitei o Comissário-Geral da UNRWA, Philippe Lazzarini, que ressaltou a importância do trabalho da agência para o bem-estar de mais de cinco milhões de refugiados palestinos em Gaza, Cisjordânia, Jordânia, Síria e Líbano – fator de estabilidade social, política e de segurança na região. Ele criticou a tentativa do ex-Presidente Donald Trump de desmantelar a entidade. Comentou, ainda, que os países do Golfo, no contexto do processo de normalização com Israel, também estariam opondo obstáculos à atuação da UNRWA.

Israel é visceralmente crítica da UNRWA, por sua oposição de princípio à reivindicação de retorno dos refugiados palestinos. Israel propugna pela dissolução da UNRWA e pela integração dos refugiados nos "países de acolhimento", como imigrantes. Estes países, naturalmente, se opõem aos ataques contra a agência da ONU, pois necessitam de seu apoio para o oferecimento de serviços públicos aos refugiados. Palestinos, países vizinhos e observadores internacionais rejeitam a tese de que os refugiados de hoje, a "quarta geração da *Nakba*", deveriam ser assimilados aos "imigrantes". Defendem que o *status* dos refugiados seja objeto de uma solução justa e duradoura.

A questão dos refugiados não foi tratada em Oslo, por ser parte da agenda do "*status* final" das negociações. Isso manteve milhões de marginalizados das discussões. Por isso, os campos de refugiados palestinos se encontram em um limbo jurídico, administrativo e fiscal. Não são considerados municípios, não elegem prefeitos ou vereadores e não dispõem de orçamento. Ninguém lhes fornece serviços públicos, que são deixados nas mãos da UNRWA. A população fica vulnerável a doações *ad hoc*, gerando imprevisibilidade nas ações públicas.

A UNRWA é a única provedora de serviços públicos como educação, saúde, habitação, infraestrutura urbana, entre outros, para os refugiados palestinos. Sem a agência, as estruturas nacionais dos "países de acolhimento" sofreriam considerável sobrecarga, com reflexos sociais, políticos e de segurança.

Por isso, a UNRWA desempenha papel fundamental para a estabilidade social da região, não somente na Palestina, mas também na Jordânia, no Líbano e na Síria, como demonstram os números de suas atividades em 58 campos: 6 milhões de refugiados (2,4 milhões na Jordânia, 1,7 milhão em Gaza, 900 mil na Cisjordânia,

500 mil na Síria e 500 mil no Líbano)[14]. A agência atende a 539 mil alunos, inclusive em programas de ensino técnico-profissionalizante; realiza 5,7 milhões de consultas anuais nos postos de saúde; ajuda 2,1 milhões de beneficiados por assistência alimentar; e realiza 571 mil operações de microcrédito, especialmente para mulheres.

O drama humanitário fica evidenciado no percentual dos refugiados que se encontram abaixo da linha de pobreza: 83% na Síria, 82% em Gaza (antes da guerra – hoje, seriam praticamente 100%) e 73% no Líbano.

A deterioração das condições socioeconômicas gera maior vulnerabilidade e marginalização dos refugiados, ampliando o sentimento de desespero, frustração e revolta. Crescem os confrontos com forças de segurança de Israel nos campos de refugiados, com maior uso de munição letal (resultando em centenas de mortos e feridos), prisões e demolições. A violência também se manifesta em ataques e buscas em veículos e instalações da UNRWA.

Como sua agenda é a proteção dos refugiados palestinos, a UNRWA é atacada por grupos que visam suprimir este tema da agenda mundial, influenciando governos e opinião pública dos países doadores. Tais grupos fazem intensa campanha de descrédito, desinformação, ataques jurídicos e políticos com vistas a convencer doadores a suprimir o financiamento. Como se verá no contexto da guerra de Gaza (parte III), chega-se inclusive a associar a agência ao antissemitismo e a grupos terroristas.

De sua parte, a agência tem-se esforçado para assegurar que não haja discurso nem ações antissemitas ou de incitação à violência nas escolas, com forte controle interno sobre seus milhares de funcionários.

---

14 Estima-se que um terço dos refugiados vivem nos campos localizados no Líbano (12), Síria (9), Jordânia (10), Cisjordânia (19) e Faixa de Gaza (8). Alguns consideram o número de refugiados subestimado, por não incluir gerações de descendentes e os assimilados como imigrantes.

Em outubro de 2021 visitei, pela primeira vez, um campo de refugiados: Arroub, localizado entre Belém e Hebron, que abriga refugiados palestinos após a guerra de 1948. Dada sua localização estratégica perto de assentamentos israelenses, o campo é objeto de intensa repressão militar, registrando o maior número de incursões armadas e detenções de jovens e adolescentes.

Como não se pode expandir horizontalmente, o crescimento populacional do campo impõe a verticalização das moradias, gerando riscos de desabamento. O lugar lembra favelas na periferia das grandes cidades brasileiras. Sofre com problemas de saneamento básico, superpopulação e desemprego. Ali visitei escola, onde pude dialogar com professores e alunos; o centro de saúde, que provê atenção primária e pré-natal para mulheres grávidas, além de oferecer *checkups* e vacinação, inclusive contra Covid-19, e programa psicossocial; e a associação comunitária.

Em novembro de 2021, visitei, com outros embaixadores, cônsules e diplomatas, o centro de Hebron, para conhecer a situação de risco causada pelos assentamentos e colonos. O centro histórico, incluindo a Mesquita dos Patriarcas, foi inscrito em 2017 como um dos quatro sítios palestinos na Lista do Patrimônio Mundial da UNESCO (os outros são as muralhas de Jerusalém, olivais e vinhedos ao Sul de Jerusalém, a Igreja da Natividade e a rota dos peregrinos, ambas em Belém). Hebron também integra a lista do "patrimônio em perigo".

As imposições de segurança, muros e *check points* restringiram severamente a mobilidade dos moradores de Hebron, incluindo o acesso a suas próprias casas (sem acesso às portas da frente, os moradores têm que entrar por tetos e janelas dos vizinhos), mercados (fechamento de ruas comerciais) e escolas. O antigo centro comercial de Hebron, outrora pujante e dinâmico, está vazio e deprimente. Durante a visita, embaixadores, cônsules e diplomatas foram impedidos, por soldados israelenses, de percorrer trechos da cidade antiga.

De particular sensibilidade é a situação da Mesquita Ibrahim (Túmulo dos Patriarcas), onde houve massacre de 29 palestinos durante o Ramadã de 1994 pelo colono extremista Baruch Goldstein. Como a premiar pelo massacre, a segurança israelense cercou a Mesquita com barreiras militares, impede a visitação de fiéis muçulmanos e a dividiu no espaço e no tempo, de acordo com períodos religiosos islâmicos e judaicos. Acredita-se que essa "fórmula" imposta à Mesquita seria um "balão de ensaio" para divisão semelhante do *Haram al Sharif* / Esplanada do Templo, em Jerusalém.

A celebração do 7 de setembro de 2021 em Jerusalém foi feita com um almoço preparado pelos *Chefs for Peace* para a comunidade diplomática e consular, além de representantes da comunidade brasileira, de igrejas, *think tanks*, ONGs e sociedade civil. O *Chefs for Peace*, formado em 1996 no contexto dos Acordos de Oslo, reúne profissionais cristãos, judeus e muçulmanos com o objetivo de promover a causa da paz por meio da gastronomia.

Em novembro de 2021, fiz minha primeira visita a Gaza, no âmbito dos consulados itinerantes que o posto periodicamente faz àquela Faixa, para atender às necessidades da comunidade brasileira.

Como de praxe, a missão foi realizada nas instalações da paróquia católica romana da Sagrada Família, com o gentil apoio oferecido pelo padre argentino Gabriel Romanelli. Residiam naquele momento em Gaza 1.077 cristãos, dentre os quais 134 católicos romanos e 943 gregos ortodoxos (em meio a uma população de mais de 2 milhões de muçulmanos).

Como será visto na Parte III, a paróquia serviu de abrigo para cerca de 700 pessoas durante a guerra de Gaza, em 2023-24. A artilharia aérea, a infantaria e os tanques atacaram ao redor da paróquia. Duas senhoras foram mortas por *sniper* quando atravessavam o pátio para irem ao banheiro. Seus familiares, que foram socorrê-las, foram feridos.

Também visitei dois abrigos para crianças e adultos em situação de extrema vulnerabilidade, mantidos pelo Patriarcado Latino e administrados por freiras da ordem missionária da Irmã Dulce.

Impressionei-me com a resiliência e ânsia pela normalidade e dignidade daquele povo, pela sobrevivência sem desespero; também com o desejo de escapar da profunda depressão econômica, do autoritarismo religioso e da permanente tensão e insegurança. Os prédios destruídos deram lugar a espaços remanejados, com reciclagem do material de construção (ferro, pedras); a rotina de comércio e escolas havia retomado seu curso; a capacidade produtiva de alimentos e serviços, incluindo mecânica leve e têxteis, parecia minimamente restaurada.

A comunidade brasileiro-palestina residente em Gaza, calculada em cerca de 40 pessoas, está concentrada em menos de 10 famílias. Seu perfil é o de mulheres muçulmanas nascidas no Brasil (casadas com palestinos) e seus parentes. Quatro membros de uma família conseguiram sair de Gaza via Egito, após os conflitos de maio de 2021. A comunidade está integrada à sociedade local, sem vulnerabilidade financeira. Grande parte não fala português. Há casos de violência doméstica (como também na Cisjordânia).

A comunidade católica relata que os cristãos são respeitados e integrados, embora haja pressão da liderança islâmica extremista para mudar hábitos de vestimenta e educação. Apesar da convivência pacífica, o radicalismo religioso tende a se expandir a outros setores da sociedade.

Participei, em Amã, em novembro de 2021, de mais uma reunião da UNRWA, seguida de visita ao campo de refugiados palestinos em Jerash. Na ocasião, o Comissário Philippe Lazzarini reiterou o papel "vital e insubstituível" da UNRWA e enfatizou que a agência estava "à beira do colapso".

A agência tem mandato para oferecer bens públicos, mas não conta com qualquer base fiscal de governo, mas apenas com contribuições voluntárias de países doadores. A condição financeira e operacional da agência tenderá a se agravar, mantendo-se a atitude improvisada de "adiar o colapso". Permanecerá o risco de descontinuidade da prestação de serviços essenciais, com o agravamento da condição social dos campos de refugiados e a deterioração da segurança.

Visitei, depois da reunião, as impressionantes e bem-conservadas ruínas romanas de Jerash.

O Coordenador Especial das Nações Unidas para o Processo de Paz no Oriente Médio (UNSCO), Tor Wennesland, apresentou, em dezembro de 2021, *briefing* ao corpo diplomático e consular na sede da ONU em Jerusalém (belo prédio, antiga *Government House*). Descreveu um quadro pessimista e complexo, sem perspectivas de avanço para um processo de paz. Segundo o UNSCO, o Hamas cresceu em atividade e influência na Cisjordânia, em detrimento da Autoridade Palestina e do Fatah, o que constitui um fator de desestabilidade, com elevado potencial de conflito. Torna-se mais distante, a seu ver, a possibilidade de reconciliação intrapalestina.

Jerusalém, Ramallah, Beirute e Gaza, janeiro a dezembro de 2022

A lógica do *trade off* entre prosperidade e segurança, como se avanços materiais palestinos fossem suficientes para melhorar a segurança de Israel, é uma simplificação que passa ao largo da complexa realidade do terreno e da mentalidade local.

A Anistia Internacional lançou, em fevereiro de 2022, o relatório intitulado *Israel's apartheid against Palestinians: cruel system of domination and crime against humanity*. Desde então, o conceito de *apartheid* se firmou como categoria explicativa da realidade da ocupação. A entidade denunciou que leis, políticas e práticas israelenses, qualificadas de "discriminatórias e excludentes" contra palestinos, eram "análogas ao sistema de segregação, opressão e dominação perpetrado na África do Sul entre 1948 e 1994".

A Anistia Internacional alertava que "the State of Israel considers and treats Palestinians as an inferior non-Jewish racial group". Denunciava violações do direito internacional, dos direitos humanos e crimes contra a humanidade – à luz da Convenção sobre a eliminação de todas as formas de discriminação racial, da Convenção sobre a supressão e punição do crime de *Apartheid* e do Estatuto de Roma sobre a Corte Criminal Internacional.

Os métodos utilizados seriam: demografia (incluindo a oposição ao "direito de retorno" dos refugiados); uso de recursos naturais em benefício de sua população e em detrimento da palestina; fragmentação territorial; segregação e controle por meio da negação de igualdade de nacionalidade e *status* de cidadania; restrições à mobilidade; leis discriminatórias de reunião familiar; emprego de regras e restrições militares ao direito de participação política e resistência; perda de posse de terras e propriedades; supressão do desenvolvimento humano e negação de direitos econômicos e sociais; prisão de autoridades, advogados e formadores de opinião palestinos, mesmo em caso de "resistência pacífica".

Segundo o relatório, medidas de desapropriação territorial teriam como objetivo uma "política de judaização" e controle de espaços estratégicos, mediante a qual palestinos seriam restritos a viver em "enclaves separados e densamente povoados". Nesse contexto, são construídos assentamentos, vilas e cidades, obstruindo-se a expansão de centros palestinos; recusam-se permissões de construção e planos de zoneamento palestinos.

Em Jerusalém Leste, o relatório informa que a população árabe-palestina vive em áreas subdesenvolvidas e densamente povoadas, com escassez de moradia e risco de demolições. Apesar de constituírem 60% da população daquela área, apenas 15% do espaço é designado como própria para residência por autoridades de planejamento municipal. As permissões para construções árabes-palestinas são metade das autorizadas para assentamentos israelenses.

Atitude "discriminatória" é ainda mais severa na área C, onde assentamentos obtêm autorizações em número consideravelmente superior. O consumo médio diário de água de um palestino nos territórios ocupados é de 50-70 litros, ao passo que o de um colono israelense é de 369 litros.

No Relatório anual da ONU sobre a situação de Direitos Humanos nos Territórios Palestinos Ocupados, a Relatora Francesca Albanese afirmou, na mesma linha, que a ocupação israelense tem natureza *settler-colonial* e impõe um regime de *apartheid*, em violação direta ao direito internacional.

No momento em que o islamismo inicia o mês do Ramadã, em março de 2022, período sensível do ponto de vista político, a situação de Jerusalém, Cisjordânia e Gaza está menos tensa em comparação com a do ano anterior. A fim de evitar os atritos do mesmo período no conflito de 2021, autoridades palestinas, israelenses e da região se empenharam em evitar "surpresas" e decidiram dialogar para evitar ações que pudessem gerar confronto político e social.

Autoridades israelenses realizaram encontros diplomáticos com líderes da região com influência sobre grupos islâmicos radicais. O objetivo dessa "diplomacia preventiva" israelense foi assegurar o compromisso com a redução de tensões.

Isso comprova que quando há disposição para entendimento e diálogo, as tensões podem ser controladas, evitando-se a violência.

Além disso, o Hamas não estava em condições de sustentar hostilidades militares no mesmo patamar do ano passado. Chamou a atenção a vinculação do *Daesh* a ações em Jerusalém e em território israelense, e o elogio do Hamas às iniciativas.

Em abril de 2022, o Brasil votou contra decisão do Conselho de Direitos Humanos da ONU sobre situação dos direitos humanos no Território Palestino Ocupado, inclusive Jerusalém, e se absteve na votação sobre assentamentos. Expedi telegrama oficial assinalando que os temas tratados resolução tinham repercussão na comunidade brasileira residente na Palestina. Ao votar contra, o Brasil não levou em consideração a situação dos próprios cidadãos brasileiros aqui residentes, que sofrem com a ocupação.

Segundo a Presidente do Conselho de Cidadãos Brasileiros na Palestina, Fatima Rashid Hamayel, e reiterado por relatos de nacionais, os brasileiros de dupla cidadania são tratados como "apenas" árabes-palestinos, sofrendo todo o rigor imposto por autoridades de segurança e imigratórias israelenses.

Recebemos denúncias de cidadãos brasileiros sobre discriminação e violação de direitos: restrições à mobilidade, detenções administrativas, julgamento por cortes militares, incursões militares em vilarejos onde residem, invasão de suas casas durante a noite, constrangimentos em *check points*, agressões e vandalismo de colonos de assentamentos, atropelamentos criminosos, agressões em suas próprias residências, incêndios, negação de acesso à Justiça, restrição de acesso a locais sagrados para o Islã, impedimento de acesso às suas próprias plantações e terras e a recursos hídricos e maus tratos a prisioneiros (espancamentos, torturas).

No contexto da guerra da Ucrânia, o Primeiro Ministro Mohammad Shtayyeh criticou o *double standard* da comunidade internacional, que foi ágil em condenar e agir contra as violações ao direito internacional cometidas naquele conflito, mas não se mostra efetiva ao longo dos 74 anos de ocupação da Palestina. A resistência ucraniana é qualificada de "heroica", ao passo que os palestinos são "terroristas". Agentes do governo russo poderão ser levados ao TPI por pressão ocidental, mas quando a Palestina demanda o mesmo, sofre retaliações de Israel.

Em maio de 2022, um incidente causou enorme comoção nacional e internacional. A jornalista palestino-norte-americana Shereen Abu Akleh foi morta por soldado israelense enquanto cobria incursão militar ao campo de refugiados de Jenin. Seu sepultamento, em Jerusalém, foi marcado por forte repressão da polícia.

No pátio do hospital cristão onde seu corpo foi velado, policiais espancaram os familiares e amigos que carregavam o caixão. O caixão caiu no chão, diante das câmaras, com transmissão ao vivo!

A repressão se deveu à ordem de suprimir qualquer expressão palestina em Jerusalém. Ao longo do cortejo fúnebre, bandeiras palestinas foram arrancadas das mãos de manifestantes, outros foram espancados e o carro fúnebre teve suas janelas quebradas. Nem na morte há respeito.

Visitei comunidade beduína perto de Jericó, que me relatou a redução, por colonos e militares israelenses, do espaço da atividade pecuária naquela região. Outras "tribos", outrora nômades, serão concentradas no mesmo espaço daquela comunidade, para dar lugar a assentamentos israelenses em territórios ocupados. Líderes alertam que a prática vai desfigurar a cultura tradicional beduína e seu acesso aos recursos naturais, principalmente água e pastos. Os postos avançados e assentamentos ilegais, a violência dos colonos com proteção da polícia, as restrições de mobilidade e a imposição, pelas autoridades israelenses, de projetos de urbanização levam as comunidades beduínas a temer pela perda de sua cultura, empobrecimento e dificuldade de acesso a educação e saúde.

Em outra visita, dessa vez a pastores na região de Tubas, caminhei ao nascer do sol sobre as belas colinas de pastoreio, de onde se podia avistar o vale do Jordão e a Jordânia. Um dos mais belos momentos de que desfrutei. Até que, a certa altura, fui abordado por colono israelense que, em tom ameaçador, advertiu que o grupo não descesse a partir de determinado ponto. Na semana anterior, os pastores foram agredidos e feridos por um grupo de colonos. Em retaliação à presença de estrangeiros (inclusive de entidades como o Conselho Mundial de Igrejas), que reportam as condições do local, os pastores e suas famílias são agredidos e seus bens destruídos (tendas e pertences queimados, caixas d'água furadas por tiros de revólver, placas de energia solar danificadas, entre outras ações de intimidação).

Como resultado da violência, famílias de beduínos e pequenos produtores estão abandonando suas propriedades e campos de pastagens, nas quais suas famílias moram há séculos, e se concentrando em outras regiões e cidades, deixando o campo livre para a expansão de assentamentos.

Uma das minhas prioridades foi estabelecer redes de intercâmbio acadêmico entre universidades brasileiras e palestinas. Para isso, organizei missões universitárias de professores de prestígio acadêmico na área de estudos árabes, com vistas a estimular o estabelecimento de redes de intercâmbio e pesquisa com as principais instituições de ensino superior locais.

Realizaram visitas à Palestina, nesse contexto, em maio e outubro de 2022, os professores João Batista Vargens, da UFRJ, Arlene Clemesha, da USP, e Rossana de Souza e Silva, da UnB, na função de diretora-executiva do Grupo de Cooperação Internacional de Universidades Brasileiras (GCUB).[15]

A agenda contemplou reuniões de trabalho nas universidades de *Al Quds* (Jerusalém, Abu Dis), Birzeit, Belém, Hebron e *An-Najah* (Nablus). Chamou a atenção a presença feminina nas universidades palestinas: entre 65% e 75%.

As missões acadêmicas obtiveram grande êxito, com excelente receptividade dos interlocutores palestinos, que demonstraram muito interesse em implementar programas de cooperação e intercâmbio com o Brasil.

---

15 O GCUB abarca 92 das principais instituições de ensino superior brasileiras e promove cooperação internacional com diversos países, inclusive do Oriente Médio.

Em suas palestras e encontros, os acadêmicos brasileiros enfatizaram os laços históricos e influências culturais que unem o Brasil aos países árabes, especialmente o papel da diáspora árabe no Brasil, elemento dinamizador e enriquecedor da diversidade cultural nacional.

Como resultados preliminares, em 2023-2024 (ver próxima seção), a Professora Arlene Clemesha organizou seminário *online* intitulado "Brasil e Palestina: fontes de identificação" [16] e inaugurou, na USP, o Centro de Estudos Palestinos; o GCUB, com o apoio do Escritório do Brasil em Ramallah, realizou seminário sobre avaliação de qualidade em pós-graduação, lançou edital para vagas e bolsas para refugiados palestinos em universidades brasileiras. Cogitou-se, oportunamente, a criação de um Instituto de Estudos Brasil-Palestina.

Participei de reunião da UNRWA em Beirute, em junho de 2022. Visitei, na ocasião, aos campos de refugiados de Burj Barajneh e Ein El Hilweh, ambos ao Sul de Beirute. Os campos de refugiados no Líbano são controlados pelo Fatah e pelo Hamas, com frequentes confrontos entre esses grupos entre si e com as Forças Armadas do Líbano. O Hezbollah mantém controle territorial sobre a região Sul do Líbano, e acompanha a situação nos campos de refugiados. Em reuniões com lideranças comunitárias, ficou evidenciado o sentimento de desespero, ressentimento e revolta com as condições de vida e falta de perspectivas de emprego e futuro.

Os refugiados mantêm o sonho desesperado de retornar à Palestina, que fica a 1h30 de carro de onde vivem: "vocês da comunidade internacional nos pressionam a esquecer a Palestina,

---

16 Esse foi o primeiro encontro universitário amplo entre Brasil e Palestina. Organizado conjuntamente por universidades brasileiras (USP, UFRJ e UnB) e palestinas (Birzeit e Al Quds), seus objetivos foram analisar os principais aspectos históricos e a conjuntura palestina, e pensar as relações Brasil-Palestina a partir da sociedade civil e de questões sociais similares. Também participaram as Universidades de An-Najah (Nablus) e Hebron.

mas nós retornaremos"; "libertaremos nossa terra com canhões, mísseis, apedrejamentos".

Chamou a atenção o potencial produtivo e empreendedor de pequena escala dos campos de refugiados em setores como alimentação e gastronomia (empresa Soufra), informática, eletrônica, movelaria, construção civil, agricultura urbana, comércio e serviços. Os refugiados têm muito bom nível educacional e de qualificação técnica, faltando-lhes apoio de microfinanças para adquirir equipamentos e insumos.

O drama dos refugiados palestinos se acopla às adversidades socioeconômicas já vividas pelos países anfitriões – Líbano, Jordânia, Síria –, além de Gaza e Cisjordânia, em uma conjuntura de "relativa" inelasticidade de recursos para ajuda humanitária global. "Relativa", visto que a crise ucraniana demonstrou a rapidez e disponibilidade de recursos em teatros de conflito de interesse prioritário das grandes potências – o que não é o caso da Palestina e sua vizinhança regional.

Realizei minha segunda missão a Gaza junho de 2022, em mais um consulado itinerante, com agenda que também incluiu visita à UNRWA e homenagem ao Batalhão Suez em Rafah. Uma das visitas mais marcantes de minha carreira.

Em reunião na sede da UNRWA, o diretor local, Tom White, qualificou Gaza como uma grande comunidade de refugiados: 70% da população local é refugiada, e cerca de 1,7 milhão tem acesso aos serviços da agência. A UNRWA é responsável pela entrega de 60% dos alimentos básicos naquela Faixa. O ensino profissionalizante da agência atende 250 mil estudantes.

O diretor considerou o bloqueio econômico a Gaza como uma política "fracassada". Segundo relatório do Escritório das Nações Unidas para a Coordenação de Assuntos Humanitários nos Territórios Palestinos Ocupados (OCHA) sobre o impacto dos 15 anos de bloqueio, a economia foi desarticulada, provocando alto desemprego, insegurança alimentar e dependência de assistência humanitária internacional. A taxa de desemprego é uma das mais elevadas do mundo: 46,6%, sendo de 62,5% entre os jovens. A taxa de pobreza supera 80%; 1,4 milhão depende de assistência humanitária internacional para se alimentar; o fornecimento de energia atende a apenas 50% da demanda, e 78% da água encanada é considerada imprópria para consumo humano. Um contexto "perfeito" para a radicalização e o aliciamento de jovens desesperados.

Em seguida, visitei a cidade de Rafah, no Sul da Faixa de Gaza, fronteira com o Egito, para conhecer o local de instalação do contingente militar brasileiro denominado "Batalhão Suez". Não tinha ideia do quanto essa visita me seria útil para implementar a evacuação dos brasileiros, e como a cidade se tornaria conhecida no mundo, pela guerra, no ano seguinte.

A visita ao antigo local do Batalhão foi homenagem à primeira missão de paz realizada por tropas brasileiras sob mandato da ONU, entre 1957 e 1967 (UNEF I).

Na biblioteca de Rafah foi organizada reunião com autoridades municipais e membros da comunidade local, incluindo historiador que fez pesquisa sobre a participação do Brasil na missão de paz. O pesquisador destacou o relacionamento amigável entre soldados brasileiros, os trabalhadores e a população palestina. Sublinhou os riscos aos quais estava exposto o batalhão brasileiro na fronteira, e a dificuldade da missão cumprida pelo Brasil. Coube ao Brasil monitorar o cessar-fogo após a guerra de Suez, a linha de armistício, os deslocamentos de pessoas entre Gaza e Israel e, sobretudo, a proteção da população civil palestina de Gaza.

Também visitei o clube esportivo e o clube da juventude de Rafah, para encontro com dirigentes, ex-jogadores e jovens atletas. Fiquei tocado com a grande receptividade e interesse de todos, que mostraram grande desejo em ter mais contato com a cultura e o esporte brasileiros, especialmente o futebol. Fizemos distribuição de bolas de futebol e bandeiras do Brasil.

Bati bola com os jovens de Gaza e escutei, com atenção e emoção, relatos de lideranças locais sobre a imagem positiva que têm do Brasil. Guardo comigo o *kefiah* e o boné da municipalidade e do clube de jovens e de esportes de Rafah.

Os anfitriões me levaram ao local onde estava instalado o quartel-general do Batalhão Suez, atualmente ocupado por um campo de refugiados denominado “Campo Brasil”. No campo de futebol da comunidade, assisti a apresentação de dança palestina (*Dabke*) em homenagem ao Brasil.

O *Mukhtar* (líder comunitário), que conviveu com os militares brasileiros na época, compartilhou memórias da presença e atuação do contingente militar, e mais uma vez assinalou a gratidão pela proteção da população civil palestina no cumprimento do mandato da missão de paz, incluindo a assistência a feridos.

Não restou vestígio das instalações do batalhão, destruídas na Guerra do Seis Dias (1967). Proposta israelense de mudar o nome da localidade foi rejeitada pela população, que insistiu para que continuasse sendo chamada “Campo Brasil”, em reconhecimento à atuação dos soldados brasileiros.

Entreguei à biblioteca de Rafah e à Igreja da Sagrada Família, em Gaza (onde há um altar em homenagem ao Batalhão Suez), publicação elaborada pelo Posto com pequeno relato da missão de paz e fotos cedidas pela Associação Brasileira dos ex-Combatentes e Integrantes do Batalhão Suez.

Fui convidado a plantar muda de oliveira no Campo Brasil, a poucos metros da fronteira com o Egito, como gesto de amizade e homenagem ao Brasil. Jamais esquecerei.

Retornei a esse lugar em novembro de 2022, para novo consulado itinerante e visita às instalações da UNRWA. Como era Copa do Mundo, fiz questão de assistir a um jogo do Brasil (ver parte III). Momentos que sempre levarei na memória. Tudo aquilo foi destruído pelos bombardeios, e muitos dos que conheci, jovens e velhos, apaixonados pelo Brasil, não estão mais vivos. Gostaria de visitar o lugar de novo, no futuro, pelo menos para me encontrar com algum sobrevivente e ver se a oliveira que plantei resistiu.

Pesquisa feita em julho de 2022 indica que apenas 34% dos judeus israelenses apoiam uma solução de dois Estados, ante 41,5% que apoiam a manutenção do *status quo* e 14% que apoiam uma solução de um único Estado.

Começamos a elaborar, com a Agência Palestina de Cooperação Internacional e a Agência Brasileira de Cooperação (ABC), projeto de cooperação técnica na área de segurança alimentar a ser submetido ao Fundo IBAS. Esse Fundo financiou quatro projetos na Palestina entre 2008 e 2017. Além de reformas e melhorias em dois hospitais na Faixa de Gaza, foi responsável pela construção de um centro esportivo em Ramallah e de uma unidade de saúde destinada a pessoas com deficiência intelectual em Nablus. O projeto seria definitivamente aprovado pelo comitê executivo do Fundo IBAS em 2024.

Na esfera cultural, em junho de 2022, o posto realizou o festival “Noites de Cinema Brasileiro” em cinemateca de Ramala. O filme “Era o Hotel Cambridge”, que trata da temática dos sem-teto e de refugiados em São Paulo, foi escolhido pelos organizadores para inaugurar a mostra por sua proximidade com o drama dos despejados e refugiados palestinos.

Para o 7 de setembro de 2022, celebração do Bicentenário da Independência, o Escritório de Representação do Brasil produziu vídeos de homenagens prestadas por músicos e capoeiristas árabe-palestinos no Monte das Oliveiras, em Jerusalém Oriental.

No primeiro vídeo, saxofonista de Belém, acompanhado de músicos do grupo árabe-católico de escoteiros de Jerusalém, interpretaram “Aquarela do Brasil” em ritmo e com instrumentos tradicionais árabes.

O segundo vídeo apresentou o grupo de capoeiristas árabes "Menino Bom", de Beit Hanina, bairro de Jerusalém.

O cenário para as gravações foi o mirante da igreja *Dominus Flevit*, no Monte das Oliveiras, tendo ao fundo as muralhas de Jerusalém e o Domo da Rocha.

Por ocasião da Copa do Mundo do Catar, em novembro de 2022, o posto lançou, em parceria com o Conselho de Cidadãos Brasileiros da Palestina, a torcida organizada *Yala Brasil*. A comunidade brasileira reuniu-se em restaurante em Ramallah para assistir aos jogos da Seleção. Uma festa que jamais esquecerei.

Ainda no contexto das celebrações pelo Bicentenário da Independência, o Escritório do Brasil lançou, em Jerusalém, o documentário "A viagem do Imperador do Brasil D. Pedro II à Terra Santa" e inaugurou exposição fotográfica sobre a visita que o Imperador realizou à Palestina, em 1876. O documentário e a exposição tiveram lugar na Hospedaria Austríaca (*Austrian Hospice*), situada na Via Dolorosa, onde o Imperador se hospedou e celebrou seu aniversário, em 2/12/1876. Os visitantes podem ver, na galeria de fotos do hotel perto da capela, a foto do Imperador, doada pelo Escritório do Brasil em Ramallah.

O documentário e a exposição basearam-se nos registros do diário da viagem do Imperador por Jerusalém, Belém, Nablus, Jericó, Nazaré, Mar Morto e Mar da Galileia, de novembro a dezembro de 1876.

A imprensa assinalou que, em dois anos, os Acordos de Abraão e a normalização das relações entre Israel e os Emirados Árabes, Bahrein, Marrocos e Sudão produziram resultados positivos para Israel. Foram abertas oportunidades econômicas e de cooperação em defesa e segurança, especialmente com os Emirados e o Bahrein, preocupados com a ameaça representada pelo Irã. Israel estabeleceu embaixadas nos Emirados, no Bahrein e no Marrocos, e rotas aéreas passaram a operar entre Israel e Abu Dhabi, Dubai, Manama, Casablanca e Marraqueche.

Pesquisa de opinião realizada em setembro de 2022 pelo *Palestinian Center for Policy and Survey Research* refletiu aumento do apoio à solução de dois Estados (37% dos entrevistados) e queda do apoio à luta armada (48%). Essa atitude mais positiva refletia a conjuntura menos tensa em relação a 2021. Apesar disso, a luta armada ainda era vista como solução preferível às negociações pela maioria da população palestina.

Mas a violência crescia. O número de palestinos mortos por forças israelenses na Cisjordânia aumentou 43% em 2022, em comparação com 2021. O ano de 2022 foi o mais violento desde o fim da Segunda Intifada: 166 palestinos, incluindo 39 menores de idade, foram mortos pelo exército israelense ou por colonos. A despeito dessa escalada, os responsáveis raramente são punidos. 4.847 palestinos foram presos em 2022, maior média desde 2017. 743 estão submetidos a detenção administrativa em Israel, maior número desde 2008. Autoridades demoliram ou apreenderam 620 imóveis de propriedade palestina em 2022.

Relatório da UNICEF informava que 2022 havia sido o ano mais violento na Cisjordânia: 53 crianças palestinas e uma criança israelense foram mortas em atos de violência, e 1.049 ficaram feridas. Forças israelenses detiveram 434 menores.

Crescia a chamada "resistência" armada liderada por jovens que consideram o Hamas e a Jihad Islâmica "grupos ultrapassados". Facções armadas rompiam a cadeia de comando partidária. A nova geração deseja tornar-se "herói da mídia social".

Em nova pesquisa de opinião, realizada em dezembro, o *Palestinian Center* apontou apoio expressivo à formação de grupos armados autônomos – a exemplo da "Cova dos Leões", constituída em Nablus –, e descrença quanto à reconciliação intrapalestina. 72% dos entrevistados apoiavam a formação de grupos armados não subordinados à Autoridade Palestina, e 59% esperam que as milícias se disseminem na Cisjordânia.

Nas eleições israelenses de novembro de 2022, saiu vitorioso o bloco formado pelo Likud, de Benjamin Netanyahu, em coalizão com o Sionismo Religioso, dos ultranacionalistas Bezalel Smotrich e Itamar Ben Gvir, e os ultraortodoxos Shas e Judaísmo Unido da *Torah*.

A nova coalizão de governo revela a participação de líderes favoráveis à expansão dos assentamentos, à anexação dos territórios ocupados e maior contundência em relação à população árabe-israelense. O Ministro da Defesa, Benny Gantz, advertiu que a transferência de poderes militares na Cisjordânia (Judeia-Samaria) a Bezalel Smotrich, líder do partido sionista religioso, significaria o desmantelamento do sistema de segurança, levando a confrontos abertos com grupos palestinos.

Itamar Ben Gvir e Bezalel Smotrich chefiariam ministérios com atribuições em matéria de segurança. Ben Gvir seria nomeado ministro de Segurança Nacional, com autoridade sobre a polícia responsável pela Esplanada das Mesquitas / do Templo e a polícia de fronteiras, que atua em ações de segurança em Jerusalém Oriental e na Cisjordânia. Suas posições dariam "luz verde" para ações mais violentas das forças de segurança israelense ou colonos. A expectativa era a de maior permissividade e impunidade para a prática de atos violentos.

Em dezembro de 2022, o Escritório do Brasil em Ramallah já alertava, em comunicação oficial ao Itamaraty: o ano de 2023 – trigésimo aniversário dos acordos de Oslo – poderia tornar-se um dos mais violentos da história recente da Palestina. O recrudescimento do confronto na Cisjordânia, a multiplicação de atentados em *check points* e dentro de Israel, as violações de direitos humanos e as ameaças ao *status quo* de Jerusalém favoreciam ânimos extremistas e inviabilizavam vozes e iniciativas de diálogo. O posto afirmava também que a comunidade internacional se mostrava pouco operante, e o sistema multilateral, irrelevante no terreno.

Curiosamente, a Faixa de Gaza observava relativa calma no final de 2022. Diferentemente do que ocorreu em 2021, o Hamas absteve-se de envolvimento direto em conflagrações com Israel, que eram lançadas pela Jihad Islâmica. O comedimento do grupo islâmico, contudo, limitava-se a Gaza: sua liderança inflamava tensões na Cisjordânia, envolvendo-se nas ações de milícias supostamente independentes em Jenin e Nablus.

Brasília, Jerusalém, Ramallah e Beirute, janeiro a outubro de 2023

Como previsto, o ano de 2023 começou muito tenso. Cresceram os atentados e suas retaliações. Mortes na saída de sinagoga, atropelamentos em paradas de ônibus, incursões militares, lançamentos de foguetes, bombardeios, agressões e apedrejamentos.

Com a mudança de governo no Brasil, o Itamaraty retomou a posição histórica sobre a questão israelo-palestina em defesa dos parâmetros da ONU, inscritos em suas resoluções e nas regras do direito internacional. Nesse contexto, foi emitido, em fevereiro, Comunicado Conjunto de Argentina, Brasil, Chile e México sobre a expansão de assentamentos israelenses na Cisjordânia. Esses países assinalaram sua "profunda preocupação" com a decisão de Israel de legalizar nove postos avançados e construir dez mil casas em assentamentos na Cisjordânia. As "medidas unilaterais", sublinha o comunicado, "constituem graves violações do Direito Internacional e das resoluções do Conselho de Segurança", além de "contribuir para elevar as tensões atuais". Os governos expressaram oposição a qualquer ação que comprometa a "viabilidade da solução de dois Estados", na qual Israel e Palestina possam vir a "compartilhar fronteiras seguras e reconhecidas internacionalmente, respeitando as legítimas aspirações de ambos os povos de viver em paz". Ademais, pediam que as partes se abstivessem de "atos e provocações" que gerassem nova escalada de violência, e retomassem as negociações para uma solução pacífica do conflito.

Houve assassinato de colonos israelenses, e violenta reação de grupos de colonos contra cidades e aldeias palestinas, com incêndios e depredações, sem contenção das forças de segurança israelenses. Crescia a espiral de violência. Esses episódios se repetiriam em todo o ano de 2023 e em 2024.

Ações violentas inviabilizaram entendimentos buscados em reuniões diplomáticas e de segurança em Aqaba e Sharm El-Sheikh, das quais participaram Israel, Palestina, Jordânia, Egito e EUA. Aqueles encontros tentaram, sem êxito, retomar o canal político de diálogo e restabelecer um mínimo de confiança, evitando a escalada.

A opinião pública refletia o pessimismo. A já citada pesquisa *Palestinian-Israeli Pulse* revelou que a desconfiança recíproca atingira níveis muito elevados. Havia descrédito quase total na solução de dois Estados, e a oposição a uma agenda de paz se fortalecia. A maioria da população judaica apoiava apenas "um estado" com direitos assimétricos entre israelenses e palestinos, e crescia o apoio, nos dois grupos, à luta armada.

O mesmo percentual elevadíssimo (93%) de ambos os lados se considerava titular legítimo de toda a região entre o Jordão e o Mediterrâneo. Apesar disso, um terço dos judeus israelenses estaria de acordo em conceder direitos territoriais aos palestinos; apenas 7% dos palestinos estão dispostos a ceder aos israelenses.

O apoio a um processo de paz, que havia crescido entre 2016 e 2018, reduziu-se em 2022. Entre os palestinos, apenas 31% aspiravam a um acordo de paz. A flutuação entre os judeus foi maior: 36% em 2016 e 45% em 2018, caindo a 30% em 2022. Nota-se a visão diferenciada da população árabe-israelense, que apoia em 62% a agenda de paz.

O "pacote de paz" apresentado na pesquisa de opinião compreenderia o seguinte: um estado palestino desmilitarizado, recuo israelense para a "linha verde", trocas territoriais, reunião familiar em Israel para refugiados palestinos, Jerusalém Ocidental como capital de Israel e Jerusalém Oriental capital da Palestina, o bairro judeu e o Muro das Lamentações sob soberania israelense, os bairros cristão, muçulmano e a Esplanada das Mesquitas / do Templo sob soberania palestina, um Estado Palestino democrático, acordo de paz entre Israel e todos os Estados Árabes, garantia dos Estados Unidos e dos principais Estados árabes, fim do conflito e das reivindicações.

72% dos palestinos se opunham a esse pacote, e 62% dos judeus. Se considerados os árabes-israelenses, a oposição em Israel seria menor – a metade. O único item que contaria com apoio de metade da população judaica seria a existência de instituições civis conjuntas com palestinos, como houve durante o mandato britânico.

A maioria de judeus e palestinos considera que os Acordos de Abraão não solucionarão o conflito. Já a ideia de um acordo de paz como parte de um arranjo que envolvesse todos os Estados árabes teria o apoio de apenas 35% dos palestinos, mas de 58% dos judeus e 69% dos árabes-israelenses.

Para os judeus, ações palestinas para coibir ataques e a remoção do incitamento à violência em livros escolares palestinos são muito importantes. Para metade dos judeus, haveria disposição em permitir que palestinos de Jerusalém Leste votassem em eleições para a Autoridade Palestina.

Crescia o apoio, entre os palestinos, à luta armada (40%). Entretanto, apenas 4% dos árabes-israelenses apoiavam essa linha de ação. Também crescia o percentual dos judeus que apoiam a guerra contra os palestinos (26%). A resistência não-armada é apoiada por apenas 16% dos palestinos.

A grande maioria dos palestinos (60%) não acredita que a ação armada prejudica sua própria população de forma significativa. Os árabes-israelenses pensam o contrário.

Metade dos israelenses acredita que seu controle sobre palestinos na Cisjordânia não afeta a segurança de Israel, mas 39% julgam que isto afeta.

É digna de nota, nessa pesquisa de opinião, a diferença de visões e esperanças entre judeus e árabes-israelenses; entre judeus que moram dentro da "linha verde" e os "colonos" que moram na Cisjordânia; e entre palestinos da Cisjordânia e os de Gaza. Chama a atenção o baixo percentual de apoio de palestinos (em contraste com alto apoio de árabes-israelenses) aos elementos de um acordo de paz.

Um acordo que decrete o fim do conflito com o reconhecimento mútuo de Palestina e de Israel, sem reivindicações adicionais, com um Estado palestino que combata o terrorismo, é apoiado por 63% dos judeus e árabes-israelenses, mas apenas por 28% dos palestinos. Um Estado palestino desmilitarizado é apoiado por 47% de judeus e 37% de árabes-israelenses, mas por apenas 13% de palestinos.

Uma força multinacional na Palestina seria apoiada por apenas 34% de palestinos, mas por 53% de judeus e 57% de árabes-israelenses. A anexação de colônias israelenses compensada por trocas territoriais e evacuação de algumas colônias seria apoiada por apenas 24% de palestinos, 30% de judeus e 41% de árabes-israelenses. No que tange aos refugiados, 43% dos palestinos e 63% dos árabes-israelenses apoiam seu retorno, em nítido contraste com apenas 11% dos judeus.

Os árabes-israelenses são o grupo mais favorável (70%) a ações que promovam reconciliação entre judeus e palestinos. A maioria (56%) dos judeus também estaria de acordo. Os palestinos, por seu turno, rejeitariam tais ações (apenas 22% de apoio).

O Ministro das Finanças de Israel, Bezalel Smotrich, durante conferência em Paris, em março de 2023, negou a existência do povo palestino. Para Smotrich, líder do partido de extrema-direita

"Sionismo Religioso", os palestinos teriam sido "inventados" há cem anos, por árabes opostos ao movimento sionista. O discurso foi proferido a partir de palanque decorado com emblema da organização paramilitar *Irgun*, no qual há representação do mapa da "Grande Israel", que inclui porções dos territórios da Palestina e da Jordânia.

Inaugurei em março de 2023, juntamente com o prefeito de Belém, Hanna Hanania, escultura talhada em árvore de oliveira feita pelo empresário palestino Yusri Shalabi. O evento foi realizado na sede do *Bethlehem Peace Center*, na Praça da Manjedoura, em frente da Basílica da Natividade. O evento coincidiu com o Dia da Terra na Palestina. A escultura foi talhada em peça única de oliveira – árvore com profundo simbolismo –, com cenas da vida de Jesus Cristo e miniaturas de sítios sagrados de Jerusalém. O autor, casado com cidadã brasileira, é muçulmano, o que confere à obra conteúdo adicional de tolerância e respeito interreligioso.

O nível de tensões em torno da Esplanada das Mesquitas / do Templo aumentou em abril, às vésperas da Páscoa judaica. Pensávamos que o que viria a acontecer em 7 de outubro aconteceria naquela ocasião.

Em preparação para as "visitas" matinais de grupos judaicos, a polícia evacua a Mesquita de *Al Aqsa* na noite anterior, sob pretexto de desmobilizar militantes. Grupos lançam pedras e fogos de artifício em direção às forças de segurança, que respondem com gás lacrimogênio, bombas de efeito moral e balas de borracha. O Crescente Vermelho acusa os policiais de impedir o atendimento dos feridos. Centenas de manifestantes são detidos.

Em resposta, movimentos de Gaza dispararam foguetes em direção ao Sul de Israel, interceptados pelo sistema antimísseis "Domo de Ferro". Em retaliação, a força aérea israelense bombardeou depósitos de armas e campos de treinamento das Brigadas de Izz Ad-Din Al-Qassam, o braço armado do Hamas.

O Hamas entende haver imposto “nova equação de dissuasão” frente a Israel com a operação “Espada de Jerusalém” (maio de 2021), quando o movimento islâmico passou a se audo-designar defensor de Jerusalém e da Mesquita de *Al Aqsa*.

A violência atingiu o território israelense, com atentados a civis, com vítimas fatais, em Tel Aviv. Em resposta, Israel atacou o Sul do Líbano, de onde partiram disparos em direção ao país. Houve, também, ataques à região do Golã ocupado, a partir do território sírio.

Reunião de emergência realizada pelo Conselho de Segurança da ONU terminou – mais uma vez – sem declaração conjunta. Os Estados Unidos barraram, a pedido de Israel, iniciativa nesse sentido. A diplomacia israelense receava que o texto pudesse estabelecer equivalência entre as ações de suas forças de segurança e de grupos terroristas.

A despeito da escalada de tensões, foi possível evitar uma onda de violência generalizada. Os serviços de inteligência israelenses preveniram atentados terroristas; multiplicou-se o número de agentes de segurança nas ruas, muitos dos quais à paisana.

Mesmo com o afluxo de cerca de 130 mil muçulmanos a Al Aqsa e de 15 mil judeus ao Muro das Lamentações, além das dezenas de milhares de turistas cristãos que celebravam a Páscoa, não foram registrados incidentes graves na Cidade Antiga de Jerusalém.

As respostas de Israel aos ataques de Gaza e do Líbano foram relativamente proporcionais, com foco em alvos militares e em grupos palestinos. Os foguetes lançados a partir da Faixa tiveram alcance limitado, visando áreas do entorno imediato.

Avaliava-se, naquele momento, que as partes não tinham interesse em um conflito de larga escala. Foi possível evitar, em abril, uma espiral de violência que fugisse ao controle. Mas a tensão e suas causas continuariam presentes, e explodiriam em outubro.

Os Patriarcados Grego e Armênio e a Custódia da Terra Santa voltaram a criticar as restrições de público impostas pela polícia israelense para "Cerimônia do Fogo Sagrado", em abril de 2023, nas celebrações da Páscoa Ortodoxa. Barreiras impediram fiéis locais e peregrinos de participarem da cerimônia na Cidade Antiga de Jerusalém, principalmente no Santo Sepulcro, afrontando a liberdade de culto. O Patriarca Grego Ortodoxo, Teófilo III, descartou o argumento de que as restrições seriam por motivo de segurança: "a Igreja sempre administrou a segurança sem problemas. Impedir a liberdade religiosa de nossas comunidades é mais um exemplo do ambiente hostil que os cristãos enfrentam na Terra Santa".

Presenciei pessoalmente a ação da polícia no mesmo evento em 2021, que impediu a entrada de embaixadores, cônsules e diplomatas desde a Porta Nova da Cidade Antiga de Jerusalém.

A tradição do Fogo Sagrado data do início da cristandade. Trata-se de uma das cerimônias mais populares de Jerusalém, tolerada por árabes e otomanos por seu caráter festivo. A impressão dos fiéis é a de que policiais israelenses impõem medidas desproporcionais de segurança e coerção para "mostrar quem manda", em contraposição à permissão das marchas e visitas de judeus nacionalistas radicais, protegidos pelas forças de segurança. Vale ressaltar, entretanto, que a polícia israelense impediu a entrada destes últimos na Esplanada das Mesquitas / do Templo durante o período final do Ramadã, e que milhares de fiéis muçulmanos puderam ingressar no complexo de Al Aqsa (cerca de 200 mil compareceram à reza da sexta feira sem qualquer incidente).

Artigo publicado na revista *Foreign Affairs* sob o título "Israel's One-State Reality" revela que a atitude do público norte-americano em relação ao conflito tem mudado. O apoio à solução de dois Estados vem caindo, em favor de um Estado único e democrático, com direitos iguais para todos. A maior parte dos norte-americanos diz que favoreceria um Estado de Israel democrático, em vez de um Estado exclusivamente judeu. O apoio a Israel se fortaleceu entre republicanos (particularmente o público evangélico) e vem-se erodindo entre democratas (principalmente mais jovens).

No que tange à posição dos judeus norte-americanos, o campo que domina as maiores instituições judaicas norte-americanas manifesta firme lealdade a Israel. Outra parcela, no entanto, que integra o chamado *peace camp*, reconhece a estagnação do processo de paz e defende os direitos palestinos. Um terceiro campo, mais crítico, cresce à medida que a política israelense se move em direção à extrema-direita, por não se identificar com os valores desta corrente.

Nesse ambiente de polarização, cresce a pressão para que os Estados Unidos responsabilizem Israel pelas violações de direitos humanos. Uma das formas seria condicionar a ajuda militar e econômica norte-americana a Israel a medidas concretas para suspender a opressão militar sobre os palestinos.

Esse debate crescerá no contexto da venda de armas norte-americanas a Israel, durante a ofensiva a Gaza, e no debate presidencial de 2024.

Pesquisas de intenção de voto de abril de 2023 indicavam que, caso houvesse eleições em Israel, a coalizão liderada por Netanyahu deixaria o poder, e a oposição obteria número de assentos mais que suficiente para formar novo governo, com o ex-ministro da Defesa Benny Gantz como Primeiro Ministro. Novas eleições, entretanto, estão marcadas apenas para o fim de 2026.

Israel isolava-se internacionalmente, com o abalo das relações com os Estados Unidos e outros parceiros europeus tradicionais. Tanto a segurança quanto a economia encontravam-se em pior estado do que em 2022. A agência Moody's rebaixou a nota de crédito de Israel. A Arábia Saudita não apenas condicionou a normalização das relações com Israel ao estabelecimento do Estado Palestino, mas restabeleceu relações com o Irã, em movimento surpreendente patrocinado pela China.

A Anistia Internacional divulgou, em maio de 2023, relatório intitulado *Automated Apartheid* acerca do uso, por Israel, de tecnologia de reconhecimento facial para controlar o movimento de cidadãos palestinos. As novas ferramentas tecnológicas seriam utilizadas, segundo a ONG, para sustentar "regime de dominação e opressão" nos territórios palestinos ocupados, consolidando políticas de "segregação e discriminação".

A imprensa tem destacado o uso de ferramentas de vigilância por circuitos fechados de televisão e inteligência artificial. Em Hebron, *check points* são operados pelo sistema de reconhecimento facial *Red Wolf*, que escaneia rostos de palestinos, conectando as imagens com base de dados do sistema *Wolf Pack*. Essa base contém informações pessoais, incluindo foto, nome, endereço, licenças, membros da família, placas de veículos e condição de "procurados". O *Blue Wolf* é o aplicativo de *smartphone* utilizado pelas forças israelenses para acesso à base de dados *Wolf Pack*.

A ONG israelense *Breaking the Silence* denunciou que as forças de segurança de Israel incentivavam soldados a coletarem, por meio do aplicativo, fotos e dados pessoais de palestinos de forma aleatória. Para alimentar a base de dados, soldados invadem residências de famílias palestinas para coletar informações de seus moradores, além de semear o medo.

Em Jerusalém Oriental, o sistema de reconhecimento facial utilizado é o *Mabat* 2000, ao qual estão integradas câmeras de monitoramento instaladas na Cidade Antiga e bairros de seu entorno, assim como câmeras instaladas por agências privadas de segurança que prestam serviços para grupos de colonos que residem em imóveis encravados em bairros palestinos.

A ONG afirma que a presença dessas câmeras constitui "repressão digital".

Na Parte III, que trata da guerra de Gaza, serão apresentadas outras plataformas digitais de controle, monitoramento e ataque empregados pelas Forças de Defesa de Israel.

O Itamaraty emitiu nota na qual lamentou que em 2023, ano do 30º aniversário dos Acordos de Paz de Oslo, já se tenham registrado as mortes de mais de 100 palestinos e mais de 15 israelenses em conflito. Afirmou que a mera gestão do conflito não constitui alternativa viável para o encaminhamento da questão israelo-palestina, sendo urgente a retomada das negociações de paz.

Segundo o Escritório Central Palestino de Estatísticas, cerca de 100 mil palestinos teriam sido mortos no âmbito do conflito israelo-palestino desde 1948. 3.900 palestinos estariam presos em cadeias israelenses, incluindo 160 menores de idade e 31 mulheres. 890 encontram-se em detenção administrativa.

Esses números se multiplicarão com a guerra de Gaza.

O Escritório estima existirem 483 assentamentos, postos avançados e bases militares na Cisjordânia. A população de colonos ultrapassa 700 mil, dos quais 326 mil vivem em assentamentos em Jerusalém Oriental. Em toda a Cisjordânia, haveria 23 colonos para cada 100 palestinos, proporção que se eleva a 69, em Jerusalém Oriental.

Participei da inauguração do *Pelé International Stadium* em maio de 2023, na localidade de Al-Khader, próxima a Belém. O evento contou com a presença do Príncipe da Jordânia, Ali Bin Al-Hussein, do Sheik Hamad Bin Khalifa, do Catar, do Ministro dos Esportes da Palestina, Jibril Rajoub, do embaixador da Palestina no Brasil, Ibrahim Alzeben, além de dezenas de representantes do corpo diplomático e consular, líderes religiosos e integrantes da comunidade brasileira. O Presidente da FIFA, Gianni Infantino, cancelou sua participação na véspera do evento, aparentemente pressionado por autoridades israelenses. A inauguração foi marcada pela realização de partida amistosa entre as equipes olímpicas da Jordânia e da Palestina.

Foi realizada em maio, em Jerusalém Oriental, a “marcha das bandeiras”, evento organizado por grupos sionistas religiosos, no chamado “Dia de Jerusalém”, que celebra a ocupação da parte Leste da cidade em 1967. Houve episódios de violência e ações provocatórias de parte dos participantes, na maioria jovens, que entoaram cantos anti-árabes e intimidaram membros da imprensa. Antes da marcha, 1.200 representantes judaicos realizaram incursões à Esplanada das Mesquitas / do Templo.

Um dos meus objetivos no posto foi incrementar a relação comercial entre Brasil e Palestina. Organizamos, em maio de 2023, a primeira missão empresarial multissetorial palestina ao Brasil. A agenda foi preparada pela Câmara de Comércio Árabe-Brasileira, pela APEX-Brasil e pelo *Palestinian Businessmen Forum*, sediado em Hebron.

Tenho destacado a importância política, para a relação bilateral, que o mercado brasileiro conheça e compre mais produtos palestinos. Trata-se de forma concreta e efetiva de apoiar a sociedade local. Uma das iniciativas importantes nesse sentido será o depósito pelo Brasil, em 2024, do instrumento de ratificação do Acordo de Livre Comércio Mercosul-Palestina.

Participei de reunião da UNRWA em Beirute, em junho de 2023, e das visitas a campos de refugiados no Líbano. Se, na Palestina, a imagem de refugiado é heroica, nos países receptores, sobretudo no Líbano, ela é negativa, associada ao terrorismo e à pobreza / miséria. Entretanto, apesar de sua dependência de ajuda externa, os refugiados são produtivos, competitivos, empreendedores e desejam autonomia. Participei da visita aos campos de refugiados de Sidon, Tiro (Rashidieh) e de Trípoli (Nahr el-Bared). No Sul do país, era francamente ostensivo o controle territorial do Hezbollah.

Colonos israelenses realizaram, em junho, novos ataques a aldeias palestinas no Norte da Cisjordânia, qualificados como "atos de vingança" pela morte de quatro colonos israelenses. O principal ataque ocorreu em Turmus Ayya, onde reside parte da comunidade brasileira. 250 colonos invadiram aquela cidade, incendiaram veículos e residências, e atearam fogo a plantações. Forças israelenses dispersaram os jovens palestinos, um dos quais foi morto, e doze ficaram feridos. Um dos feridos é filho de cidadão brasileiro, de 15 anos de idade, baleado na cabeça e no ombro.

As Forças de Defesa de Israel qualificaram o ataque dos colonos como "terrorismo" e "episódio de terrorismo nacionalista", que crescem e levam palestinos "não previamente envolvidos com o terrorismo a cometerem atos terroristas".

Relatório da Comissão Independente de Inquérito das Nações Unidas sobre os Territórios Palestinos Ocupados e Israel acerca de ataques, restrições e incitação contra a sociedade civil, divulgado em junho, ressalta incidentes de deslegitimização da sociedade civil palestina com a intenção de silenciá-la, por meio de acusações de antissemitismo. Israel é acusada de fazer uso de sua legislação antiterrorismo para silenciar ONGs críticas à ocupação da Palestina.

O documento também sublinha o uso de ferramentas tecnológicas para monitorar as atividades de defensores de direitos humanos, tal como o "hackeamento" de celulares de representantes de ONGs palestinas por meio do programa *Pegasus*, *spyware* desenvolvido pela empresa israelense de segurança digital NOS.

A Autoridade Palestina, por seu turno, é acusada de alvejar ativistas e defensores dos direitos humanos com o objetivo de silenciar opiniões dissidentes. Quanto ao Hamas, o relatório acusa o movimento islâmico de reprimir opiniões dissidentes.

Ações militares israelenses de larga escala em Jenin prosseguiram em julho, provocando aumento no número de vítimas, deslocamento populacional de três mil refugiados, inclusive brasileiros, e destruição de infraestrutura e de dezenas de casas e prédios. A casa de uma família de brasileiros foi bombardeada.

A operação mobilizou quase dois mil soldados, ataques de drones e dezenas de carros blindados, tratores e bulldozers contra centro operacional da militância armada palestina, integrada por membros do Hamas, Jihad Islâmica, Fatah e agentes da "cova dos leões" da região de Nablus. O objetivo foi neutralizar militantes e capturar o arsenal ali armazenado, inclusive em uma mesquita.

Na semana seguinte à incursão militar israelense, realizei visita à cidade e ao campo de refugiados de Jenin para encontrar a comunidade brasileira e oferecer apoio humanitário e consular.

Na escola da UNRWA, visitei a classe de Hadil Nachneye, jovem palestina de 15 anos assassinada com tiro na cabeça por *sniper*, quando caminhava no pátio com seu uniforme de estudante.

O hospital de Jenin foi alvo de tiros e bombas de gás lacrimogêneo, uma das quais explodiu na sala de emergência. O Crescente Vermelho teve suas ambulâncias impedidas de terem acesso aos feridos.

Fiz ainda visita ao "Teatro da Liberdade", centro artístico do campo de refugiados inaugurado pela israelense Arna Mer Khamis. O diretor do teatro sublinhou a importância do estímulo às artes na vida de crianças refugiadas.

Percorri a pé o campo de refugiados e visitei residências de brasileiros afetadas pelas ações militares. Em nenhum momento senti insegurança, pelo contrário: testemunhei a imagem positiva e amistosa de que goza o Brasil junto aos populares palestinos, inclusive refugiados.

Em agosto, retornei a Jenin, no âmbito de um consulado itinerante, e apresentamos o filme brasileiro "Tainá" no "Teatro da Liberdade" para 60 crianças residentes no campo, alunos de escolas da UNRWA.

O muralista Eduardo Kobra comunicou-me seu desejo de realizar obra na Palestina e em Israel. Disse que, ao longo de sua carreira, sempre carregou a "bandeira do pacifismo" e procura transmitir, por meio de sua obra, mensagens de "fraternidade, respeito pelas crenças, coexistência, tolerância e busca constante pela paz". Acrescentou que "a obra só faria sentido pleno se pudermos executá-la em ambos os lados do Muro da Cisjordânia, ou seja, tanto no território israelense quanto no território palestino". Seu projeto é intitulado "Sonhos Amputados". "Defendo a coexistência de povos, etnias, religiões, diversidades. Defendo a tolerância entre todos. Defendo a paz. E quero que minha obra reflita sempre esses pensamentos, mas sem ferir os ideais e as razões dos envolvidos, porque eu também as respeito".

Por causa da guerra de Gaza, o projeto foi adiado.

O Comando Central das Forças de Defesa de Israel afirmou, em agosto de 2023, que israelenses na Cisjordânia estão enfrentando uma "onda de terror". 29 civis e 6 soldados foram mortos desde o início daquele ano, mais do que em todo o ano de 2022. Em paralelo ao aumento de ataques contra israelenses residentes na Cisjordânia, crescem ataques de colonos contra palestinos e cidades palestinas, encorajados publicamente por autoridades e políticos.

Na área cultural, o Escritório do Brasil em Ramallah promoveu, na semana do 7 setembro, seminário virtual sobre a influência da língua árabe na língua portuguesa, com o apoio da Fundação Alexandre de Gusmão e da Câmara Árabe Brasileira de Comércio.

Na ocasião, ressaltei a importância da cultura árabe na matriz histórica e cultural do Brasil, que remonta ao século XVI, tal como ensinado pela antropologia de Gilberto Freyre. Mencionei termos árabes em topônimos, na culinária e em outras áreas. O embaixador da Palestina no Brasil, Ibrahim Alzeben, sublinhou a importância da língua como elemento restaurador de pontes culturais e combateu a islamofobia. Houve palestras de professores da UFRJ e da Universidade do Minho (Portugal), e da Conselheira

Claudia Assaf, que falou sobre sua vivência no Golfo e sua experiência como diplomata. A diretora da editora Tabla, Laura di Pietro, discorreu sobre o projeto editorial de sua empresa, com foco na tradução em publicação de autores do Oriente Médio e do Norte da África, especialmente da literatura árabe.

O Escritório do Brasil também lançou o projeto "Brasileirinhos na Palestina – (re)descobrindo a língua e a cultura brasileira". Em parceria com o Conselho de Cidadãos, o projeto tem como objetivo o ensino do português como língua de herança para crianças binacionais brasileiro-palestinas.

Trabalhadores da indústria da tecnologia, em São Francisco (EUA), manifestaram-se contra contrato entre empresas norte-americanas e o governo israelense, argumentando que poderia apoiar o *apartheid* no território palestino ocupado. Funcionários da Google criticaram o projeto Nimbus, que envolve também a Amazon: trata-se do fornecimento de serviços de "computação em nuvem" ao governo israelense, incluindo sua estrutura de defesa e sistema de vigilância.

Autoridades educacionais de Israel adotam medidas para "estimular" as escolas árabes da porção oriental da cidade a adotarem o currículo israelense. Críticos acusam que a imposição do currículo israelense a crianças árabes-palestinas visa "apagar" sua identidade e impor uma barreira cultural em relação ao restante da Cisjordânia. As escolas que aceitam o currículo são beneficiadas com investimentos e melhorias, ao passo que as que se recusam não recebem recursos adequados.

Relatório publicado pelo Escritório das Nações Unidas para a Coordenação de Assuntos Humanitários (OCHA), divulgado em setembro, aborda o aumento dos casos de transferências populacionais na Cisjordânia, em razão da violência de colonos e de medidas administrativas adotadas por Israel. Desde 2022, 1.105 pessoas, de 28 comunidades, foram desalojadas de suas residências na Cisjordânia. Quatro comunidades foram inteiramente despovoadas e outras seis perderam mais de 50% dos residentes. A mais significativa parcela dos deslocados pertencia a vilarejos pastoris nas regiões de Ramallah, Nablus e Hebron.

O relatório acusa colonos de poluir, vandalizar e tomar posse de fontes de água, sem punição por seus atos. O relatório também assinala restrições de acesso a áreas de pastagens e confiscos de terra, por meio da definição de áreas estatais e zonas militares para garantir a proteção de assentamentos.

Tamir Pardo, ex-chefe do Mossad, afirmou existir sistema de *apartheid* na Cisjordânia ocupada: "quando, em um mesmo território, dois povos são julgados sob dois sistemas legais diferentes, isso é *apartheid*". Pardo referia-se à duplicidade de regimes jurídicos em vigor: colonos israelenses que cometem infrações na Cisjordânia respondem à justiça civil israelense, como se estivessem em Israel, ao passo que palestinos da Cisjordânia respondem à justiça militar israelense.

A UNESCO designou, em setembro, as ruínas de *Tel Al Sultan*, em Jericó, como patrimônio mundial no Estado da Palestina. O governo israelense reagiu de forma dura à decisão, que considerou "sinal a mais do uso cínico da UNESCO pelos palestinos e da politização da organização". O ministro do Patrimônio de Israel, Amichai Eliyahu, recordou que os sítios arqueológicos em Jericó têm conexão com o povo judeu.

Persistiram numerosas incursões à Esplanada das Mesquitas, que ganharam volume no período de feriados judaicos (Sukkot, Rosh Hashaná e Yom Kippur). Em um dia, 1.435 colonos invadiram o complexo de Al Aqsa, em ação promovida por religiosos extremistas e sob intensa proteção policial.

As anotações a partir de outubro de 2023 a agosto de 2024, com ênfase na guerra de Gaza, serão apresentadas na Parte III logo a seguir.

PARTE III

A GUERRA DE GAZA: RESGATE DOS BRASILEIROS E ABISMO HUMANITÁRIO

Porque Gaza será desamparada, e Ascalom assolada; Asdode ao meio-dia será expelida, e Ecrom será desarraigada. Ai dos habitantes da costa do mar, a nação dos quereteus! A palavra do Senhor será contra vós, ó Canaã, terra dos filisteus; e eu vos destruirei, até que não haja morador.

Sofonias 2: 4-5

O raio da bomba eram trinta centímetros, e o raio de seu alcance efetivo, sete metros, contendo quatro mortos e onze feridos. E ao redor deles, num círculo maior de dor e tempo, estão espalhados dois hospitais e um cemitério. Mas a moça, enterrada no lugar de onde veio, há uns cem quilômetros daqui, aumenta bem o círculo. E o homem solitário chorando essa morte nas províncias de uma terra do Mediterrâneo, inclui no círculo o mundo todo. E vou omitir o prantear de órfãos, que alcança o trono de Deus e vai além, e amplia o círculo pro sem fim e pro sem Deus.

Yehuda Amichai

Terrorismo e punição coletiva

Terrorismo é covardia. Não há nada de heroico em massacrar crianças, jovens, mulheres e idosos.

Nenhum Deus poderoso admitiria em seus exércitos e fileiras soldados covardes, que matam civis inocentes, não combatentes. Fazer terrorismo é desonrar Deus, qualquer que seja o Nome que Lhe chamem seus fiéis. Ele não precisa de ações vergonhosas para realizar seus propósitos na História.

Os ataques de 7 de outubro de 2023 foram expressão do terrorismo.

O direito de defesa é um dos princípios basilares do direito internacional, expressamente consignado na Carta da ONU, artigo 51. Trata-se do *ius ad bellum*, direito de fazer guerra. Israel tem o legítimo direito de defender-se do terrorismo e de agressões externas, como qualquer outro Estado.

As guerras fabricam monstros e vítimas desumanizadas. É lugar comum dizer que a verdade é a primeira vítima da guerra. Mas creio que a guerra, que nasce da própria natureza violenta do homem, faz da condição humana sua primeira vítima – sua própria sustentabilidade e sobrevivência como espécie.

Dito isto, o direito de defesa e a guerra têm regras. Não podem ser exercidos sem limites nem princípios. Trata-se do *ius in bello*, direito de *como* fazer guerra.

Inter arma caritas (em meio às armas, caridade). Este é o lema do Comitê Internacional da Cruz Vermelha, criado em 1863, após a batalha de Solferino[17]. Os antecedentes do direito

---

17 Na batalha de Solferino, em 1859, os exércitos da França e da Itália ainda em formação derrotaram a Áustria. O alto número de baixas (5,5 mil mortos, 23,3 mil feridos, 11,5 mil capturados ou feridos, posteriormente baionetados

humanitário,[18] presentes em regras medievais da Igreja para a guerra, se desenvolveram na forma de princípios humanitários, com a importante contribuição da Cruz Vermelha, e foram codificados nas convenções da Haia e Genebra – após os horrores da Segunda Guerra Mundial.

Os princípios de distinção (entre combatentes e não combatentes), proporcionalidade (no uso da força, para não atingir civis) e precaução (para proteger a população civil e evitar infringir sofrimentos desnecessários aos objetivos militares) foram consagrados como pilares da "guerra civilizada", para que jamais se repetissem os absurdos das duas grandes guerras do século XX.

Pode-se objetar que não é possível fazer uma "guerra civilizada" contra o terrorismo, por sua natureza assimétrica, criminosa e furtiva. Como se verá nesta seção, entretanto, a magnitude das baixas civis resultante das violações do direito humanitário cometidas contra mulheres, crianças, médicos, enfermeiros, ambulâncias, jornalistas, hospitais, escolas, professores, instituições e logística de ajuda humanitária de alimentação e saúde, destruição de habitações e infraestrutura e assim por diante indicam que as ações militares foram além do necessário para a autodefesa e retaliação contra o terrorismo do Hamas, e tampouco se explicam pela prática dos "escudos humanos".

---

ou baleados) provocou forte comoção mundial, levando à criação da Cruz Vermelha, sob iniciativa de Henri Dunant.

18 A primeira referência a regras éticas no campo de batalha talvez seja a do livro mítico de Mahabharata, que relata uma guerra fratricida (entre os primos Pandavas e Kauravas) ocorrida na Índia no século XIV a.C. Na ocasião, as partes beligerantes acordaram que "convém conduzir a guerra de forma nobre", com equivalência de armas e regras de engajamento: carros contra carros, elefantes contra elefantes, cavalos contra cavalos, regras para os duelos no campo de batalha, não se deviam atacar feridos ou em fuga, nem os encarregados da logística etc.

Em 1948, a comunidade internacional adotou a Convenção sobre o Combate ao Genocídio, uma resposta aos horrores do Holocausto. No mesmo ano, iniciou-se o primeiro conflito árabe-israelense.

O direito de defesa por meio do uso da força deve ser exercido, portanto, sem cometer crimes de guerra e crimes contra a humanidade. Essa foi uma das grandes conquistas da civilização no século XX. Não pode ser revogada no século XXI.

A ação terrorista do Hamas no dia 7 de outubro resultou em 1.112 mortos do lado israelense (70% civis), incluindo 33 crianças, e na tomada cerca de 250 reféns. 892 militares israelenses foram mortos, e 1.610 feridos. 121 reféns foram libertados, e cerca de 70 continuavam em Gaza (entre os quais, provavelmente, cerca de 40 mortos em cativeiro) até o momento em que escrevo, fins de janeiro de 2025. Fotos e nomes dos reféns estavam em todas as partes, desde o aeroporto de Ben Gurion até nas ruas, prédios, acampamentos nas praças e manifestações. Fitas amarelas e cartazes pediam *Bring them home now!* A repercussão da guerra na região também causou, nas primeiras semanas, a morte de 33 israelenses na Cisjordânia e Jerusalém, e de 49 na fronteira com o Líbano, por ataques do Hezbollah.

A sociedade israelense, horrorizada, relembrou a dor profunda da experiência traumática do Holocausto, e a perseguição e tentativa de aniquilação que sempre acompanharam sua história, desde a Antiguidade e a Idade Média até a II Guerra Mundial. A reação imediata foi de união e luta pela sua própria existência e sobrevivência, e pela defesa do Estado de Israel.

Em retaliação, Israel lançou mais de 82 mil toneladas de explosivos sobre a Faixa de Gaza, equivalentes a mais de 5 bombas de Hiroshima ou 4 bombas de Nagazaki, causando:[19]

---

19 Dados atualizados até 21/1/2025. Fontes: Ministério da Saúde da Autoridade *de facto* de Gaza, UNRWA, UNSCO, OCHA, UNICEF, PNUD, UN Women e Comitê para a Proteção dos Jornalistas.

– 47.035 mortos[20] (mais de 2% da população), dos quais cerca de 17.000 crianças (incluindo 115 recém-nascidas e mais de 700 bebês) e mais de 11.100 mulheres;

– 111.091 feridos;

– 10.000 desaparecidos;

– 885 médicos e profissionais de saúde mortos, 130 ambulâncias destruídas;

– 287 trabalhadores humanitários mortos, incluindo 265 funcionários da ONU;

– 202 jornalistas e profissionais de imprensa mortos, e mais de 70 feridos;

– 1,9 milhão de pessoas deslocadas (90% da população, a maioria das quais mais de 10 vezes);

– 1,7 milhão em abrigos de emergência, dos quais 155 improvisados pela UNRWA;

– 1,1 milhão sofrem de níveis muito agudos de fome, e 43.300 crianças de 6-9 meses sofrem de desnutrição;

– 12.790 estudantes mortos e 21.026 feridos;

– 504 professores e profissionais de educação mortos e 342 feridos em Gaza e na Cisjordânia;

– 425 escolas e universidades destruídas, e 620.000 estudantes sem aulas.

---

20 A título de comparação, segundo o Monitor da Violência, o número de mortes violentas no Brasil por ano é quase equivalente ao da guerra de Gaza: 41,1 mil em 2022, e 39,5 mil em 2023.

70% dos mortos e feridos são mulheres e crianças. Calcula-se em 17 mil o número de crianças órfãs, abandonadas ou perdidas, separadas de suas famílias.

Segundo a ONU, 92% das residências da Faixa de Gaza foram destruídas, e serão necessários 15 anos para remover todos os escombros, resultantes do bombardeamento intenso. Calcula-se haver mais de 40 milhões de toneladas de entulho, com corpos soterrados e artefatos explosivos não detonados, o que torna mais perigoso o trabalho de remoção.

Os números demonstram que, ao exercer seu direito de defesa, Israel aplicou punição coletiva contra a população de Gaza, usando força desproporcional, desconsiderando os princípios de distinção entre beligerantes e não beligerantes, e de precaução no uso da força, pilares do direito humanitário.

O Presidente Joe Biden revelou que havia telefonado para o Primeiro-Ministro Benjamin Netanyahu para pedir cuidado com a população civil na retaliação militar. Este último respondeu que os EUA não tinham se preocupado com isso ao atacarem a Alemanha e o Japão na Segunda Guerra Mundial, ao que Biden respondeu que por isso mesmo havia sido criada a ONU, para evitar que a destruição de civis inocentes ocorresse nas guerras futuras.

O chefe do COGAT (*Coordinator of Government Activities in the Territories*), agência israelense responsável pela administração dos territórios palestinos ocupados, Ghassan Alian, afirmou: "Israel impôs um bloqueio total a Gaza. Não terão eletricidade ou água, apenas destruição. Se querem o inferno, vão ter o inferno".

Em paralelo, na Cisjordânia, aumentou vertiginosamente a violência do exército e dos colonos israelenses nos campos e cidades com mortes, espancamentos, vandalismo, prisões, torturas, incêndios, demolições. Desde o 7 de outubro, foram mortos na Cisjordânia, incluindo Jerusalém Leste, mais de 700 palestinos, incluindo 160 crianças. A ONG israelense *B'Tzelem* denunciou que cerca de 10.000 prisioneiros palestinos sofrem abuso físico e psicológico em "campos de tortura" israelenses.

Em um pronunciamento no início do conflito, o Primeiro-Ministro Netanyahu comprometeu-se a "vingar-se das atrocidades cometidas contra o povo israelense" e afirmou que Israel "transformará em ruínas todos os lugares em que o Hamas atua". O Hamas seria responsabilizado pelas autoridades israelenses por tudo o que viesse a acontecer com a população de Gaza.

De sua parte, a "Ministra de Estado" da Chancelaria Palestina, Varsen Aghabekian, afirmou que se trata de uma "guerra de vingança", uma punição coletiva contra a população civil palestina.

Punição coletiva é prática comum nos territórios palestinos ocupados. A cada crime cometido por um palestino contra um israelense, casas de famílias são destruídas, parentes perdem documentos, acusados são presos e torturados, pessoas são deslocadas de suas regiões.

O argumento de que há punição coletiva em Gaza é contestado por Israel de duas formas: o Hamas usa escudos humanos; danos colaterais são inevitáveis numa guerra. O *Tzahal* (Forças de Defesa de Israel) estaria fazendo de tudo ao seu alcance para proteger a população civil. Os mais radicais afirmam que a população palestina é cúmplice, não há inocentes, pois a maioria apoia o Hamas.

Os que contestam os argumentos acima afirmam que, se bem que o movimento islâmico empregue, de fato, escudos humanos, e que danos colaterais sejam efeitos inevitáveis da guerra, os números superlativos de vítimas não se explicam por aqueles fatores. A magnitude de baixas civis não é mero efeito de "danos colaterais" ou "escudos humanos", e certamente as forças armadas de Israel não se esmeraram em evitar danos humanos colaterais. Diante da sofisticação tecnológica empregada pelas forças armadas israelenses e da alta letalidade do material bélico empregado, sem falar nos ataques precisos dos *snipers* contra crianças e mulheres, trata-se de um resultado consciente e deliberado.

O grande volume de vítimas se explica pelo uso desproporcional da força, por meio da escolha do tipo de bombas, da multiplicação eletrônica dos alvos e do relaxamento das regras de engajamento militar, sem precaução ou distinção entre civis e combatentes – pressupostos de crimes de guerra.

Contextualizar não implica justificar. Nada justifica o terrorismo, nem sua exaltação épica. Mais uma vez, terrorismo é covardia. Contextualizar significa entender as causas justamente para que a violência seja corrigida e não se repita. Os ataques terroristas são injustificáveis e moralmente condenáveis, e precisam ser investigados e punidos. Entretanto, como disse o Secretário Geral da ONU António Guterrez, aqueles atos terroristas não ocorreram num vácuo.

Deve-se buscar uma solução para o problema, resolvendo suas causas, e não aprofundar os fatores que geraram os próprios atos terroristas, tornando o problema ainda mais insolúvel. A retaliação descontrolada apenas multiplica o número de revoltados, que procurarão vingança, em uma espiral infinita de violência e ódio.

O anúncio do cessar-fogo, em 15 de janeiro de 2025, em nada resolveu as raízes do problema, que tenderão a gerar mais violência, como tem ocorrido nas últimas décadas.

Na madrugada de sete de outubro de 2023, eu estava em casa, em Brasília, assistindo a um filme com minha família, quando o aplicativo *Red Alert* começou a disparar freneticamente alertas de foguetes em meu celular. Esse aplicativo avisa quando há ataques de foguetes e indica quanto tempo há para refugiar-se em um abrigo – entre 15 e 90 segundos, dependendo da localização.

O Hamas atacou durante a comemoração judaica da Festa dos Tabernáculos. A ação terrorista foi intitulada "Dilúvio de Al Aqsa", referência à Mesquita do *Haram al-Sharif*, em Jerusalém. A data, além disso, coincidiu com os 50 anos da Guerra do Yom Kippur, de 1973.

Comecei a ver, nas redes sociais, fotos e vídeos inacreditáveis. Dessa vez, o Hamas não "apenas" lançou foguetes, como de costume, mas estava invadindo por terra. Derrubou cercas, dinamitou muros, invadiu postos de controle, roubou carros blindados e colocou suas bandeiras em tanques de guerra israelenses. Grande afronta simbólica ao poderoso exército israelense.

Os vídeos eram terríveis. Famílias israelenses em *kibutzim* e vilarejos atônitas, membros do Hamas em picapes, motos ou a pé dando tiros de fuzil livremente nas ruas e estradas e raptando pessoas, entre famílias e soldados, que eram arrastadas, espancadas e colocadas aos gritos dentro de carros e levadas como reféns. Militantes encapuzados sobrevoavam o solo israelense com parapentes. Soldados e civis israelenses eram amarrados e massacrados. Famílias com crianças eram trucidadas em suas casas e nas ruas. Tanque israelense Merkava foi bombardeado com drone. Terroristas retiravam soldados de tanques queimados e desfilavam, de volta a Gaza, em carros militares israelenses.

Lembrei-me da guerra do Yom Kippur. Como Israel pôde ser pego de surpresa de novo?

Nas horas que se seguiram, a dimensão dos ataques terroristas foi se tornando mais clara. O Hamas havia lançado ataque coordenado sem precedentes contra Israel. Centenas de foguetes foram lançados ao entorno de Gaza, para o Norte, em direção a Tel Aviv, e para o Leste, no deserto do Neguev. A barragem de pelo menos cinco mil foguetes era cobertura para invasão de mais de 1.100 homens armados sobre o território israelense, "por terra, mar e ar".

Multiplicavam-se notícias de centenas de mortos e feridos israelenses, entre civis e militares, e sequestros de reféns. Denúncias de estupros, além dos massacres e reféns, geraram clamor mundial de repúdio e exigência de uma resposta imediata, contundente e devastadora contra o Hamas.

As estruturas de inteligência e segurança israelenses pareciam ter sido pegas de surpresa, e se comprovaram despreparadas para ataque com esse perfil e ousadia. Entretanto, como se verá abaixo, há denúncias de que alertas sobre a iminência de um ataque dessas proporções não foram levadas a sério pelas autoridades.

Em poucas horas, como previsto, teve início a retaliação de Israel, denominada operação "Espada de Ferro". Começava o segundo conflito mais longo do Estado de Israel, atrás apenas da primeira guerra árabe-israelense, a "guerra de independência".

Começava também o drama dos reféns capturados, que seriam tratados como prisioneiros de guerra, cuja troca por líderes encarcerados em Israel seria penosamente negociada.

O sentimento de coesão da sociedade israelense, profundamente chocada e horrorizada, rapidamente suplantou a crise política dos meses anteriores. A opinião pública, que estava dividida em relação à reforma do Judiciário e às acusações contra Benjamin Netanyahu, uniu-se na guerra.

O comandante das Brigadas *Izz al-Din al-Qassam* (braço armado do Hamas) afirmou que a operação era resposta às incursões de judeus na Mesquita de Al Aqsa e aos assassinatos de militantes palestinos na Cisjordânia. Apelou, também, aos "irmãos" em países árabes que se unissem à resistência (mencionou explicitamente Líbano, Iraque, Síria, Iêmen, Argélia, Marrocos, Jordânia e Egito) – o que não aconteceu.

Analistas comentaram que um dos motivos teria sido a influência do Irã sobre o Hamas para sabotar a iniciativa de normalização entre Israel e Arábia Saudita. Com a guerra, de fato, esse acordo se tornou inviável no curto prazo.

A situação na Cisjordânia ficou ainda mais tensa. Militantes do Hamas desfilaram com bandeiras em Ramallah. Percebia-se um sentimento de "orgulho" pela demonstração de força frente à "potência ocupante".

Nosso setor consular do Escritório do Brasil em Ramallah imediatamente entrou em contato com membros da comunidade brasileira em Gaza, para saber como estavam. Felizmente, todos em segurança, mas muito conscientes e temerosos de que haveria escalada. Também consultei no mesmo dia a Presidente do Conselho de Cidadãos Brasileiros na Palestina, Fatima Hashid Hamayel, que informou que a comunidade na Cisjordânia estava apreensiva com a possibilidade de escalada da violência. Estava claro, para mim, que devíamos dar início imediatamente ao planejamento e execução da evacuação dos brasileiros e suas famílias de Gaza. Tínhamos que agir rápido.

No dia seguinte aos ataques, 8 de outubro, já tínhamos a lista preliminar dos nacionais a serem retirados de Gaza, e iniciamos a preparação logística e a formalização de sua saída junto às autoridades de fato de Gaza e aos governos do Egito e de Israel, como será visto abaixo.

Gaza foi destruída e reconstruída em 2002, 2008, 2011, 2014, 2021 e 2023/5.

A Faixa tinha 560 km² em 1948, mas sua área foi reduzida para 365 km². A grande maioria de sua população é constituída de refugiados de outras áreas da Palestina, de onde foram expulsos desde 1948. Gerações de deslocados, filhos, netos, bisnetos, forçados a se deslocar mais vezes, especialmente durante a última guerra. É muito provável que Israel amplie sua presença e seu controle militar sobre a Faixa, reduzindo ainda mais a área disponível para mais de 2 milhões de habitantes – que não sairão de lá, como novos refugiados.

Autoridades israelenses argumentam que, quando houve a retirada unilateral de Gaza em 2005, por Ariel Sharon, com a destruição de assentamentos e a saída de milhares de colonos, aquela Faixa ganhou autonomia e poderia ter-se desenvolvido. Poderia ter construído infraestrutura e instituições para o bem-estar de sua população, contando com recursos externos (Catar, cooperação internacional). Entretanto, a liderança islâmica optou por radicalizar-se e atacar Israel. Esse precedente é apontado como algo a ser evitado na Cisjordânia: a independência da Palestina acabaria por também gerar um "Estado terrorista" de magnitude maior. O Primeiro-Ministro Netahyahu faz referências a um futuro "Hamastão" ou "Fatahstão", a serem evitados.

As eleições legislativas de 2006 na Palestina foram vencidas pelo Hamas. Diante do repúdio das grandes potências, que não aceitaram o resultado das urnas, o movimento islâmico não pôde assumir o poder em escala "nacional" palestina, e se encastelou em Gaza. O Hamas expulsou o grupo rival Fatah da Faixa, e impôs regime autoritário religioso extremista e hostil a Israel.

Críticos da posição israelense argumentam que Israel jamais permitiu que Gaza fosse parte integrante da Palestina, e tudo fez para fracionar o territorial e politicamente a possibilidade de um futuro Estado Palestino. Para isso, estimulou a consolidação do Hamas desde os anos 1980, para contrapor o movimento islâmico ao seu adversário laico, o Fatah. Contestam também a suposta "autonomia" e "abundância de recursos" externos, lembrando que a Faixa é objeto de bloqueio econômico desde 2006, o que a tornou uma prisão a céu aberto, com uma das taxas de miséria mais elevadas do mundo.

Do ponto de vista estratégico, ao retirar cidadãos israelenses da Faixa em 2005, não haveria mais necessidade de operações terrestres (*boots on the ground*), que gerariam baixas militares; os ataques poderiam ser feitos por via aérea. Essa perspectiva foi completamente modificada com a guerra de Gaza, que impôs a presença terrestre de Israel na Faixa. Na Cisjordânia, ao contrário, as incursões necessitariam continuar sendo feitas por via terrestre.

Amigo meu, cristão de Gaza, que estava abrigado com sua família na paróquia católica da Sagrada Família, onde fazíamos sempre os consulados itinerantes, foi ferido com sua família e teve sua sogra e tia mortas por *sniper* israelense quando atravessavam o pátio da escola para irem ao banheiro. Escrevi para ele, para demonstrar nosso sentimento e preocupação. Sua resposta: "Thank you very much for the interest, but thank God we are fine. My grandmother and aunt were sniped by the occupation. Me, my uncle, his wife, and my cousins were targeted by snipers and bombs, and we were all injured". Meu conceito de *we are fine* está transformado para sempre com o parâmetro dado por aquele meu amigo.

Os habitantes de Gaza clamam *Hasbia Allah* ("Deus é suficiente para mim") nas ruas, em prantos de desespero, em meio ao caos e à destruição de suas famílias e casas. Cobram justiça de Allah contra os "agressores", contra os países árabes que não lhes defendem e contra a comunidade internacional. Amaldiçoam seus algozes, recordando que haverá um juízo final diante de Deus. E persistem, teimando em sobreviver.

Em abril de 2024, seis meses depois do início do conflito, começaram a circular imagens de uma busca penosíssima de normalidade no ambiente de devastação. Ceias de *Ramadan* em casas destruídas, rezas diante de mesquitas bombardeadas, um motorista que dirige seu carro espatifado, mas com motor funcionando, escolas infantis em tendas, filas em padaria, famílias indo para as praias com crianças, multidões de refugiados caminhando estropiados para o que restou de suas casas bombardeadas ou perambulando entre "zonas humanitárias seguras" que continuam sendo bombardeadas, crianças de rua vendendo doces e salgados em troca de moedas para sustento da família...

Mas continuaram circulando vídeos de crianças e adultos mortos em ataques aéreos, pais e mães desesperados com seus filhos e maridos mortos nos hospitais, valas comuns, crianças desesperadas de fome, mais devastação.

Fez-se vasto emprego, na guerra de Gaza, de "operações psicológicas", bem conhecidas das doutrinas militares de qualquer país.[21] As "operações psicológicas" são a instrumentalização da boataria e das *fake News* para fins estratégicos. Segundo a doutrina militar, tais operações servem para gerar na opinião pública – interna e externa – um estado de espírito voltado a legitimar e justificar o emprego da força para fins político-estratégicos. Afinal, a guerra é um instrumento político, e não um fenômeno apenas militar, como ensinam Samuel Huntington e Clausewitz.

Sua função é produzir adesão do público, apelando para motivações como tradições e experiências históricas, ambições políticas, mágoas, ressentimentos e desejos de vingança e conquista. Sua força está no apelo emocional que desperta, e na capacidade de catalisar reações e sentimentos favoráveis aos objetivos.

Segundo os manuais militares, as operações psicológicas se manifestam no plano argumentativo e de narrativas mediante a elaboração de um discurso coerente voltado para estimular emoções. Um conjunto de chavões, frases-síntese, *slogans* que geram estado emocional, condicionamento psíquico e adesão do público. As frases e ideias devem ser "prontas para pensar, consumir e repetir", auto-evidentes, avessas a qualquer questionamento. Devem ser diretas, simples, incisivas, capazes de ser repetidas até se tornarem expressões da verdade inquestionável e produzirem a reação desejada. Símbolos são empregados para representar ideias-força.

A retórica é um campo poderoso de batalha no conflito israelo-palestino. Seu objetivo não é expor a verdade histórica, científico-antropológica ou arqueológica, mas sensibilizar, impressionar,

---

21 As "operações psicológicas" são tão "naturais" na doutrina militar que fazem parte do organograma das Forças Armadas. O público brasileiro se deu conta disto de forma curiosa ao saber, pela imprensa, que o diretor do Batalhão de Operações Psicológicas em Goiânia, um tenente-coronel, desmaiou ao ser abordado pela Polícia Federal em fevereiro de 2024, no contexto da investigação sobre a tentativa de golpe em 2023.

convencer, apelando aos sentimentos, e não à razão, para objetivos políticos. O fato de lidar com questões religiosas, étnicas e de justiça torna o argumento ainda mais permeável à dimensão emocional.

Cada lado do conflito usa a retórica, com diferentes graus de mobilização de recursos financeiros e apoio governamental ou privado, para convencer a opinião pública da justiça de suas causas.

As "operações psicológicas" na opinião pública mundial foram largamente utilizadas nas guerras do Iraque e da Síria, quando acusações de posse de armas químicas jamais foram comprovadas. Na guerra de Gaza, também houve acusações de uso de *fake news*, notícias e depoimentos artificiais, vídeos arranjados, "provas plantadas", entre outras, para manipulação da opinião pública.

As redes sociais e a mídia de massa, nacional e internacional, foram instrumentais para as operações psicológicas da guerra de Gaza. No campo oposto, mostrando a realidade do terreno, posicionou-se o perigosíssimo trabalho da imprensa, tanto privada quanto livre, além das mídias sociais (*WhatsApp, Instagram, Tik Tok*).

A mídia privada e independente teve acesso vetado para comprovar a veracidade de algumas notícias. 202 jornalistas e profissionais de imprensa foram mortos, e dezenas feridos. Segundo o Comitê para a Proteção dos Jornalistas, esse foi o conflito mais mortal para jornalistas.

Em um caso, um *cameraman* da *Al Jazeera* atingido por *drone* israelense foi deixado sangrando até a morte por mais de cinco horas, enquanto soldados impediam que ambulâncias e equipes de resgate chegassem até ele.

Vídeos e relatos dramáticos circulavam, acessíveis a todos os celulares, mas não eram divulgados pela *mainstream media*. Os algoritmos se encarregavam de alimentar os consumidores com seus posicionamentos já tomados, retroalimentando o sistema, sem espaço para o questionamento crítico e a realidade do outro.

As "operações psicológicas" sugeriam, nas primeiras semanas, que as baixas civis e bombardeios de hospitais seriam resultado de foguetes do próprio Hamas – o que foi diversas vezes confrontado por imagens e "assinaturas sonoras" dos mísseis israelenses de fabricação norte-americana.

Divulgou-se a notícia de que bebês haviam sido decapitados e hospitais e escolas eram usados como centros militares do Hamas, o que justificaria o bombardeio desses lugares lotados de civis, mas investigações posteriores, inclusive da imprensa ocidental, demonstraram que a quase totalidade dessas acusações eram improcedentes, e algumas "evidências" haviam sido fabricadas.

Não se comprovou que hospitais tenham servido de centros de operações militares. O número de armas encontradas nos hospitais era pequeno, incompatível com centros de comando. A imprensa internacional apontou inconsistências nas imagens de descobertas de armas divulgadas pelos canais oficiais militares de Israel.

Segundo o ex-Primeiro-Ministro Ehud Barak, alguns dos *bunkers* do hospital al-Shifa haviam sido construídos por empresas israelenses há mais de 20 anos. Instalações subterrâneas não indicavam necessariamente presença de grupos armados.

Quanto aos "bebês decapitados" e crianças mortas em fornos, nenhuma evidência forense confirmou a acusação monstruosa. O detalhamento das fatalidades não indicou mortes de menores por decapitação ou queimados daquela forma.

Em cada episódio de guerra com Israel, é comum haver um procedimento interno de verificação das responsabilidades pelas falhas. O processo tem sido adiado, por motivos políticos e de "moral da tropa" em combate, mas circulam informações sobre elementos que denotam erros de avaliação e de operação do *Tzahal* (Forças de Defesa de Israel). O Chefe do Estado Maior do *Tzahal* e os chefes das agências de inteligência *Shin Bet* e Mossad reconheceram falhas.

As críticas começam pela autoconfiança exacerbada na própria força, combinada com subestimação da capacidade de realizar ataques terroristas em larga escala. Essa combinação levou lideranças militares e de inteligência a desconsiderarem diversos alertas de suas próprias fontes e de parceiros da região, como o Egito, que já avisavam sobre a preparação das operações, treinamento e movimentos suspeitos.

Investigação da diretoria de inteligência militar de Israel sobre o ataque terrorista do Hamas de 7 de outubro confirmou a mais grave falha de inteligência da história do Estado de Israel. As principais conclusões do relatório foram: i) a inteligência de Israel supôs, equivocadamente, que o Hamas se sentia dissuadido pela superioridade militar daquele país; ii) os analistas de inteligência militar não consideraram os sinais preliminares de preparação do Hamas, apesar de o movimento islâmico ter começado o planejamento do ataque há 7 ou 8 anos; iii) outra suposição equivocada foi a de que o Hamas estava priorizando a melhoria da situação econômica de Gaza. As análises de inteligência concluíram, portanto, que o Hamas não desejava ou não estava em condições de atacar Israel.

Em abril de 2022, a Unidade 2000, núcleo de inteligência do Exército, obteve documento do Hamas intitulado "Muros de Jericó", que detalhava táticas como o uso de foguetes e drones, e homens armados invadindo Israel a pé, em motocicletas e parapentes. Funcionários das FDI, entretanto, julgaram que o Hamas não era capaz de levar a cabo plano tão complexo, e não o levaram ao conhecimento dos superiores.

A extrema competência, com a mais sofisticada tecnologia, em coletar dados de inteligência pouco pode quando há desinteligência dos escalões hierárquicos superiores na análise do vasto material obtido.

Reportagem do New York Times de novembro de 2023 informava que autoridades israelenses tiveram acesso à informações sobre planos de ataque do Hamas desde 2022. Documento interno havia circulado amplamente entre autoridades militares e de inteligência de Israel, mas foi descartado por ser considerado irreal, de difícil execução pelos árabes.

A resposta ao maior massacre de judeus desde o Holocausto se revestiu de ânimo de vingança e fúria, com uso desproporcional da força militar. Isso foi permitido pela redução dos níveis de precaução e distinção embutidos nos protocolos de defesa, e relaxamento das regras de engajamento (ver abaixo), multiplicando o número de baixas civis.

O ânimo de fúria e o relaxamento das regras de engajamento também se traduziram em relatos dramáticos de fogo amigo. Militares israelenses atingiram seus compatriotas desde helicópteros, tanques ou *snipers*, fossem jovens que fugiam dos ataques, moradores de *kibutzim* ou soldados. Semanas depois, três reféns que haviam conseguido escapar foram mortos por soldados, mesmo com bandeiras brancas, sem camisas e gritando em hebraico.

A imprensa recordou o chamado "protocolo Aníbal", que consistia em evitar – se necessário, com o uso de fogo amigo – que combatentes fossem capturados por forças inimigas, tornando-se reféns a serem usados como moeda de troca para a libertação de prisioneiros palestinos.

As recomendações de evacuação de famílias em localizações-alvo costumavam ser feitas pelo exército israelense por chamadas telefônicas, mensagens de texto, panfletos, mídia social e pelo *roof knocking* (disparo de alerta antes da destruição de um edifício, para que civis possam desocupá-lo rapidamente). Essas precauções, contudo, sobretudo a última, foram abandonadas para valorizar o elemento surpresa.

A crítica mais contundente se refere à alta letalidade do tipo de munição empregada, que evidenciou a falta de cuidado com a proteção de civis, no marco de uma estratégia de ampla destruição. Foram disparadas milhares de bombas de duas mil libras, de fabricação norte-americana, de um raio de impacto e destruição de 300 metros, incompatíveis com teatros de batalha de centros urbanos densamente povoados. Apenas em junho de 2024, nove meses depois do início da guerra, os Estados Unidos suspenderiam a exportação desse tipo de bomba, pelo alto índice de civis atingidos, provocando reação furiosa do Primeiro-Ministro Netanyahu.

Reportagem da CNN de dezembro de 2023, baseada em relatório de inteligência dos Estados Unidos, revelou que quase metade das munições ar-terra utilizadas por Israel em Gaza não eram guiadas. As chamadas *dumb bombs* são mais baratas e menos precisas, e representam alta ameaça para os civis, especialmente em áreas densamente povoadas sem qualquer distinção entre combatentes e não combatentes.

Nas primeiras semanas da guerra, as Forças de Defesa de Israel adotaram protocolo que tolerava um “dano colateral” de até 20 civis para a eliminação de militantes de baixa patente. No passado, não era autorizado nenhum “dano colateral” para a eliminação desse perfil. No caso de alta patente do Hamas, as FDI autorizaram a morte de mais de 100 civis como “dano colateral”.

Foram também relatados diversos ataques com o uso de fósforo branco.

Plataformas de inteligência artificial multiplicaram o número de alvos “legítimos” de baixa hierarquia militar, que passaram a ser engajados indiscriminadamente. Este aspecto – provavelmente a primeira guerra com o uso em larga escala da inteligência artificial – será desenvolvido mais adiante.

A guerra é um fenômeno político. O general prussiano Carl von Clausewitz ensina que a guerra é a continuação da política por outros meios. Seu componente militar é instrumental, mas serve a fins políticos determinados pelos interesses das elites. Nesse sentido, a guerra de Gaza deve ser vista como prolongamento de objetivos políticos – internos e externos – de atores israelenses e do movimento islâmico radical palestino.

Netanyahu estabeleceu dois objetivos estratégicos para a "Operação Espada de Ferro": (i) a destruição do Hamas, semelhante à conquistada sobre o Estado islâmico ("o Hamas é o ISIS", clamava Netanyahu), apresentando ao Ocidente a imagem de uma guerra da civilização contra a barbárie, sendo Israel a primeira linha de defesa; e (ii) a libertação dos reféns.

Os dois objetivos parecem relativamente incompatíveis, visto que o Hamas exigia o cessar-fogo para libertar os prisioneiros, e as operações militares, especialmente os ataques aéreos, colocariam em risco os reféns – e, de fato, os atingiram.

O Hamas declarou que fazia luta política contra a ocupação israelense. Também pretendeu afirmar seu poder e popularidade e reinserir a causa palestina em uma agenda internacional que estava focada na guerra da Ucrânia. Conseguiu alcançar esses objetivos, embora com o sacrifício de dezenas de milhares de "mártires". Os mais radicais recordavam a "libertação" da Argélia, que custou "um milhão de mártires".

Henry Kissinger costumava dizer que "nas guerras, os exércitos regulares precisam derrotar o inimigo para serem vitoriosos, enquanto os movimentos armados só precisam não ser derrotados". A vitória do Hamas era simplesmente resistir, sem ser totalmente dizimado. Não lhe importava a imensa magnitude da destruição física e das perdas civis. Seus dirigentes principais, no início, estavam no exterior, longe do conflito, somente sendo abatidos meses depois.

Se a guerra é a continuação da política por outros meios (Clausewitz), e se seu componente militar serve a objetivos políticos (Samuel Huntington), Israel venceu militarmente a guerra, de forma avassaladora, mas pode sair politicamente derrotada. Sua imagem perante a comunidade internacional sofreu abalos (pelas elevadas perdas civis e pela catástrofe humanitária em Gaza), inclusive junto a aliados tradicionais, como EUA e Europa, enfrenta um isolamento diplomático na ONU, vê crescer o antissemitismo em escala mundial e assiste ao relançamento do apoio a um Estado Palestino.

Quanto ao objetivo de extinguir o Hamas, o efeito foi contrário, como já dito: ainda que militarmente vencido , o movimento islâmico cresceu em popularidade, guarda influência em Gaza e mantém forte capilaridade clandestina na Cisjordânia e lideranças e conexões no exílio (Turquia, Líbano, Irã, Catar).

Israel também sai da guerra politicamente abalada em termos de união nacional, com uma sociedade fraturada, como demonstram as manifestações reprimidas pela polícia. As famílias dos sequestrados israelenses pressionam o governo, enquanto grupos nacionalistas radicais fazem pressão para a reocupação de Gaza com assentamentos.

As inequívocas manifestações de solidariedade a Israel das primeiras semanas foram, nos meses seguintes, superadas por críticas à condução da guerra, e seu elevado custo humanitário. A solidariedade a Israel teria novo alento em abril de 2024, com os ataques do Irã (ver abaixo), mas o desgaste à imagem do país não se recuperaria. Cresciam as manifestações de rua na Europa e nos Estados Unidos, especialmente nas universidades, em favor do cessar-fogo.

Tampouco há clareza sobre a estratégia do "dia seguinte" em Gaza: ocupação militar "provisória", que se tornaria "definitiva", como na Cisjordânia? Estabelecimento de zona tampão? O que fazer com dois milhões de pessoas deslocadas, já que o Egito se recusa a receber novos refugiados (ao contrário do que fizeram Jordânia, Líbano e Síria)? Quem administrará Gaza, a Autoridade Palestina comandada pelo Fatah? Quem vai prover os bens e serviços públicos oferecidos pela UNRWA (educação, saúde, habitação, infraestrutura etc.), que Israel deseja desmantelar? Haverá missão de reconstrução da paz da ONU ou coalizão internacional de países árabes, europeus e norte-americanos? Como lidar com o Hamas, que foi neutralizado como unidade de combate, mas se fortaleceu politicamente e continua operando na Faixa de Gaza, no exílio e na Cisjordânia?

Retomo, aqui, o método de redação da parte II deste livro, qual seja, o resumo de minhas anotações, que refletem a evolução cronológica do conflito, ainda que em prejuízo da fluidez da narração. O drama da evacuação dos brasileiros será tratado na seção seguinte.

Em outubro de 2023, nos primeiros dias do conflito, o governo brasileiro condenou o bombardeio que atingiu o hospital Ahli-Arab, na Faixa de Gaza, provocando centenas de mortes. O Brasil reiterou o apelo para o estabelecimento de corredores e pausas humanitárias que permitissem o trabalho humanitário. O governo também instava a que fosse dado acesso (subentendido, pelo Hamas) do Comitê Internacional da Cruz Vermelha aos reféns e reiterava o apelo a que estes fossem liberados.

A escassez de água e alimentos agravava-se a cada dia. Muitos passaram a denunciar a fome como arma de guerra. A OMS documentava ataques ao sistema de saúde, que afetaram hospitais (que deixaram de ser operacionais) e ambulâncias. Os hospitais ainda em funcionamento receberam ordens de evacuação. Nas primeiras semanas, nenhum deles foi totalmente evacuado, por impossibilidade de transferir os pacientes em segurança e por falta de espaço para realocá-los em outras unidades de saúde. Entretanto, nos meses seguintes, vários hospitais foram arrasados.

Israel considerou combustível como produto de uso dual – para hospitais ou militantes do Hamas – e vetou sua entrada na Faixa. Gaza entrou em "apagão" total, afetando o funcionamento dos hospitais, que entraram em colapso.

Multiplicavam-se ataques em escolas (principalmente da UNRWA), usadas como abrigo para deslocados internos, resultando em mortos e feridos.

Fome e sede se agravavam, e os preços se tornavam cada vez mais inflacionados. O posto de fronteira de Rafah, na fronteira com o Egito, somente voltou a abrir no final de outubro de 2023, para a entrada de assistência humanitária. Entretanto, a entrada de caminhões transportando alimentos, água e material médico, nos primeiros dias, era consideravelmente inferior à média dos veículos que conduziam mercadorias a Gaza antes das hostilidades.

Na esfera política internacional, a Cúpula de Paz do Cairo, em outubro, fez apelo ao cessar-fogo e à ajuda humanitária, mas terminou sem declaração final. Nas primeiras semanas de conflito, Alemanha, Canadá, EUA, França, Itália e Reino Unido reiteraram seu apoio a Israel e ao seu direito de se defender contra o terrorismo. Paralelamente, apelaram à adesão ao direito humanitário internacional, incluindo a proteção aos civis.

O Conselho de Segurança seguia paralisado, como quase sempre, sem conseguir aprovar resoluções em favor do cessar fogo e da ajuda humanitária.

Mesmo sob severo bombardeio, o Hamas continuava disparando milhares de foguetes diariamente. O sistema de defesa israelense *Iron Dome* interceptava a quase totalidade.

Intensificavam-se as incursões militares na Cisjordânia, resultando em dezenas de prisões e confrontos, alguns com vítimas fatais nas regiões de Nablus, Jenin, Tulkarem. O uso de aeronaves e drones, que não era comum na Cisjordânia, tornou-se frequente. Ataques de colonos, protegidos pelo exército israelense, vitimavam comunidades rurais durante a estação de colheita de olivas. Famílias palestinas foram obrigadas a deixar suas residências e terras.

Apesar das ordens de evacuação recebidas de Israel, hospitais continuavam em funcionamento em situação crítica. Os "Médicos Sem Fronteiras" alertavam que hospitais estavam inundados de pacientes e cadáveres, e que amputações e cirurgias estavam sendo realizadas sem anestesia. Os hospitais funcionavam com um terço de suas equipes, já que muitos profissionais foram deslocados ou mortos.

Vídeos mostravam pacientes feridos, especialmente crianças, atingidas pelos bombardeios, inclusive com fratura exposta, sendo atendidas no chão e nos corredores, aos prantos, sem qualquer higiene, em meio a poças de sangue pelo chão.

O Crescente Vermelho criticou a ordem de Israel de evacuar o hospital Al-Quds, por ser impossível deslocar os 400 pacientes ali tratados, que não resistiriam. O entorno dos hospitais Al-Quds, Shifa e Indonésio foi bombardeado. Encontravam-se nesses hospitais centenas de pacientes e profissionais da saúde, e ao seu redor, 117.000 pessoas deslocadas. Meses depois, esses hospitais seriam destruídos.

Ao final do mês de outubro de 2023, calculava-se em 1,4 milhão o número de deslocados internos em Gaza (62% da população), dos quais mais de 670 mil em 150 abrigos da UNRWA; 122 mil em hospitais, igrejas e edifícios públicos; 83 mil em escolas; e 700 mil em residências de parentes. O número de crianças mortas em 23 dias já ultrapassava as anualmente vitimadas em todas as zonas de conflito do mundo desde 2019.

No início de novembro, a passagem de Rafah, na fronteira com Egito, foi reaberta pela primeira vez desde a eclosão do conflito, possibilitando a saída de feridos graves e o primeiro grupo de estrangeiros e binacionais, além de funcionários da Cruz Vermelha e de ONGs. Havia expectativa de que os brasileiros pudessem ser finalmente evacuados, após mais de três semanas (ver próxima seção).

Comboio de ambulâncias foi atingido em frente ao hospital Shifa, deixando mortos e feridos. Autoridades israelenses alegaram que as ambulâncias estariam sendo usadas por membros do Hamas. Os hospitais Al Quds e Indonésio foram atingidos por ataques aéreos, também resultando em grande número de vítimas.

O número de deslocados internos havia chegado a 1,5 milhão em novembro, dos quais 690 mil em abrigos da UNRWA e 122 mil em hospitais, igrejas e edifícios públicos. Funcionários da agência continuavam a ser mortos, e suas instalações, danificadas.

Intensos ataques continuaram a alvejar escolas, abrigos, campos de refugiados, cercanias de hospitais e ambulâncias. Painéis solares e mesquitas eram atingidos.

O *compound* cristão sofreu danos na cidade de Gaza, e o pátio da Escola do Rosário, onde brasileiros haviam sido abrigados inicialmente, foi bombardeado. Vizinhos e estudantes foram mortos.

Na Cisjordânia e em Jerusalém Oriental, elevava-se diariamente o número de detidos. Desde a eclosão do conflito, 1.900 palestinos foram presos por autoridades israelenses. Pessoas passaram a ser presas por postarem vídeos e informações sobre o conflito em redes sociais.

Cresceu a violência na Cisjordânia e em Jerusalém Oriental: no primeiro mês do conflito, 594 palestinos (incluindo 142 crianças) foram mortos por forças israelenses ou ataques de colonos, e 2.552 foram feridos. Registrou-se uma média de 7 ataques de colonos por dia, ocasionado o deslocamento de 1.200 pessoas. Em paralelo, elevava-se o número de deslocados por ordens de demolição punitivas, especialmente em Jerusalém Oriental.

A violência também ceifou vidas israelenses na Cisjordânia, em Jerusalém e na fronteira com o Líbano.

O ministro israelense Amihai Eliyahu considerou, publicamente, a possibilidade jogar uma bomba nuclear em Gaza, ou que seus habitantes fossem transferidos para a Irlanda ou alguma região desértica.

Novas ondas de deslocamento, na primeira semana de novembro, levaram dezenas de milhares de civis para o Sul de Gaza, a maioria a pé. Grupos palestinos de direitos humanos afirmaram que os 1,5 milhão de pessoas deslocadas em Gaza configuravam o maior deslocamento em massa de palestinos em um período curto de tempo desde a *Nakba*, em 1948. Este número cresceria, nos meses seguintes, para quase 2 milhões.

Na primeira semana de novembro, os abrigos da UNRWA já estavam sobrecarregados e deixaram de receber pessoas, que passaram a dormir nas ruas e estradas.

Em média, havia apenas um chuveiro disponível para 700 pessoas. Faltavam alimentos, deterioravam-se as condições de higiene e aumentavam os problemas de saúde mental. O comissário-geral da UNRWA e o diretor-geral da OMS apelaram para o envio de combustível a agências humanitárias, para assegurar o funcionamento de hospitais; para a proteção de instalações e equipes médicas, pacientes e feridos; pelo contínuo fluxo de insumos de ajuda humanitária; e pela evacuação de pacientes e feridos. A OMS alertou sobre o risco de disseminação de infecções devido à falta de água e ao consumo de água contaminada.

Na segunda semana de novembro de 2023, o número de vítimas fatais em Gaza ultrapassou a marca de dez mil.

Forças israelenses ordenavam que pacientes fossem evacuados dos hospitais. Oficial israelense alegou que reféns podiam estar sob o hospital Al-Shifa.Tanques cercaram hospitais, que continuaram a ser alvo de ataques aéreos. Relatos de enfrentamentos ao redor de hospitais e de ambulâncias atacadas.

Sitiado, o complexo hospitalar Al-Shifa ficou sem eletricidade, combustível, água, alimentos e insumos médicos. Bebês prematuros faleceram quando os aparelhos cessaram de funcionar e outros, em incubadoras, ficaram sob risco de vida. Centenas de pacientes e feridos passaram a ser expulsos para as ruas, onde muitos morreram. As equipes médicas foram impedidas de mover-se entre seções e edifícios do complexo, sob o risco de serem alvejadas. Dezenas de corpos estavam em decomposição em um pátio, sem sepultamento.

Finalmente, militares israelenses invadiram o complexo hospitalar Al-Shifa. Pacientes e equipes médicas ficaram em pânico em meio ao tiroteio. Foram revistados, interrogados e expulsos. Alguns foram detidos, vendados, despidos e levados para interrogatório.

O *Tzahal* alegava que o subsolo do complexo hospitalar era usado como centro de comando pelo braço armado do Hamas, e informaram que equipamento militar teria sido apreendido durante a incursão.

Não foram apresentadas, entretanto, evidências conclusivas de que o Hamas utilizava o hospital como quartel-general. Tampouco foram encontrados os reféns. Mas havia no hospital 650 pacientes (22 em cuidados intensivos), 200 a 500 funcionários e 1.500 pessoas deslocadas. 40 morreram no dia da incursão, incluindo 5 bebês prematuros.

Países da União Europeia condenaram o Hamas pelo uso de hospitais e civis como "escudos humanos". Ao mesmo tempo, o bloco europeu demandou a Israel "máxima restrição" para evitar perdas humanas. O grupo demandou pausa nas hostilidades, corredores humanitários, rota marítima para ajuda humanitária e que o Hamas libertasse os reféns de forma imediata e incondicional.

Em novembro de 2023, 1,6 milhão de pessoas (70% da população de Gaza) encontrava-se em abrigos. A aglomeração de pessoas, a escassez de água, a interrupção de saneamento (o esgoto escorria pelas ruas) e o lixo acumulado por falta de coleta (400 toneladas por dia) elevava o risco de disseminação de enfermidades.

Foram identificados mais de 70 mil casos de infecções respiratórias agudas e mais de 44 mil casos de diarreia. Houve também relatos de doenças de pele (principalmente queimaduras) e hepatite.

O Ministro das Finanças de Israel, Bezalel Smotrich, defendeu a "migração voluntária" de palestinos de Gaza, o que os críticos consideraram "limpeza étnica".

Em meados de novembro, Israel permitiu, pela primeira vez desde o início do conflito, entrada de combustível destinado aos caminhões da ONU para distribuição de ajuda humanitária e para empresas de telecomunicações. A quantidade de combustível autorizada, entretanto, representava apenas metade das necessidades mínimas para operações humanitárias e usinas de dessalinização, bombas de esgoto, hospitais, bombas de água em abrigos, caminhões de ajuda, ambulâncias e redes de comunicação.

O Relator Especial da ONU divulgou comunicado em que pedia a Israel que parasse de "usar a água como arma de guerra". Alertou que a escassez de água potável pode causar mortes por desidratação e doenças, especialmente entre bebês e crianças. Recordou, ainda, que o Estatuto de Roma estabelece que privar a população civil de condições de vida, com o objetivo de provocar sua destruição, é um ato de extermínio, um crime contra a humanidade.

Equipamento de dessalinização enviado pelo Brasil não foi autorizado a cruzar a fronteira do Egito para Gaza.

O Papa Francisco lamentou o sofrimento de "ambos os lados" no conflito, após encontros que manteve separadamente com israelenses (familiares de reféns em Gaza) e palestinos (parentes de detentos em Israel). Segundo ele, "isso não é guerra, é terrorismo".

A *Human Rights Watch* divulgou imagens de satélite que revelavam a destruição de terras agrícolas no Norte de Gaza. Agricultores abatiam seus animais devido à necessidade imediata de alimentos e à escassez de forragem, esgotando os meios de produção. Os preços dos alimentos e bebidas subiam vertiginosamente.

Em fins de novembro, o número de deslocados internos em Gaza chegava a 1,8 milhão (80% da população). Destes, 1,1 milhão (quase metade da população da Faixa) se protegia nos abrigos da UNRWA, cuja superlotação se tornava insustentável. Em Rafah, onde mais de 8.000 deslocados estavam abrigados, 400 pessoas partilhavam um único banheiro.

Como se verá na seção seguinte, felizmente os brasileiros de Gaza foram poupados dessa tragédia humanitária.

Segundo o "The Guardian", militares israelenses estimaram ter eliminado entre 1.000 e 2.000 combatentes do Hamas, de um efetivo que poderia chegar a 30.000.

Os bombardeios também destruíram o patrimônio cultural de Gaza: centros culturais, bibliotecas, mesquitas.

O primeiro acordo entre Israel e o Hamas sobre a libertação de reféns em troca de um cessar-fogo de quatro dias e da libertação de prisioneiros palestinos foi anunciado em 22 de novembro de 2023. Foram postos em liberdade 240 prisioneiros palestinos e 110 reféns (86 israelenses e 24 cidadãos estrangeiros). No dia 1 de dezembro, entretanto, as hostilidades foram retomadas. Vários prisioneiros palestinos liberados voltaram a ser encarcerados.

Em dezembro de 2023, a UNRWA estimava que o número de deslocados chegara a 1,9 milhão (85% da população), dos quais 1 milhão se protegiam em abrigos da agência.

O *Wall Street Journal* denunciou, em dezembro de 2023, que os mísseis enviados pelos EUA a Israel tinham grande potencial destrutivo, sendo inadequados, portanto, para áreas densamente povoadas, como Gaza. A Anistia Internacional revelou que munições fabricadas nos EUA foram utilizadas em ataques aéreos contra residências de civis ou bombardeios indiscriminados, devendo ser investigados como crimes de guerra.

Foi divulgado, também, que haveria cerca de 50 mil mulheres grávidas em Gaza, e mais de 180 davam à luz diariamente, sem os cuidados neonatais devidos.

O Comitê Internacional da Cruz Vermelha manifestou preocupação com as imagens de homens palestinos despidos e vendados, cercados por tropas israelenses. A organização enfatizou a importância de tratar todos os detidos com humanidade e dignidade, de acordo com o direito internacional humanitário. A mídia israelense sugeriu que as imagens mostravam a rendição de combatentes do Hamas, mas vários dos homens foram depois identificados como civis, incluindo jornalistas.

Meses depois, circularam imagens de palestinos amarrados a carros blindados na Cisjordânia ou, em Gaza, forçados a entrar em prédios com suspeita de armadilhas ou bombas: o exército israelense também usou escudos humanos, contrariamente à orientação da própria corporação.

A UNRWA foi acusada de que alguns de seus funcionários teriam participado dos ataques de 7 de outubro. A entidade fez investigação minuciosa das denúncias, e concluiu que os casos comprovados equivaliam a parcela ínfima de seu pessoal (há mais de 30 mil funcionários), e estavam sendo rigorosamente punidos. Argumentou, por outro lado, que muitas denúncias eram falsas e visavam desacreditar o trabalho da agência.

Diversos países doadores suspenderam o financiamento da UNRWA, aprofundando o caos humanitário.

A Unidade de Coordenação do Governo israelense para Atividades nos Territórios Ocupados (COGAT) denunciou que membros do Hamas atiravam contra civis palestinos e se apropriavam de caminhões de ajuda humanitária. O órgão atribuiu a escassez de suprimentos à morosidade na entrega às agências internacionais, o que foi veementemente negado pela ONU.

O Convento das Irmãs de Madre Teresa foi atingido por artilharia de tanque e tornou-se "inabitável". O local abrigava 54 pessoas com deficiência.

Perto do Natal de 2023, o número de vítimas fatais em Gaza passava dos 20 mil, das quais 8 mil crianças mortas, e mais de 54 mil feridos. O número de desaparecidos debaixo dos escombros passava de 8 mil.

O Presidente Lula, em fevereiro de 2024, comparou o massacre em Gaza ao Holocausto. O Embaixador do Brasil em Tel Aviv, Frederico Meyer, foi convocado para uma conversa de "reprimenda" e, em seguida, chamado ao Brasil "para consultas". A relação bilateral com Israel chegava ao nível mais baixo. Em maio, o Embaixador foi retirado, e Embaixada passou a ser chefiada pelo Encarregado de Negócios, Ministro Fabio Farias.

Ainda em fevereiro, tanques e soldados israelenses dispararam em direção a multidão que aguardava assistência humanitária em Gaza. Pelo menos 112 civis morreram, e mais de 760 pessoas ficaram feridas.

No início de março de 2024, o número de vítimas fatais na guerra de Gaza ultrapassava a marca de 30 mil, entre os quais mais de 13 mil crianças mortas. Havia mais de 70 mil feridos e 8 mil desaparecidos.

Os Estados Unidos começaram a lançar, por via aérea, caixas contendo alimentos e outros itens de assistência para Gaza. Diversos atores criticaram a medida em razão do impacto reduzido que produz, em comparação com a entrega de suprimentos por via terrestre. Argumentavam que seria possível aumentar as entregas de forma mais eficiente abrindo-se novos pontos de fronteira e acelerando o ingresso de comboios pelas passagens de Rafah

(Egito) e Kerem Shalom (Israel). As entregas aéreas pareceram mais cenográficas e mediáticas do que de efetivo impacto humanitário. Vários civis, especialmente crianças, morreram ou ficaram feridos sob as caixas de madeira que caíam do céu.

Também foi construído um píer pelos EUA para entrega de carregamento humanitário embarcado desde Chipre e outros portos, mas toda a estrutura foi considerada inadequada, e desmontada meses depois. Nada substituía a necessidade de funcionamento fluido de corredores humanitários terrestres, com maior capacidade de entrega, por caminhões.

O UNICEF registrava 17.000 crianças desacompanhadas ou separadas de suas famílias.

Apesar das denúncias e da imposição de medidas cautelares pela Corte Internacional de Justiça (ver abaixo), além da resolução do Conselho de Segurança que "demandou" um cessar-fogo durante o Ramadã, prosseguiram os ataques a civis e à infraestrutura, assim como os obstáculos à assistência humanitária. A resolução do CSNU e as medidas cautelares da CIJ eram olimpicamente ignoradas no terreno (ver abaixo).

Analistas e lideranças locais criticavam de forma contundente a incoerência norte-americana de ao mesmo tempo pressionar por cessar-fogo, despejar cargas de alimentos por via aérea e manter a remessa de armamentos (sob o argumento do cumprimento de contratos comerciais). Somente em maio de 2024, os EUA sinalizariam com a interrupção parcial de envio de armamentos.

Em meio à catástrofe humanitária – fome, sede, colapso habitacional e hospitalar, restrições à assistência humanitária e ao movimento de trabalhadores humanitários -, a população de Gaza dava mostra de extrema resiliência e tentava retomar um mínimo de rotina. Circularam imagens de filas nas padarias que precariamente retomaram a produção, rezas em frente a mesquitas destruídas, grupos que tentavam retornar a suas casas devastadas, ainda que sob o risco de serem baleados.

Enquanto arrefeciam as hostilidades na espera de um ataque final a Rafah, e milhares de palestinos tentavam retornar às suas regiões de origem em Gaza, foram encontrados mais de 300 cadáveres em valas comuns em Khan Younis, Al-Nasser e Al-Shifa.

A Guerra de Gaza foi uma guerra híbrida. Misturaram-se táticas convencionais e de guerrilha urbana, exército convencional e grupos irregulares, armamentos sofisticados e artesanais.

Um dos aspectos mais polêmicos da guerra de Gaza foi o emprego indiscriminado de recursos de inteligência artificial (IA) aplicada a sistemas letais de armas.

Antes mesmo da guerra, artigo publicado no *Electronic Intifada* em dezembro de 2020 denunciava fala de coronel israelense, que exaltava as qualidades de aplicativo da empresa *Elbrit*. A manchete: “App makes killing Palestinians as easy as ordering pizzas”.

Além da plataforma de interceptação *Iron dome*, sistemas inteligentes foram aplicados em duas áreas: i) compilação de *big data* coletados por várias fontes – reconhecimento facial, localização e dimensionamento de túneis, mapeamento satelital e por drones, monitoramento eletrônico de conversas e mensagens, mudanças de comportamento de indivíduos e grupos; e ii) aplicação dessa vasta base de dados para seleção, detecção, monitoramento e engajamento de alvos.

A elevadíssima quantidade de baixas civis e sua infraestrutura, incluindo hospitais e escolas, tem sido apontada como resultado combinado (i) da criação da “Divisão de Alvos” nas Forças de Defesa de Israel (FDI); e (ii) das plataformas de geração de alvos *Habsora* (“a propaganda” ou “o Evangelho”) e *Lavander*, que empregam IA.

Sob intensa pressão política para produzir resultados, o *Tzahal* (Forças de Defesa de Israel) alterou protocolos internos para multiplicar e atacar alvos considerados legítimos pela "Divisão de Alvos", relaxando restrições às obrigações do direito humanitário de proteção contra danos colaterais sobre a população civil.

Reportagem investigativa, publicada em dezembro de 2023 pelos periódicos israelenses *+972 Magazine* e *Local Call*, baseada em entrevistas com funcionários e ex-funcionários da comunidade de inteligência, informa que os extensos danos causados em Gaza resultaram, entre outros fatores, do afrouxamento das restrições relativas a baixas civis e da utilização de um sistema de IA para gerar mais alvos.

Segundo a reportagem, o *Tzahal* dispõe de informações detalhadas sobre seus alvos, incluindo estimativas precisas sobre "danos colaterais" sobre civis. Nas palavras de uma das fontes, "nada acontece por acaso. Quando uma menina de 3 anos é morta em uma casa em Gaza, é porque alguém do exército decidiu que não era grande coisa ela ser morta – que era um preço que valia a pena pagar para atingir o alvo".

Sistemas inteligentes como o *Habsora* coletam e analisam grandes volumes de informação (*big data*) obtidos por várias fontes: drones, comunicações interceptadas, monitoramentos, padrões de comportamento de indivíduos e grupos. O *Habsora* é desenhado para gerar alvos automaticamente a taxas muito superiores ao que era possível pelos métodos tradicionais. O sistema aponta como alvos grande número de edifícios e residências por onde circulam membros inferiores do Hamas e da Jihad Islâmica.

Um ex-oficial de inteligência israelense definiu o *Habsora* como uma "fábrica de assassinatos em massa", na qual a "ênfase está na quantidade e não na qualidade". Segundo ele, um militar sempre "examinará os alvos antes de cada ataque, mas não precisa gastar muito tempo".

Fontes da revista indicam que esse conjunto de fatores contraria protocolos anteriores do *Tzahal*. "Há um sentimento de que altos funcionários do exército estão conscientes de seu fracasso em 7 de outubro, e estão dedicados a fornecer ao público uma imagem que salvará sua reputação".

Com base nessa ferramenta, em novembro de 2023, um mês após os atentados terroristas de 7 de outubro, o sistema havia gerado mais de 12 mil alvos em Gaza, e produzia recomendações automáticas para ataque – bases militares e casas privadas de indivíduos suspeitos de pertencimento ao Hamas e à Jihad Islâmica.

Em anos anteriores, o mesmo sistema produziu uma base de dados de 40 mil militantes, que se tornaram alvos potenciais. Em maio de 2021, período do conflito anterior em Gaza, o sistema gerava 100 novos alvos por dia. Destes, cerca de metade eram efetivamente engajados. A título de comparação, sistemas anteriores produziam 50 alvos por ano.

Em novembro de 2023, após um mês do início do conflito, Israel havia atacado 15 mil alvos. Na Guerra de Gaza de 2014, que durou 51 dias, as FDI (Forças de Defesa de Israel) atacaram cerca de 6 mil alvos, menos da metade.

As FDI criaram uma "Divisão de Alvos" para produzir e oferecer à Força Aérea alvos "legítimos" para ataque. Como os líderes estavam escondidos em túneis, as listas passaram a incluir militantes de baixo escalão na superfície.

O sistema é preciso na identificação do dano colateral possível sobre civis. Cada alvo contém um arquivo que informa sobre o dano potencial sobre vidas civis. Os algoritmos avaliam e informam, como um semáforo, se a condição é "verde, amarela ou vermelha" para o disparo, dependendo da quantidade de civis a serem afetados.

Ora, se os sistemas são sofisticados a ponto de identificarem o dano colateral civil, e se cada ataque é objeto de uma avaliação prévia pelos comandantes e operadores, os altos números de baixas civis demonstram que os protocolos de segurança – incluindo os princípios humanitários de distinção, proporcionalidade e precaução – foram deliberada e consideravelmente relaxados. E, como já dito, o emprego de armas de grande potencial explosivo, incompatíveis com cenários urbanos superpopulosos, indica que o risco de mortes civis foi considerado irrelevante para os objetivos estratégicos.

Não se tratava, portanto, de "dano colateral inevitável em uma guerra", como reiterado pelos canais oficiais, mas de decisões táticas conscientes e calculadas com precisão da tecnologia mais sofisticada.

Os alvos eram separados de acordo com uma *check list* recebida, tal como uma fábrica, segundo relato de testemunhas. Não havia tempo nem disposição para examinar o perfil do alvo. Um dos entrevistados pelas revistas *+972 Magazine* e *Local Call* confirmou que alguns comandantes são mais *trigger happy* do que outros. A impressão que têm os operadores é a de que sua eficiência é medida pela quantidade de alvos gerados e aniquilados.

Marta Bo, pesquisadora do SIPRI (*Stockholm International Peace Research Institute*), faz um comentário importante sobre o processo de decisão do disparo: mesmo que os operadores humanos estejam no circuito (*humans in the loop*), há o risco do chamado "viés de automaticidade" (*automation bias*), segundo o qual se confia demasiadamente nos sistemas. Essa confiança é determinante na capacidade humana de tomar decisões complexas. Tal como o motorista que confia cegamente no aplicativo de navegação digital, mais do que no que está vendo à sua frente e no seu próprio bom senso, por comodidade, preguiça ou insegurança, o operador de um sistema de armas pode abdicar dos juízos de valor (inclusive humanitários) e decidir atacar sem refletir sobre os alvos que o sistema lhe propõe.

Moyes, pesquisador da ONG *Article 36*, alerta contra o perigo de que operadores humanos que confiam dessa forma nos sistemas venham a tornar-se meras engrenagens de um processo mecânico, perdendo a habilidade de considerar o risco de danos a civis com base no juízo de valor humano.

Em abril de 2023, os mesmos periódicos +972 *Magazine* e *Local Call* publicaram relatório conjunto sobre outra ferramenta de inteligência artificial desenvolvida e utilizada pelo *Tzahal* para a geração de alvos militares em Gaza: a *Lavender*. Segundo o documento, a ferramenta desempenhou papel central nos bombardeios em grande escala.

A *Lavender* coleta e analisa informações dos residentes de Gaza por meio de sistema de vigilância em massa e identifica potenciais suspeitos do Hamas e da Jihad Islâmica, inclusive de baixo escalão. O algoritmo reconhece padrões de comportamento e atribui a indivíduos a probabilidade de associação com grupos terroristas. A ferramenta teria identificado 37 mil palestinos como potenciais militantes, e suas respectivas residências foram indicadas como alvos para ataques aéreos.

As forças israelenses priorizaram ataques às residências dos alvos, de mais fácil identificação, e não campos de operações militares. Quando os alvos retornavam às suas residências no fim do dia, intensificavam-se os bombardeios, que também atingiam familiares civis. Isso explica a grande quantidade de bombardeios noturnos.

Em guerras anteriores, para autorizar a eliminação de um único alvo humano, oficiais de inteligência passavam por um processo complexo e cuidadoso de incriminação, rastreio de informações de residências e localização em tempo real. Com a multiplicação da lista de alvos gerada pela "eficiência" dos novos sistemas, o protocolo meticuloso foi deixado de lado, em favor do rápido processamento e do número de alvos atingidos. Os comandantes e operadores passaram aprovar de forma quase automática a execução de alvos da lista fornecida pelo *Lavender*. Uma das fontes comentou que oficiais dedicavam apenas 20 segundos para a aprovação de bombardeio de cada alvo. Esse protocolo "relaxado" foi mantido, mesmo sabendo-se que o sistema cometia erros de identificação em 10% dos casos.

Em de abril de 2024, multiplicaram-se manifestações pró-Palestina e anti-guerra de Gaza em universidades norte-americanas. Benjamin Netanyahu criticou severamente os protestos, qualificando-os de antissemitas. A seu ver, os manifestantes desejam a destruição de Israel, atacam estudantes e professores judeus, e constituem "reminiscência do que ocorreu em universidades alemãs na década de 1930". De sua parte, a Anistia Internacional condenou a repressão das diretorias das universidades sobre os protestos estudantis.

Embaixadores e diplomatas europeus foram hostilizados na universidade de Birzeit, na Cisjordânia, por estudantes palestinos. A universidade, a mais influente da Palestina, é considerada um reduto do Hamas. Chefes de missão foram insultados, e seus carros, vandalizados; todos tiveram que sair às pressas. O episódio demonstrava a profunda irritação da população palestina com os países que têm apoiado Israel.

O Hamas se consolidava no Sul do Líbano, de onde intensificava o envio diário de foguetes contra o Norte de Israel.

30 israelenses também foram mortos na Cisjordânia e Jerusalém, e 47 no Norte, na fronteira com o Líbano, em ataques do Hezbollah.

O Departamento de Estado dos EUA concluiu, em fins de abril de 2024, que cinco batalhões do *Tzahal* teriam cometido graves violações de direitos humanos em operações em Gaza.

O Hamas continuou lançando foguetes em maio contra o entorno de Gaza, Tel Aviv e outras áreas de Israel. Todos os dias foguetes também eram disparados desde o Sul do Líbano contra o Norte de Israel.

Houve, ainda, troca de tiros na fronteira da Faixa de Gaza entre soldados do Egito e das Forças Armadas de Israel. Um soldado egípcio foi morto e houve feridos também do lado egípcio.

Circulavam informações de grave deterioração das condições dos presos palestinos em Israel.

A taxa de pobreza na Palestina (incluindo a Cisjordânia) alcançou 58,4% em maio de 2024, devido ao aumento de 1,74 milhão de pessoas naquela condição desde o 7 de outubro.

O conflito Israel-Irã foi um dos desenvolvimentos mais importantes do período paralelo à guerra de Gaza. Em abril de 2024, Israel destruiu edifício da embaixada iraniana em Damasco, matando general de alta patente. Em represália, no dia 13 de abril, mísseis do Irã foram dirigidos contra Israel e abatidos sobre Jerusalém. Sirenes tocaram diversas vezes, acompanhadas pelo barulho dos caças e dos estrondos das interceptações pelo sistema *Iron Dome*.

O ataque do Irã não era surpresa, havia sido anunciado há dias, e a população estava preparada. A surpresa foi o fato de que Jerusalém estava na trajetória visível dos foguetes e do sistema anti-mísseis.

O regime xiita não bombardearia o terceiro lugar mais sagrado do Islã, e a primeira *quibla* (Mesquita de Al Aqsa). Entretanto, por sua posição geográfica, Jerusalém é sobrevoada pelos mísseis e sistemas de defesa.

Outros mísseis iranianos e partidos do Iêmen se dirigiram para duas áreas: a região central do deserto do Negev, onde estão a principal base aérea e o centro nuclear de Dimona; e a região Norte, Golã e fronteira com a Síria.

Chamou a atenção o material empregado: UAVs relativamente lentos, que demoraram horas para atingir Israel, dando tempo suficiente para a reação defensiva, por meio dos sistemas *Iron Dome* e outros recursos "ar-ar" lançados de jatos israelenses e jordanianos. Uma criança beduína foi o único registro de ferimento.

Foram empregados em menor número recursos mais ágeis e letais, como mísseis cruzeiro, que levam duas horas (exigindo o emprego do sistema *David's Sling*), e balísticos, que chegam em doze minutos (interceptados pelo sistema *Arrow*). Alguns foram interceptados no espaço aéreo da Jordânia antes de chegarem a Israel.

Não foi empregada a tática de "saturação" do sistema de defesa israelense, ao que se seguiria o envio de "enxame" de mísseis sobre um céu menos protegido. Ex-analista de defesa do Conselho Nacional de Segurança dos EUA qualificou a ação iraniana como *performative, slow moving, thoroughly telegraphed.*

Os Estados Unidos contiveram Israel contra a intensificação de hostilidades. O Presidente Biden demoveu o Primeiro-Ministro Netanyahu e demonstrou preocupação de que o líder israelense arrastasse os EUA para um conflito mais amplo no Oriente Médio.

Israel decidiu responder sem escalar. Cinco dias depois, lançou um "ataque limitado" contra bases militares iranianas perto de Isfahan. Ambos os lados (Irã e Israel) *downplayed* e desescalaram. O Ministro Ben Gvir qualificou o ataque de *lame*, e a mídia oficial iraniana ironizou a ação. A situação se acalmou, os recados foram dados: cada lado demonstrou que pode inflingir danos ao outro, e decidiram não continuar. Por enquanto...

Os atritos entre Israel e Irã colocaram em segundo plano a guerra de Gaza por alguns dias. Mas a tensão entre esses países voltaria a subir em agosto de 2024.

Em maio, a Autoridade de Terras de Israel determinou a desocupação da sede da UNRWA em Jerusalém Oriental. No mesmo período, o Knesset aprovou lei que classifica a UNRWA como "organização terrorista".

As Nações Unidas (e a comunidade internacional) não reconhecem a anexação de Jerusalém Oriental por Israel em 1967. Nesse entendimento, a UNRWA teria direito à posse de sua sede com base em acordos com a Jordânia da década de 1950 – que, em tese, Israel seria obrigada a respeitar como "potência ocupante", mas estão sendo desconsiderados.

Em junho de 2024, a OCHA alertou sobre o colapso iminente da ordem pública em Gaza. 70% dos comboios humanitários não chegavam ao destino final porque eram interceptados por criminosos, mas também pela população desesperada. O Hamas atacava trabalhadores humanitários, roubava alimentos e água e dificultava o acesso da população à ajuda humanitária.

Também em junho, as FDI conseguiram libertar 4 reféns em Gaza. A operação de resgate foi marcada por confrontos violentos e intenso bombardeio, que resultaram em 274 palestinos mortos, incluindo pelo menos 64 crianças, 57 mulheres e 37 idosos.

No mesmo mês, Israel foi incluída na lista global de Estados e grupos armados responsáveis por violações contra crianças. A relação tem por base relatório compilado pela representante especial do SGONU para crianças e conflitos armados. Pela primeira vez, ações das Forças Armadas de Israel foram consideradas graves violações: matar, aleijar e atacar escolas e hospitais. Em resposta, Israel reiterou a denúncia de que o Hamas massacrou crianças israelenses e usa crianças palestinas como escudos humanos; e que faz uma guerra de autodefesa para eliminar a ameaça terrorista genocida do Hamas.

Ainda em junho, o Conselho de Segurança aprovou, com 14 votos a favor e abstenção da Rússia, resolução patrocinada pelos EUA que pedia o cessar fogo. A implementação, entretanto, foi inviabilizada por interpretações contraditórias e novas exigências de Israel e do Hamas.

Quase simultaneamente, ocorreu, em Jerusalém, a "marcha das bandeiras", na qual movimentos ultranacionalistas israelenses celebraram a ocupação de Jerusalém Oriental após a Guerra dos Seis Dias (1967). Antes do evento, 800 judeus ingressaram no complexo da Mesquita de Al Aqsa / Monte do Templo sob forte proteção policial gritando *slogans* como “morte aos árabes”. O Ministro da Segurança Nacional, Itamar Ben Gvir, declarou: “Enviamos uma mensagem ao Hamas: Jerusalém é nossa, o portão de Damasco é nosso, o Monte do Templo é nosso. Com a mão de Deus, a vitória completa é nossa”. Nos meses seguintes, Ben Gvir voltaria a fazer as polêmicas visitas ao Monte.

O Ministro Benny Gantz acusou Netanyahu de polarizar a sociedade, colocando em risco a segurança do país, e adiar decisões por “considerações políticas estreitas”. Acrescentou que ao tentar buscar uma “vitória total”, o Primeiro-Ministro estaria impedindo a “vitória real “. Benny cobrou os objetivos de libertação dos reféns, fim do governo do Hamas, desmilitarização de Gaza, uma governança internacional para aquela Faixa, retorno dos deslocados do Norte do país e a normalização das relações com a Arábia Saudita. Em agosto, o Ministro da Defesa, Yoav Gallant, faria comentários no mesmo sentido.

O Diretor-Geral da OMS, Tedros Ghebreyesus, afirmou que proporção significativa de pessoas em Gaza enfrenta “fome catastrófica” e “fome generalizada”: mais de 8.000 crianças com menos de 5 anos têm desnutrição, entre as quais 1.600 com desnutrição aguda grave.

Em agosto de 2024, o Ministro das Finanças Bezalel Smotrich fez uma declaração polêmica sobre a fome em Gaza: “Trazemos ajuda humanitária porque não temos escolha... Ninguém nos permitiria deixar 2 milhões de civis morrerem de fome, mesmo que isso fosse justificado e moral, até nossos reféns retornarem... Precisamos da legitimidade internacional para esta guerra”.

A OCHA informou que 67% das instalações de água e saneamento de Gaza foram destruídas ou danificadas, enquanto outras tiveram que ser desativadas por falta de segurança, escassez de combustível ou impossibilidade de reparos.

Pesquisa realizada pelo *Palestinian Center for Policy and Survey Research* publicada em março de 2024 revelou que o apoio ao Hamas permanecia alto[22], embora tivesse declinado em alguns aspectos, pela crise humanitária que gerou.

Três quartos dos palestinos acreditam que a ofensiva do Hamas colocou a questão palestino-israelense no centro da agenda global, após anos de negligência, e poderia levar ao reconhecimento do Estado palestino.

59% dos entrevistados não creem que Israel será condenada por genocídio na Corte Internacional de Justiça. E ainda que houvesse condenação, 72% afirmaram que Israel não se sentiria forçada a fazer mudanças em sua política de ocupação dos territórios palestinos.

59% desejariam que o Hamas mantivesse o controle sobre Gaza. Os pesquisadores viram neste resultado o "achado mais contraintuitivo" e intrigante da pesquisa, dada a magnitude do sofrimento imposto aos habitantes da Faixa. 13% preferiam a Autoridade Palestina, 3% algum país árabe, e apenas 1% as Nações Unidas.

O mesmo instituto de pesquisa palestino publicou, em junho de 2024, a terceira pesquisa de opinião desde o início da guerra em Gaza. Confirmou-se o apoio popular ao Hamas, especialmente na Cisjordânia, e a desaprovação da Autoridade Palestina.

67% dos entrevistados apoiaram a decisão do Hamas de atacar Israel em 7 de outubro. 82% acreditaram que a ação armada havia relançado a atenção do mundo para o conflito israelo-palestino, o que poderia levar a maior apoio ao reconhecimento do Estado palestino.

63% da população de Gaza acreditava que Israel era o principal responsável pelo sofrimento naquela Faixa; 22% os Estados Unidos, e apenas 8 % o Hamas. 97 % acusaram Israel de ter

---

22 As Forças de Defesa de Israel contestaram sondagens de opinião do referido instituto palestino. Segundo fontes militares, o Hamas teria alterado dados para inflar o apoio público em seu favor. Como dito, a "guerra de informação" é um dos capítulos de qualquer conflito militar. No presente caso, como em qualquer disputa, a verdade está em algum lugar entre os extremos.

cometido crimes de guerra, enquanto apenas 9% acreditavam que o Hamas os cometeu.

56% acreditavam que o Hamas continuará controlando Gaza. Destes, apenas 46% dos habitantes da Faixa têm tal opinião, ao passo que 62% na Cisjordânia. Apenas 24% acreditavam que a Autoridade Palestina administrará a Faixa, e 4% creem que será o exército de Israel.

65% manifestaram oposição à solução de dois Estados, e apenas 32% apoiaram essa solução. 54% favoreciam a luta armada. 25% preferiam negociações, e apenas 16% a resistência popular não violenta. 45% apoiavam a luta armada contra os ataques dos colonos na Cisjordânia (crescimento em relação a março – 41%).

Em junho de 2024, o Chefe do Estado-Maior das Forças Armadas de Israel anunciou que o Hamas estava derrotado, não no sentido da ausência de terroristas, mas de que não pode mais atuar como unidade de combate. Especialistas, entretanto, assinalaram que os combatentes do grupo islâmico permaneciam em túneis e continuavam fazendo emboscadas.

Por outro lado, o porta-voz das Forças Armadas de Israel havia admitido que o Hamas não pode ser derrotado como ideologia. Afirmar que o Hamas desaparecerá é, em suas palavras, "jogar areia nos olhos das pessoas". Repercutiu na imprensa o descontentamento, no estamento militar, com a insistência de Netanyahu em destruir o Hamas sem apresentar objetivos concretos nem estratégia para o pós-guerra.

Netanyahu descartou a transferência da administração de Gaza para a Autoridade Palestina. Sublinhou a necessidade de militarizar a Faixa e estabelecer uma administração civil. Afirmou, por outro lado, que recolonizar Gaza não seria realista.

Em paralelo, o Ministro Bezalel Smotrich, líder do Partido Sionismo Religioso, afirmou que a Cisjordânia estava sendo anexada com o apoio do Exército. A administração de parcelas da Cisjordânia era transferida do Exército para o governo civil por meio de legalizações de assentamentos e investimentos em infraestrutura.

Mídias sociais mostraram vídeo de veículo do Exército israelense com palestino amarrado no capô dianteiro, circulando pelas ruas de alguma cidade da Cisjordânia. As Forças Armadas de Israel afirmaram que a ação era contrária às regras do Exército. O vídeo se somou a outras imagens que mostravam vandalismo e humilhação praticados por soldados em mesquitas, lojas comerciais, quartos de crianças, salas de famílias, escolas e *snipers* atirando em jovens e mulheres. As imagens confrontavam a propaganda do "exército mais moral do mundo".

Segundo o SIPRI, 69% das armas e equipamentos militares adquiridos por Israel provêm dos Estados Unidos, incluindo todas as aeronaves. O governo norte-americano transfere a Israel 3,8 bilhões de dólares por ano a título de cooperação em defesa. Em abril e agosto de 2024, pacotes de 17 e 20 bilhões de dólares foram aprovados pelo Congresso norte-americano. Os Estados Unidos também operam a única base militar estrangeira instalada em Israel, no deserto do Negev.

O Ministro Bezalel Smotrich, responsável por temas de defesa e segurança na Cisjordânia, anunciou a aprovação de cinco novos assentamentos na Palestina ocupada. Declarou que para cada país que reconhecer unilateralmente o Estado palestino, será estabelecido um novo assentamento na "Judeia e Samaria" com o nome do país: cinco países "cometeram tal erro", e por isso foram aprovados cinco assentamentos.

Além da Cisjordânia, extremistas pressionam o governo israelense pelo estabelecimento de novos assentamentos dentro da Faixa a Gaza. Em julho de 2024, Israel anunciou cinco novos assentamentos e aprovou outros três, apropriando de forma recorde 1.200 hectares nos territórios palestinos ocupados. A União Europeia afirmou que tais medidas constituem uma anexação de fato. A ONG israelense *Peace Now* qualificou a decisão de maior confisco de território palestino desde os acordos de Oslo.

O Secretário de Estado norte-americano Antony Blinken afirmou que o Hamas é o único obstáculo para o acordo de paz, pois insiste em incluir dois elementos inaceitáveis para Israel: o cessar fogo definitivo e a retirada das forças de Gaza.

O Primeiro-Ministro Netanyahu apresentou quatro exigências consideradas inegociáveis para o cessar-fogo: Israel manteria os combates até que todos os objetivos da guerra fossem alcançados; proibição do contrabando de armas a partir da fronteira de Gaza com o Egito; proibição do regresso de terroristas armados ao Norte da faixa de Gaza; e garantias da libertação do maior número possível de reféns vivos. Reiterou que Israel enfrenta uma ameaça existencial, e que o país está em guerra em sete frentes: Hamas, Hezbollah, houtis, milícias no Iraque, "terrorismo na Judeia e Samaria" e o Irã.

Insistiu no argumento de que a guerra não era apenas de Israel, mas de todo o Ocidente, uma guerra do mundo civilizado contra a barbárie. Declarou que "Para nós, qualquer não combatente ferido é uma tragédia. Para o Hamas, é uma estratégia. Essa é a diferença fundamental".

Essa disjuntiva "civilização *vs* barbárie" seria repetida no pronunciamento de Netanyahu perante o Congresso norte-americano em agosto de 2024. Também o representante permanente de Israel na ONU, Embaixador Gilad Erdan, repisaria o argumento, afirmando que seu país está "na vanguarda da civilização".

Yehuda Fuchs, General ex-comandante do Comando Central das FDI afirmou que o "crime nacionalista", sob "disfarce da guerra e do desejo de vingança", havia "semeado o caos e o medo entre residentes palestinos que não representavam nenhuma ameaça".

Em julho de 2024, representantes das FDI admitiram que haviam fracassado na missão de proteger o *kibutz* Be'eri no dia

7 de outubro. Detalharam uma série de erros, incluindo desorganização, falta de coordenação entre forças e tempos de resposta lentos. Comissão de inquérito também avaliou a decisão de um general israelense de autorizar disparos de tanques contra uma casa onde o Hamas mantinha reféns.

Israel e Emirados Árabes discutiam, com apoio dos Estados Unidos, proposta para a reconstrução e segurança de Gaza. A proposta previa força internacional após cessar fogo aprovado pelas Nações Unidas e oficialmente solicitada pela Autoridade Palestina. Apesar disso, como já dito, Netanyahu se opõe à participação da Autoridade Palestina na administração de Gaza.

O Hamas insistia em implementar o que fora acordado em julho de 2024, com base nas recomendações do Presidente Joe Biden e na resolução do CSNU, e não prosseguir em novas rodadas de negociações.

O Ministro da Defesa, Yoav Gallant, qualificou de "pura baboseira" a insistência de Netanyahu de "vitória absoluta" sobre o Hamas. Segundo o Ministro, Israel se encontra em uma encruzilhada: de um lado, um acordo sobre reféns, o cessar-fogo e a diminuição dos confrontos na fronteira Norte; de outro, continuar bombardeando Hamas sem receber os reféns, uma guerra total contra o Hezbollah e possivelmente o Irã. O Ministro apoia a primeira opção. Ainda segundo Gallant, o acordo sobre reféns está atrasado por causa da posição israelense.

O Ministro das Finanças, Bezalel Smotrich, se opõe a um acordo, que considera uma "armadilha perigosa", pela qual os mediadores ditam fórmulas e forçam Israel a uma rendição que "jogaria pelo ralo o sangue derramado na guerra mais justa que estão travando". O acordo seria um "prêmio ao terror" e "corroeria severamente a dissuasão israelense e sua reputação no Oriente Médio". O porta-voz do Conselho de Segurança Nacional dos Estados Unidos, John Kirby, criticou o Ministro israelense pelos comentários, chamando-os de completamente equivocados, pois sugerem que a guerra deve continuar indefinidamente. Disse que o Ministro estaria enganando a população israelense.

Em carta ao PM Netanyahu, o diretor do *Shin Bet*, Ronen Bar, qualificou a violência de colonos na Cisjordânia como "terrorismo judaico". Vinculou os ataques dos colonos ao extremismo do sionismo religioso, criticando seu líder, o Ministro da Segurança Nacional, Itamar Ben-Gvir, e sublinhou a preocupação do impacto negativo para a segurança e a própria existência do Estado de Israel. A violência poderia provocar a perda de controle do sistema de segurança. Em sua avaliação, as ações dos colonos se tornaram sistemáticas, inclusive com enfrentamento às forças de segurança israelenses com armas de fogo muitas vezes distribuídas pelo próprio Ben-Gvir. Segundo ele, a violência dos colonos deslegitima Israel perante a comunidade internacional, inclusive junto aos aliados (EUA); pode levar o país a um conflito de múltiplas frentes; mobiliza forças que poderiam estar em linhas de combate em Gaza e na fronteira norte, com o Hezbollah; e prejudica alianças com países árabes em oposição ao Irã e seus *proxies*.

Israel assinala que a guerra é contra o Hamas, não contra os palestinos. Não se desejaria destruir a população palestina, mas o movimento islâmico, em resposta ao massacre de civis israelenses em 7 de outubro. Lembra que o objetivo do Hamas é eliminar Israel e o povo judeu, o que caracteriza intenção de genocídio. Para Israel, o uso da força militar é justificado pelo direito internacional como autodefesa, e não configura genocídio. Assinala-se que suas Forças de Defesa adotam "práticas humanitárias", como avisar os civis antes dos ataques e criar corredores e zonas humanitárias, além de permitirem a entrada de ajuda humanitária. Acusam o Hamas de usar a população civil como escudos humanos para aumentar o número de vítimas e sensibilizar a opinião pública mundial. Afirmam também que têm tomado medidas para minimizar os danos, que reconhecem trágicos, mas não ilegais. E que o Ministério da Saúde controlado pelo Hamas não faz distinção entre combatentes e não combatentes em suas estatísticas.

Por seu turno, os palestinos afirmam que a guerra não é contra o Hamas nem apenas em Gaza, mas contra todo o povo palestino, uma guerra de ocupação e conquista total com desprezo aos direitos humanitários e à autodeterminação. Essa discussão será desenvolvida na seção sobre o "abismo humanitário e o colapso do sistema internacional" (abaixo).

Em julho de 2024, o líder do Hamas, Ismail Haniyeh, foi assassinado em Teerã. Durante todo o mês de agosto Israel se preparou para um possível ataque iraniano em retaliação. Estados Unidos e Israel intensificaram a coordenação da cooperação em defesa e a costura de uma coalizão internacional contra o Irã e seus *proxies* – Hezbollah, Hamas e houtis. Os Estados Unidos deslocaram os porta-aviões US Abraham Lincoln e US Theodore Roosevelt, além de submarinos e recursos aéreos posicionados contra o Irã.

A imprensa assinava a tensão entre o Presidente Joe Biden e o Primeiro-Ministro Netanyahu. "Stop bullshitting me", teria dito Biden.

Estados Unidos, França, Grã-Bretanha, Itália e Egito intensificaram contatos diplomáticos buscando evitar uma escalada regional. O Presidente da França, Emanuel Macron, pediu ao Presidente do Irã, Massoud Pezeshkian, e ao Primeiro-Ministro Netanyahu que ambos abandonassem a "lógica de represálias" e se concentrassem em "preservar suas populações civis".

O cenário mais grave do conflito de Gaza é o transbordamento da crise para a Cisjordânia e a escalada regional, com o envolvimento definitivo do Hezbollah e do Irã. Questiona-se até que ponto seria viável uma intervenção internacional, com uma coalizão de países árabes, potências ocidentais e missão de paz da ONU, o grau de presença militar de Israel e o nível de administração da Autoridade Palestina. E, finalmente, qual papel será reservado ao Hamas.

Os desenvolvimentos finais da guerra de Gaza serão apresentados abaixo, na seção sobre o abismo humanitário e a falência do sistema internacional.

O resgate dos brasileiros na Faixa de Gaza

"Brasileiros morrem em Gaza sob bombardeio, fome e sede".

Esta era a manchete que eu não queria ler. Fizemos de tudo para evitá-la.

Graças a Deus nenhum brasileiro morreu sob bombardeio ou de fome e sede na guerra de Gaza e ninguém leu nem ouviu essas *Breaking News*. Todos foram protegidos da catástrofe humanitária que se abateu sobre aquela Faixa.

Infelizmente, Michel Nisenbaum, refém brasileiro, morreu prisioneiro do Hamas.

Implementamos um dos capítulos da política externa: a assistência consular e a proteção dos nacionais brasileiros no exterior.

Num primeiro momento, nosso objetivo foi retirar nossos cidadãos do teatro de hostilidades militares, deslocando-os para zonas seguras na Faixa de Gaza; segundo, trabalhamos para abrigá-los e livrá-los da crise humanitária que assolava 2 milhões de pessoas; e, por fim, com o apoio de nossas Embaixadas da região e da Força Aérea Brasileira, conseguimos evacuá-los para o Brasil.

O Brasil realizou a maior operação de evacuação e repatriação aérea de nossa História: 1.592 cidadãos resgatados, em 11 voos da FAB. Operações complexas que envolveram estreita articulação e coordenação entre Chancelarias, Embaixadas, a comunidade brasileira e a FAB.

De Israel, foram evacuados 1.477 cidadãos em novembro de 2023.

Da Palestina, entre novembro de 2023 e agosto de 2024, foram evacuados 123 brasileiros e parentes próximos, em seis operações de evacuação (duas na Cisjordânia e quatro em Gaza).

Esta seção contém o relato das operações de repatriação – sua preparação e execução, suas dificuldades e tensões.

Na madrugada do sábado 7 de outubro de 2023, ainda em Brasília, ao ver pelo celular as imagens, vídeos e relatos dos ataques terroristas, imediatamente tive a dimensão da gravidade do ocorrido, e da magnitude da retaliação militar de Israel que se abateria sobre Gaza. Sabia que a comunidade brasileira estava em perigo, e precisaria ser evacuada o mais rápido possível.

Tínhamos passado por situação semelhante em maio de 2021, quando Gaza havia sido bombardeada, e 12 brasileiros haviam pedido apoio para repatriamento. Naquela ocasião, apenas uma família de 4 pessoas efetivamente saiu da Faixa, tendo os outros preferido permanecer, após o arrefecimento das hostilidades.

Naquele mesmo dia 7 de outubro, pedi às duas funcionárias do setor consular do Escritório do Brasil em Ramallah, Laila e Fatima, ambas gaúchas-palestinas e muçulmanas, que ligassem para a comunidade brasileira residente em Gaza.

Já os tínhamos registrados, como resultado dos "consulados itinerantes" que o Escritório realizava em Gaza duas vezes ao ano. Como os consulentes não podem ir até Ramallah, íamos ao encontro deles para oferecer serviços consulares *in loco* (passaportes, documentos, vistos).

Tínhamos um registro de poucas dezenas de cidadãos residentes naquela Faixa. Ligamos para todas as famílias.

"Como vocês estão?" "Vai vir bomba na cabeça da gente", respondiam, conscientes da gravidade da situação. Sabíamos que a reação de Israel seria imediata e contundente. Poucas horas depois, de fato, começaram os bombardeios no dia 7 de outubro.

Era necessário implementar com urgência ações de proteção aos cidadãos brasileiros, culminando com a evacuação. Uma ação humanitária não se improvisa. Uma das máximas da nossa diplomacia é a de que "O Itamaraty não improvisa". Como muitas embaixadas em áreas de risco, tínhamos um plano de contingência.

O plano foi elaborado pelo nosso Escritório em Ramallah em colaboração com colegas da Embaixada em Tel Aviv e a participação de adidos militares. O capítulo final do plano trata justamente de evacuação pela FAB. Começamos a planejar a operação de retirada, como previsto, pela fronteira Sul, com o Egito.

Os primeiros relatos para o Itamaraty foram expedidos no mesmo sábado, 7 de outubro. Como nosso pessoal não pôde acessar o escritório em Ramallah – *check points* fechados –, os expedientes foram transmitidos pela nossa Embaixada em Tel Aviv, chefiada pelo Embaixador Frederico Meyer, cujos colegas foram extraordinariamente colaborativos com nossa equipe de Ramallah.

Na manhã de domingo, 8 de outubro, houve uma reunião de emergência no Itamaraty, conduzida pela Secretária-Geral, Embaixadora Maria Laura da Rocha, naquele momento Ministra interina (o Ministro, Embaixador Mauro Vieira, encontrava-se em viagem pela Ásia). Participaram da reunião o Ministro da Defesa, José Múcio, o Comandante da Aeronáutica, Brigadeiro Marcelo Damasceno, e o assessor internacional do Presidente Lula, Embaixador Celso Amorim.

O Brigadeiro Damasceno explicou como seria a operação de resgate dos brasileiros em Israel. Recordei aos presentes, entretanto, que havia brasileiros nos dois lados do conflito, e que resgatá-los de Gaza exigiria uma operação mais complexa. Além da organização de logística aérea, seria necessária uma costura política e institucional com interlocução em vários níveis: as "autoridades *de facto*" de Gaza (Hamas) e os governos de Israel e do Egito, além de outros países influentes na área.

A fronteira Sul de Gaza, com o Egito, é uma das mais sensíveis da região, pois nela transitam membros do Hamas, da Jihad Islâmica e da Irmandade Muçulmana, além de armas.

O Brasil não tem relação com o Hamas. Entretanto, para proteger os brasileiros e conseguir autorização para que saíssem de Gaza, era necessário ter algum canal de comunicação com o movimento islâmico. Entrei em contato. A resposta foi imediata, e a melhor possível: "Tudo o que seus cidadãos precisarem, contem conosco".

O Brasil é um país muito querido e respeitado por todos os lados. Orgulho de ser diplomata brasileiro.

Os brasileiros concentravam-se em quatro cidades: Gaza, Khan Younis, Beit Hanoun e Beit Lahia. Reabilitamos um grupo de WhatsApp criado em maio de 2021, durante o conflito anterior, e passamos a nos comunicar por ele.

Num primeiro momento, mesmo com o começo dos bombardeios, os brasileiros optaram por permanecer em suas casas até serem resgatados.

Meu voo comercial do Brasil para Israel marcado para 9 de outubro foi cancelado, mas consegui embarcar em um dos voos da FAB que ia resgatar os brasileiros.

Minha secretária no Escritório de Ramallah, Sophie, cristã ortodoxa palestina, conseguiu fechar o contrato com uma empresa de ônibus em Gaza para levar nossos nacionais do Norte da Faixa, onde se encontravam, até Rafah. Uma viagem curta, menos de 40 km.

Tomamos a precaução de comunicar oficialmente aos governos de Egito e Israel e à "autoridade" de Gaza os detalhes da evacuação dos brasileiros. Informamos suas identidades, placas dos ônibus, fotos. Os veículos seriam identificados com bandeiras do Brasil.

Nosso embaixador no Cairo, Paulino de Carvalho Neto, recebeu a lista dos brasileiros e a comunicou ao Ministério dos Assuntos Externos do Egito. A mesma lista foi encaminhada à nossa Embaixada em Tel Aviv, que também a comunicou à Chancelaria israelense e ao COGAT, agência responsável pelos territórios palestinos ocupados.

Já no dia 10 de outubro partia o primeiro voo da FAB de repatriação dos brasileiros que estavam em Israel, com mais de duzentas pessoas.

O problema maior era que a fronteira com o Egito havia sido bombardeada. Com o fechamento da fronteira ao Sul da Faixa por tempo indefinido, nosso plano de evacuação imediata caía por terra.

No grupo de WhatsApp, os brasileiros começaram a enviar mensagens de texto, áudio e vídeo desesperados. "Estamos apavorados, vamos morrer. Nos ajudem a sair daqui".

Os bairros onde moravam passaram a ser bombardeados. Passamos para a seguinte etapa do protocolo: enquanto aguardávamos a evacuação propriamente dita, era necessário proteger os brasileiros de hostilidades e levá-los a um local seguro.

Nossas funcionárias ligaram para a Igreja da Sagrada Família, já mencionada nas seções anteriores, que acolhe nossos "consulados itinerantes" em Gaza, pedindo que abrigassem os brasileiros temporariamente.

O nome do local (Sagrada Família), como já assinalado, é homenagem ao fato de que, dois mil anos atrás, um jovem casal passou por Gaza rumo ao Egito, fugindo de um rei insano (Herodes, o Grande) que estava cometendo um genocídio de crianças em Belém. A jovem mãe levava um bebê recém-nascido. Era Jesus – também refugiado, que percorreu com seus pais a mesma rota hoje perambulada por quase dois milhões de palestinos.

A paróquia tem uma escola, a melhor de Gaza. O padre concordou em dar refúgio aos brasileiros. Pouco depois, no entanto, ele seria avisado pelo Exército israelense de que o prédio ao lado seria bombardeado, o que inviabilizou nossa ideia.

Minha secretária consegiu, então, outra escola católica de Gaza: a das Irmãs do Rosário, que muito gentilmente aceitou acolher nossos cidadãos. Por meio da Embaixada em Tel Aviv, avisamos ao COGAT que havia brasileiros lá, a fim de evitar que o local fosse bombardeado.

Colocamos à disposição dos brasileiros a psicóloga contratada pelo Escritório em Ramallah para acalmá-los na situação traumática por meio de mensagens no nosso grupo de WhatsApp.

Escrevi para os brasileiros no grupo: “Vocês estão num oásis de segurança”. Tudo ao redor estava sendo bombardeado, mas a escola era segura. Mencionei o Salmo 91: “Mil cairão ao teu lado, e dez mil à tua direita, mas tu não serás atingido”.

A imprensa passou a acompanhar intensamente o desenrolar dos acontecimentos. Fiz questão de manter um constante fluxo de informações com vários veículos, para que a opinião pública brasileira conhecesse os dois lados do conflito, inclusive o dos brasileiros-palestinos de Gaza.

Mas a realidade teimava em negar a manchete da evacuação dos brasileiros.

No dia 12 de outubro, Israel envia um ultimato: no dia seguinte todos os habitantes do Norte da Faixa de Gaza deveriam migrar para o Sul. Liguei imediatamente para a diretora da escola onde estavam os brasileiros, para saber o que fariam. Ela disse: “Recebemos a instrução de permanecer aqui”. Consultei em seguida o Núncio Apostólico, representante diplomático da Santa Sé. “Israel mandou irmos para o Sul, mas, se formos nessas condições, será a marcha da morte”, disse-me.

Todos os hotéis, pousadas e abrigos das Nações Unidas estavam lotados. Os brasileiros nos escreviam e mandavam vídeos de bombardeios e destruição. Estavam desesperados para sair do Norte da Faixa. Suas crianças choravam de medo.

O 13 de outubro foi provavelmente o dia mais tenso da minha vida. Mas ele começou com uma boa notícia: do meio-dia às cinco da tarde, seria aberto um corredor humanitário para que as pessoas pudessem deixar a Faixa de Gaza rumo ao Egito. Um comboio internacional teria caminho livre para escapar da guerra.

Contudo, vinte minutos antes do deslocamento, recebemos outra mensagem das autoridades israelenses: a fronteira fora fechada novamente, e a ordem era que todos permanecessem onde estavam. Ficamos aprisionados entre duas informações contraditórias: primeiro disseram para todos deixarem o Norte, depois para ninguém sair. Vão bombardear e não permitir que as pessoas se desloquem?

Consternação geral entre nossos brasileiros. Não aguentavam mais a espera no Norte, sabiam que os bombardeios iam piorar. Tínhamos poucos minutos para tomar uma decisão arriscada. Manter todos na cidade de Gaza, conforme nos recomendavam, ou atender ao clamor do grupo, desesperado para sair rumo ao Sul? Apresentei ao Itamaraty as duas opções, sugerindo que tirássemos os brasileiros da escola. Pedi instruções.

Recebida a orientação do Itamaraty, tomei a decisão: "Vamos tirá-los de lá agora". Novamente, avisamos às autoridades israelenses que haveria um ônibus brasileiro na estrada, para que não fosse bombardeado (na véspera, veículos haviam sido atingidos por mísseis no mesmo caminho). Ao contrário de nossa previsão, a viagem de Gaza até Khan Younes, que duraria mais de duas horas por causa do engarrafamento, durou apenas 45 minutos. Um milagre. Saíram na janela de oportunidade perfeita.

Tínhamos cumprido a primeira parte do plano: tirar os cidadãos brasileiros da zona de conflito.

Naquela mesma tarde, aproveitando a relativa "calmaria", alguns brasileiros saíram de Khan Younes e acabaram encontrando uma casa em Rafah, a 1 km do posto de imigração com o Egito. Dava para ir andando até a fronteira. Passaram-nos o contato do proprietário da casa; minha secretária ligou, e alugamos na hora. Isso garantiu um mínimo de conforto para as famílias dos brasileiros no meio da guerra.

À noite, recebemos uma foto do jantar. Todos sentados no chão, desfrutando de pratos compartilhados, à moda árabe, com *hummus*, saladas e pão árabe.

Enquanto aguardavam, impacientes, a abertura da fronteira, todos os brasileiros estavam abrigados e alimentados. Como de praxe, informamos a Israel a localização dos brasileiros, para que suas casas fossem poupadas dos bombardeios.

Nosso grupo estava dividido em dois: uma parte abrigada em duas casas alugadas em Rafah, e outra em suas residências em Khan Younes.

Os brasileiros na Cisjordânia também começaram a ficar apreensivos com a deterioração da segurança. O Escritório do Brasil em Ramallah começou a preparar, preventivamente, lista de interessados em eventual evacuação. De novo, nada se improvisa!

No final de outubro, duas semanas depois do início das hostilidades, o grupo de brasileiros interessados na evacuação de Gaza havia crescido para 34, mas ainda não havia autorização do governo egípcio para atravessar a fronteira de Rafah e acessar o avião da FAB, que já estava estacionado no Cairo. A fronteira permanecia fechada.

Enquanto aguardavam a autorização, nossos brasileiros se mantinham a salvo da crise humanitária. Além do aluguel das casas, o Escritório do Brasil realizava transferências de recursos recebidos do Itamaraty para que pudessem comprar alimento, água, gás e remédios.

Com o que enviávamos, podiam fazer feira. Cada cesta básica ou garrafas de água que chegavam eram pequenas vitórias. Enviavam-nos fotos e vídeos, contentes e agradecidos. Uma criança estava doente, consultou-se com um médico voluntário de Jerusalém que indicamos, e a mãe pôde comprar remédios e fraldas. À medida que as hostilidades se intensificavam e as semanas passavam, começaram a faltar todos os produtos.

No final de outubro, os primeiros caminhões com carregamento humanitário começaram recebendo autorização para entrar na Faixa, mas não havia permissão para a saída de estrangeiros.

Começou a ficar claro que o principal motivo para a negativa egípcia em autorizar a passagem de estrangeiros era o critério de segurança de Israel. O trânsito de pessoas e cargas entre o Sinai e Gaza é objeto de estreita coordenação de segurança entre Israel e Egito. Este submete à autorização israelense relações de passageiros e materiais em trânsito, para evitar possível fuga de membros do Hamas ou da Jihad Islâmica. Além disso, havia o receio egípcio de uma onda de centenas de milhares de refugiados de Gaza sobre o Sinai.

Ao contrário da Jordânia, Síria e Líbano, o Egito nunca recebeu refugiados palestinos em massa. Desde 1948, todos se concentraram em Gaza.

Diante da demora, o governo brasileiro elevou o nível das gestões junto ao Egito e a Israel. O Presidente Lula, os Ministros Mauro Vieira e Celso Amorim, as Embaixadas no Cairo e em Tel Aviv, todos realizavam ingentes esforços para que Egito e Israel permitissem a saída da Faixa.

A iminência da operação militar em larga escala de Israel – por terra, ar e mar – bloqueou o avanço nas discussões do Conselho de Segurança – naquele momento presidido pelo Brasil – em favor do cessar fogo e da abertura de corredores humanitários. O projeto de resolução apresentado pelo Brasil foi vetado pelos Estados Unidos, a pedido de Israel.

Abro aqui uma pequena digressão para recordar que tropas brasileiras atuaram em Gaza durante dez anos. A primeira missão de paz do Brasil na ONU teve início em 1957, após a Guerra de Suez. Soldados brasileiros ajudaram a proteger os palestinos de Gaza. O local onde se instalou o batalhão, em Rafah, tornou-se um bairro chamado *Al Brasil*, um campo de refugiados com um clube e campinho de futebol. Os palestinos mais velhos, que eram crianças naquela época, se lembram dos brasileiros com carinho.

Visitei Rafah duas vezes em 2022, durante os consulados itinerantes. A segunda vez, em novembro, coincidiu com a Copa do Mundo. Momento inesquecível! Assisti ao jogo Brasil *vs* Suíça com os moradores de lá, que organizaram uma festa para o Brasil num dos principais clubes da cidade, com direito a torcida, telão, bandeiras e decoração verde-amerela. Uma confraternização inesquecível, com torcedores palestinos de Gaza fanáticos pela Seleção. Jamais os esquecerei. O clube foi destruído, e certamente muitos daqueles torcedores estão mortos.

A convite das lideranças comunitárias, plantei uma oliveira no bairro *Al Brasil*, a poucos passos da fronteira com o Egito, ao lado de líderes comunitários e crianças vestidas com o traje tradicional palestino, com bordado vermelho e preto. Gostaria de voltar àquele lugar para reencontrar sobreviventes entre as pessoas que conheci – velhos, jovens, crianças – e também ver se aquela oliveira ainda está de pé.

No final de outubro, começaram a ser autorizadas entradas de poucos caminhões levando água, comida, remédios. Diante das necessidades da população, a quantidade era muito insuficiente. Antes da guerra, entre 200 e 400 caminhões passavam todos os dias pela fronteira de Rafah, mas naquela ocasião apenas cerca de 20 eram autorizados.

Já se anunciavam a invasão terrestre de Israel e a catástrofe humanitária. As semanas se passavam, a fronteira continuava fechada para a saída de estrangeiros. Inércia angustiante diante de uma situação que se agravava e podia afetar os brasileiros, até então protegidos.

Instalações da ONU começavam a ser bombardeadas. Pedimos aos brasileiros que começassem a estocar alimentos e água. Como não havia mais pão na região, eles compravam farinha para fazer o pão em casa. Os grandes galões d'água, cada vez mais raros, eram transportados em carroças puxadas por jumentos. Lembrava-me o interior do meu Nordeste.

Os bombardeios se intensificavam, principalmente à noite. Para as crianças, era traumático o barulho das bombas e dos voos rasantes dos F-16. Colocamos à disposição dos brasileiros uma psicóloga contratada pelo Escritório em Ramallah para enviar mensagens e orientações por WhatsApp. Uma das mães respondeu: "Só vou poder seguir suas recomendações quando estiver de volta ao Brasil. Aqui não dá. É impossível dormir com esses bombardeios". Outra brasileira escreveu: "A gente vai morrer e o mundo inteiro vai assistir".

Lia essas mensagens e relatos desumanos da guerra e de seu impacto sobre crianças, mulheres e idosos enquanto assistia pela TV à reunião do Conselho de Segurança da ONU, presidido pelo Brasil, que discutia a situação em Gaza. Disse a mim mesmo: seria melhor se essa reunião acontecesse não no elegante salão da Primeira Avenida, em Nova York, mas em um clube comunitário de Rafah. Os representantes diplomáticos teriam mais sensibilidade e pressa em resolver a situação, para além das instruções burocráticas ditadas de gabinetes confortáveis, seguros e distantes de suas capitais.

A imprensa brasileira fez uma cobertura excelente: vendo as notícias, nossos nacionais em Gaza sabiam que não estavam sós, recebiam o alento de um País que torcia por eles.

Participei de uma videoconferência do Presidente Lula com brasileiros de Gaza. "Coragem, mantenham a esperança, tudo vai dar certo", disse o Presidente. "Vocês vão sair daí e voltar ao Brasil. Como vocês dizem, *Salam Aleikum*". A conversa deu ânimo aos brasileiros.

Todos os dias eu ia ao Santo Sepulcro, na Cidade Velha de Jerusalém, para rezar. Pedia a Deus misericórdia para as famílias que estavam sofrendo. Impossível não se sensibilizar diante dos vídeos dos bombardeios, de crianças chorando, de pais desesperados, de corpos dilacerados.

Às vezes faltava energia e havia problemas de conexão internet, o que aumentava a angústia deles e de nossa equipe na Palestina. Os brasileiros relatavam dificuldade crescente para adquirir água e gás, mesmo a preços muito inflacionados. Também reclamavam da infestação de insetos e pragas decorrente do colapso sanitário. O médico árabe-palestino voluntário de Jerusalém continuava à disposição para consultas virtuais.

Somente no início de novembro de 2023, três semanas depois do início do conflito, a passagem de Rafah foi aberta ao trânsito de pessoas, para permitir que feridos ingressassem no Egito para tratamento. Começaram, finalmente, a circular listas de estrangeiros autorizados a evacuar. Mas os brasileiros não figuraram nas primeiras relações, o que aumentava a ansiedade e a frustração. Não havia qualquer objeção política, como cogitado na imprensa, para a demora em atender os brasileiros. A razão era efetivamente a lentidão, por parte de Israel e do Egito, no processamento dos milhares de pedidos de dezenas de países.

Um grupo de brasileiros residentes na Cisjordânia demandava repatriação para fugir da violência que crescia também naquela região. Essa operação tinha que ser feita pela Jordânia, visto que os brasileiro-palestinos não têm permissão para embarcar no aeroporto Ben Gurion, em Israel. A demanda foi atendida. No dia 1 de novembro de 2023, enquanto ainda se aguardava a abertura da fronteira de Rafah, um grupo de 32 brasileiros foi evacuado de cidades e vilarejos palestinos. Com o apoio da Embaixada do Brasil em Amã, chefiada pelo Embaixador Márcio Fagundes do Nascimento, os nacionais embarcaram em voo da FAB rumo ao Brasil.

Os veículos foram identificados com bandeiras do Brasil. Seguindo o protocolo, para fins de segurança, placas e listas de passageiros foram informadas às autoridades da Palestina e de

Israel. Os motoristas fizeram os trajetos em estradas vicinais não controladas por Israel nos territórios ocupados. O trajeto, embora mais longo e sinuoso, evitou que fossem abordados pela polícia israelense em *check points*, o que inviabilizaria a viagem. Os veículos fizeram o caminho desde três pontos de encontro até Jericó, onde os passageiros realizaram os trâmites migratórios da Autoridade Palestina. De lá, cruzaram a ponte Allenby – Rei Hussein, de onde seguiram para Amã.

Tivemos indícios de que as comunicações eletrônicas do posto com a comunidade brasileira na Cisjordânia (inclusive o grupo de WhatsApp) estavam sendo monitoradas. Brasileiros reportaram que seus celulares foram *hackeados* ou bloqueados por postarem informações sobre o conflito em Gaza e sobre a situação na Cisjordânia. Houve também relatos de *drones* monitorando residências de brasileiros na Cisjordânia.

Em 10 de novembro de 2023, brasileiros foram finalmente incluídos na lista de estrangeiros autorizados a evacuar Gaza. Dois dias depois, em 12 de novembro, 32 nacionais e familiares foram transportados de Khan Younis e Rafah até o posto de fronteira com o Egito em ônibus contratado pelo Escritório do Brasil, e finalmente evacuados para o Cairo, com o apoio de nossa Embaixada naquela capital, chefiada pelo Embaixador Paulino Franco, e sua equipe. De lá, foram repatriados ao Brasil em avião da FAB.

A chegada a Brasília foi um momento histórico, de alívio e alegria para todos. O Presidente Lula foi à Base Aérea para recepcioná-los.

Ainda em Gaza, forças israelenses começaram a coagir a população civil de Khan Younes e Deir al Balah a deixarem as cidades, em preparação para nova onda de bombardeios. O Escritório do Brasil em Ramallah contatou os nacionais para recomendar que fossem realocados em Rafah. Quase todos, assustados com os bombardeios, aceitaram a oferta.

Alugamos novas casas em Rafah, tanto para acolher os que haviam chegado de outras cidades quanto para substituir uma, que havia sido danificada por bombardeio. Foram encaminhadas às autoridades israelenses, como sempre, por meio da Embaixada em Tel Aviv, as localizações das casas e informações sobre as famílias dos repatriandos nas diversas regiões de Gaza, para evitar que fossem atacadas.

Também tentamos transferir para o Sul alguns dos brasileiros que ainda se encontravam no Norte da Faixa, mas tropas israelenses impediram o deslocamento.

Em 9 de dezembro de 2023 foi finalmente aprovada uma segunda lista de 78 brasileiros, de um grupo de 102 candidatos a repatriação. Alguns nomes foram denegados. Outros, mesmo tendo sido autorizados, foram impossibilitados de viajar. Somente 47 puderam sair de Gaza. A maior parte das desistências se deveu ao fato de que denegações atingiram alguns pais, inviabilizando a viagem das famílias completas, com seus filhos menores de idade. Como no caso anterior, o grupo atravessou a fronteira do lado palestino, em Rafah, e ingressou a salvo do lado egípcio.

A quarta operação de evacuação foi realizada em 8 de fevereiro de 2024, quando deixaram a Faixa uma brasileira-palestina com 3 filhos menores, inclusive um bebê nascido na véspera do Natal de 2023.

Em abril de 2024, o Ministro Mauro Vieira realizou visita oficial a Ramallah. Na ocasião, reuniu-se com o Presidente Abbas, o Primeiro Ministro Shtayyeh, o Chanceler Riyad al Malki e outras autoridades, e recebeu homenagem em nome do Presidente Lula no Museu Arafat.

Em maio, foi confirmada a morte do brasileiro-israelense Michel Nisembaum, refém sequestrado pelo Hamas. A única vítima fatal brasileira da guerra em Gaza, segundo o *Tzahal* provavelmente morto no ataque de 7 de outubro. Também em maio, um brasileiro-palestino foi ferido em um bombardeio em frente de seu edifício em Rafah.

Em agosto, mais 8 brasileiros binacionais e familiares palestinos, incluindo crianças, foram evacuados do campo de refugiados de Jenin, em uma operação de risco que exigiu fina articulação com as polícias (e agências de inteligência) da Palestina e sua coordenação com Israel, e o apoio logístico de ambulância do Crescente Vermelho.

Em razão das denegações de autorização de saída e desistências, permaneciam em Gaza até a conclusão deste livro 11 brasileiros (dos quais 7 crianças) e 8 parentes próximos. Três funcionários brasileiros da Cruz Vermelha também estiveram na Faixa, atuando na assistência humanitária. Alguns nacionais estavam abrigados em tendas alugadas, pois as casas de alvenaria que o Escritório do Brasil em Ramallah alugou foram destruídas. Todos já se deslocaram várias vezes à procura de um local seguro, e estavam em perigo constante. Um deles teve sua tenda destruída por míssil, tendo escapado por pouco. O Escritório do Brasil em Ramallah ficou em permanente contato com todos, e continuou transferindo recursos para alimentação, aluguel de abrigos, água e outros itens, a fim de que não dependessem da precária assistência humanitária oferecida pela ONU e agências internacionais.

Antes da guerra de Gaza, em 2023, 88.000 turistas brasileiros visitaram a Terra Santa. Após o início a guerra e as evacuações, pouco mais de 6.000 turistas visitaram Israel no primeiro trimestre de 2024. Raríssimos passaram para o lado palestino, onde o colapso do turismo afunda ainda mais uma economia já combalida com a guerra.

Abismo humanitário e falência do sistema internacional

Em frente ao *Palais des Nations*, sede da ONU em Genebra, há uma escultura gigante e intrigante. Uma cadeira quebrada de 10 metros de altura. Obra do artista suíço Daniel Berset, idealizada por Paul Vermeulen, a curiosa escultura pretende sensibilizar países a assinarem a Convenção de Ottawa sobre Minas Antipessoal.

Aquela cadeira gigante com uma perna quebrada diante da ONU me traz à mente um sentido diferente do pensado pelos artistas. Significa, para mim, a fragilidade e ineficácia do sistema multilateral. Diante das nações representadas pelas bandeiras do *Palais des Nations*, uma estrutura, pesada, instável, sobre a qual um gigante sentado vai se desequilibrar e cair. O edifício multilateral de governança global criado no século XX não tem sido capaz de atualizar-se e dar soluções eficazes e rápidas para as múltiplas crises do século XXI nas áreas de segurança, meio ambiente, pobreza, fome, enfim, a vasta agenda dos "Objetivos de Desenvolvimento Sustentável" da "Agenda 2030". O multilateralismo tem sido cada vez mais atacado pelo neoconservadorismo político mundial.

A Guerra de Gaza ficará registrada na História como combinação do abismo humanitário e da falência do sistema de governança global. O próprio sistema humanitário internacional sofreu suas piores baixas. Além das perdas de vidas, o sistema humanitário que se ocupa dos palestinos (especialmente em Gaza) tem sido atacado por artilharia, *lawfare*, vandalismo, intimidação e propaganda.

Os massacres dessa guerra revelaram colapsos sistêmicos de proteção aos direitos humanos e humanitários, paralisia decisória e desrespeito às decisões do Conselho de Segurança da ONU, da Corte Internacional de Justiça e do Tribunal Penal Internacional, falência na credibilidade e eficácia das instâncias globais.

Uma Resolução do Conselho de Segurança foi considerada de implementação "não obrigatória" (além das outras francamente violadas), juízes do Tribunal Penal Internacional são ameaçados e intimidados, decisões da Corte Internacional de Justiça foram completamente esnobadas, a Carta da ONU literalmente triturada em plenário. Uma verdadeira distopia jurídica.

Em intervenção no Conselho de Segurança, em outubro de 2023, o Ministro das Relações Exteriores, Embaixador Mauro Vieira, recordou que o CSNU não tem um histórico razoável quando se trata da manutenção da paz e da segurança no Oriente Médio: questões relacionadas à região receberam 35% dos 250 vetos dos membros permanentes. Desde 2016, o Conselho não conseguia aprovar uma única resolução sobre a situação na Palestina. "A situação no Oriente Médio é, concluiu o Chanceler, de longe, uma das questões mais bloqueadas no Conselho. Esse fato expressa a ineficácia do sistema de governança".

No mesmo Conselho, o SGONU António Guterres recordou que os ataques de 7 de outubro "não ocorreram no vácuo", visto que "o povo palestino foi submetido a 56 anos de ocupação sufocante". Embora tenha admitido que "as queixas do povo palestino não podem justificar os ataques terríveis do Hamas", argumentou também que "aqueles ataques terríveis não podem justificar a punição coletiva do povo palestino".

Essas palavras provocaram reação furiosa do Representante de Israel na ONU, que exigiu a renúncia do SGONU.

De um lado, o direito de defesa de Israel. De outro, a obrigação de respeitar as obrigações internacionais de direito humanitário, em particular os princípios de distinção, precaução e proporcionalidade, na proteção dos civis palestinos de Gaza.

O Brasil presidia o Conselho de Segurança em outubro de 2023. Seu objetivo era duplo: cessar fogo e abertura de corredores humanitários. O Chanceler Mauro Vieira reiterou que nada justificava os crimes terroristas do Hamas contra Israel, defendeu que todos os reféns fossem libertados e criticou a parasilia do CSNU pelo veto de potências antagônicas:

> *[P]ermanecemos em um impasse, devido a discordâncias internas, especialmente entre alguns membros permanentes, e devido ao uso persistente deste Conselho para atingir*

> *objetivos autocentrados, em vez de colocar a proteção de civis acima de tudo. O fato de o Conselho não ser capaz de cumprir sua responsabilidade de salvaguardar a paz e segurança internacionais em razão de antigas hostilidades é moralmente inaceitável. Não nos enganemos. Os olhos do mundo estão voltados para nós e não se desviarão de nossa incapacidade perturbadora de agir. Todos veem que nossa incapacidade de nos unir em resposta às crises humanas que enfrentamos hoje leva a questionar a própria razão de ser deste Conselho. Alguém até escreveu que, não apenas os civis, mas também este órgão está sob os escombros de Gaza.*

Cabe, aqui, uma digressão para recordar as regras de Direitos Humanos e do Direito Internacional Humanitário em casos de conflito armado. O regime jurídico aplicável são as Convenções de Haia de 1907 e a IV Convenção de Genebra, de 1949, relativa à Proteção das Pessoas Civis em Tempo de Guerra. Tais instrumentos disciplinam sobre ocupação militar, deveres da potência ocupante e direitos das populações civis sob ocupação.

Doutrina e jurisprudência admitem que princípios da IV Convenção de Genebra têm sido violados pela ocupação prolongada dos territórios palestinos. O principal deles diz respeito, na Cisjordânia, à duração da ocupação israelense e sua estrutura permanente. Segundo o direito humanitário, a ocupação pode ser admitida se provisória, enquanto durar o conflito armado, mas não pode ser prolongada, como ocorre há décadas na Palestina.

A expansão de assentamentos, com transferência de colonos e criação de infraestrutura nos territórios ocupados, constitui violação da IV Convenção de Genebra,[23] que contém disposições

23 O Artigo 49 da IV Convenção de Genebra dispõe que "a potência ocupante está proibida de transferir partes de sua população para o território ocupado". São também proibidas as "transferências individuais ou coletivas forçadas". Israel contesta a aplicação da IV Convenção de Genebra sobre os territórios

que visam impedir que a ocupação provisória resulte em mudanças demográficas permanentes. O Estatuto de Roma também contém dispositivo semelhante, que tipifica como crime de guerra a transferência populacional para um território ocupado.[24]

Somente em dezembro de 2023, passados mais de 20 mil mortos e dois meses de conflito, os órgãos da ONU conseguiriam aprovar decisões sobre a guerra de Gaza. A primeira foi a Assembleia-Geral, que adotou, por ampla maioria, resolução que demandava um cessar-fogo humanitário imediato, assim como a libertação dos reféns e acesso humanitário.

Dez dias depois, o Conselho de Segurança finalmente aprovaria resolução sobre assistência humanitária para Gaza (com abstenções de EUA e Rússia). Não havia decisão sobre cessar fogo – que somente seria aprovada em março de 2024 (ver abaixo). Havia apenas um "pedido" de que fossem criadas "as condições para uma cessação sustentável das hostilidades" (contorcionismo retórico a viabilizar o eufemismo possível para obter o consenso, diante do veto norte-americano para a imposição de um cessar-fogo); e uma "demanda" de libertação dos reféns. A resolução foi criticada por diversos países e organizações humanitárias, que a consideraram insuficiente.

Em janeiro de 2024, a crise em Gaza inaugurou um capítulo de grande relevância. A Corte Internacional de Justiça deliberou sobre o caso África do Sul *vs* Israel sobre violações da Convenção para a Prevenção e a Repressão do Crime de Genocídio. A CIJ impôs a Israel medidas cautelares: impedir a prática de atos

---

palestinos ocupados, argumentando que não havia autoridade soberana como parte contratante daquele instrumento (reflexo do paradigma "não existe palestina").

24 Conforme o Artigo 8 do Estatuto de Roma, constitui crime de guerra "a transferência, direta ou indireta, por uma potência ocupante, de parte da sua população civil para o território que ocupa".

proibidos pela Convenção (matar e causar danos corporais ou mentais graves a "membros do grupo", infligir condições de que provoquem destruição física); prevenir e punir atos de incitação ao genocídio; e permitir a prestação de serviços básicos e de assistência humanitária.

A Corte não determinou a cessação das hostilidades, principal demanda sul-africana.

A relatora especial da ONU sobre território palestino ocupado, Francesca Albanese, apresentou relatório denominado "anatomia de um genocídio". Nela, destacou a desumanização sistemática dos palestinos ao longo da história, culminando em ações que se enquadrariam na definição de genocídio.

Questão central era determinar se havia "intenção" de genocídio. Autoridades palestinas e entidades internacionais de direitos humanos assinalavam que atos e omissões do governo israelense demonstravam intenção de destruir palestinos em Gaza, como grupo racial e étnico específico. Apoiavam seu argumento em declarações de altas autoridades israelenses no sentido de que toda a população de Gaza seria responsável pelos atos do Hamas, e que não haveria civis que não estivessem de alguma forma envolvidos ou cúmplices dos atos de 7 de outubro. Recordou-se que um Ministro defendeu o uso de bomba atômica para dizimar a população (ver acima), e que outros comentaram que não se importavam com a sorte dos civis; autoridades chegaram a dizer que todos deveriam ser expulsos ou destruídos "como animais". Colonos enfaticamente manifestavam a intenção de recolonizar Gaza e ter acesso ao mar, passando sobre uma Faixa despovoada.

Por outro lado, argumentos técnico-jurídicos apontariam no sentido não de genocídio em sentido estrito e formal, mas da violação de uma série de dimensões do direito humanitário, e de responsabilidade por crimes de guerra e contra a humanidade: ataques e sofrimento infligido à população civil, transferência populacional, ataques a pessoal da ONU e a pessoal médico, ocupação de território, uso de armas proibidas, tortura e tratamento degradante de presos, execuções sumárias, devastações não justificadas por necessidade militar, uso indiscriminado da força, impedimento de acesso humanitário, uso de fome e sede como armas de guerra, entre outras.

A conduta material criminosa que caracteriza o genocídio deve ser motivada por "dolo específico" – a intenção de destruir, no todo ou em parte, um grupo nacional, étnico, racial ou religioso. Entretanto, se por um lado autoridades ultranacionalistas, radicais e extremistas, mantêm um discurso inflamado e agressivo, por outro, lideranças militares sustentavam que a campanha não se dirigia contra a população palestina, nem contra os civis de Gaza, mas contra o Hamas. Nesse caso, pode-se sustentar não haver "dolo", mas "culpa" – alguma forma de "imprudência militar" –, pelos imensos "danos colaterais" sobre a população civil. Isso configuraria algo como "genodício culposo", que não está tipificado. Nessa lógica, não caberia responsabilização por genocídio, mas por outros crimes de guerra e crimes contra a humanidade.

A figura do genocídio cala fundo em Israel, em memória do horror do Holocausto. A Convenção sobre o Genocídio, de 1948, é resposta da comunidade internacional ao massacre de judeus pelo nazismo.

Por seu turno, palestinos também reclamam para si a condição de vítimas de genocídio, e criticam a forma como Israel reivindica a exclusividade do termo para sua história. A comunidade armênia de Jerusalém, a propósito, reclama que Israel não reconhece o genocídio armênio realizado pela Turquia, anterior ao de judeus na Segunda Guerra.

A Palestina, realisticamente, sabe que Israel não se submeterá à decisão da CIJ e não cessará sua ação militar em Gaza. Recorda antecedentes de várias resoluções do CSNU e da AGNU que nunca foram respeitadas, o que aprofunda o desprestígio do sistema da ONU na Palestina.

Somente em março de 2024 o Conselho de Segurança finalmente conseguiu aprovar Resolução que demandava um cessar-fogo imediato para o mês do Ramadã; a libertação de todos os reféns; e a expanção da assistência humanitária.

O representante palestino contrastou a diferença de velocidade entre a Assembleia Geral, que demandou o cessar fogo ainda em outubro de 2023, com a lentidão do CSNU, que somente conseguiu aprovar uma resolução seis meses e 30 mil mortos depois do início das hostilidades. Por seu turno, o representante israelense considerou vergonhosa a ausência de condenação do Hamas.

Mas a Resolução do CSNU não seria implementada. Israel ignorou a Decisão do Conselho, apoiada pelos EUA, mas classificada pelo Departamento de Estado como "não vinculante". A ausência de condenação formal do Hamas inviabilizou o voto favorável dos EUA, que se abstiveram.

A hipótese de uma resolução do CSNU ser considerada não vinculante gerou revolta e perplexidade em diversos governos, organismos, juristas e especialistas internacionais, que viram no caso *double standard* da comunidade internacional em relação ao conflito na Ucrânia e, de forma geral, um assalto ao direito internacional e à governança global.

Novo capítulo do Direito Internacional: distopia jurídica de normas (especialmente resoluções do CSNU) "que não pegam". Perigosíssimo precedente de "realismo jurídico" marcado pela lei do mais forte, retrocesso histórico, em pleno século XXI, em relação aos avanços do Direito do século XX. Rasguem-se os manuais de Direito Internacional, o que vale é o poder, sustentado por arsenais e por um robusto sistema de propaganda mediática?

A impressão de vários países, entidades internacionais e evidentemente da Palestina, era a da impunidade, indiferença e desrespeito às normas internacionais.

As autoridades israelenses não estavam dispostas a interromper suas operações militares, pouco importava o determinado pelas mais altas instâncias da governança global. Comentava-se sobre o isolamento diplomático de Israel, inclusive *vis à vis* aliados tradicionais (EUA, Europa).

Mais que impunidade, comentava-se nos círculos diplomáticos que havia reversão das perspectivas: o agressor passava a punir. Não somente o grupo nacional adversário, mas também os países que o apoiavam. Israel tomou medidas contra Espanha (seu Consulado em Jerusalém foi impedido de atender palestinos) e Noruega (seu escritório junto ao Estado Palestino foi fechado, e seus diplomatas forçados a retirar-se), por haverem reconhecido o Estado da Palestina. A Suíça foi obrigada a fechar seu escritório de cooperação técnica para a Palestina em Jerusalém, que se transferiu para Ramallah.

Além, claro, da UNRWA, cujas instalações em Jerusalém foram atacadas por populares israelenses, convocados por membros eleitos da municipalidade. A multidão, acompanhada por colonos extremistas, cada vez mais presentes nas ruas de Jerusalém, com fuzis, arremessava pedras e gritava "Queimem as Nações Unidas!" O pessoal da ONU tem sido cada vez mais objeto de assédio e intimidação. O Comissário Geral da UNRWA, Philippe Lazzarini, recordou a responsabilidade do Estado de Israel, como "potência ocupante", em proteger o pessoal e as instalações das Nações Unidas, de conformidade com o Direito Internacional. A agência foi obrigada a fechar suas instalações em Jerusalém, onde operava desde os anos 1950, e transferir seus empregados para outros postos.

Em maio de 2024, um grupo de Senadores norte-americanos assinou carta ameaçando representantes do Tribunal Penal Internacional por causa das investigações sobre a situação na Palestina. Poucos dias depois, procurador do TPI recomendou a prisão do Primeiro-Ministro Netanyahu, do Ministro da Defesa Yoav Gallant e dos líderes do Hamas, Sinwar e Haniyeh. Netanyahu reagiu furiosamente, dizendo que não se trata de medida contra ele e seu Ministro, mas contra o Estado de Israel, contra o *Tzahal* (FDI), colocando no mesmo pé de igualdade terroristas do Hamas e soldados de Israel, segundo ele, "o Exército mais moral do mundo" em uma "guerra justa, incomparável em moralidade". Uma "equivalência moral" inaceitável. Voltou a jogar a carta do antissemitismo, que teria passado dos *campi* universitários para o TPI. Empregou, inclusive, a imagem do "libelo de sangue". E concluiu: "nenhuma pressão internacional e nenhuma decisão de qualquer foro internacional impedirá Israel de defender-se contra os que buscam sua destruição".

Poucas semanas depois, a imprensa noticiou que o ex-diretor do Mossad, Yossi Cohen, havia pressionado o Procurador do TPI para fechar investigação sobre crimes de guerra de Israel em 2021.

O Presidente Joe Biden suspendeu, em maio de 2024, entrega de armamentos a Israel pela falta de garantias de proteção à população civil no ataque a Rafah. Donald Trump criticou Biden, recordando a matança de civis por terroristas do Hamas e a presença de norte-americanos entre os reféns. Afirmou que "Joe is taking the side of those terrorists", inclusive em referência às manifestações nas universidades dos EUA. Na mesma linha, Itamar Ben Gvir publicou em suas redes sociais "Biden loves Hamas". Netanyahu manifestou preocupação com a suspensão do fornecimento de armas, mas afirmou: "If we must stand alone, we will".

O Pentágono opinou que a invasão em Rafah não derrotaria definitivamente o Hamas, e que haveria "métodos melhores" de perseguir o movimento islâmico sem uma operação que colocasse civis em risco. Acrescentou que os EUA não abandonarão Israel, mas não estão dispostos a ajudar por meio de "métodos equivocados".

Diante do impasse de três décadas no diálogo com Israel, o Primeiro-Ministro da Palestina, Mohammed Shtayyeh, anunciou no início de 2024 nova estratégia do governo: ao invés de buscar o relançamento do processo de paz, os objetivos passariam a ser a constituição imediata do Estado Palestino e seu reconhecimento como membro pleno da ONU. Tal estratégia revela decepção com o que consideram "sabotagem" dos processos de paz anteriores.

Em 2015, a Palestina fora reconhecida como Estado observador nas Nações Unidas. Na nova estratégia, em março de 2024, o país relançou o processo na ONU com vistas a obter *status* de membro pleno. Projeto de resolução do CSNU nesse sentido foi vetado pelos EUA, embora tivesse obtido 12 votos a favor e 2 abstenções.

Após o veto no CSNU, o assunto foi levado para a Assembleia Geral, que aprovou, em maio de 2024, Resolução na qual admite estarem reunidos os elementos que permitem à Palestina aceder ao *status* de membro pleno da ONU, e recomendou ao Conselho examinar novamente a matéria. A votação foi expressiva: 143 a favor, 25 abstenções e 9 contra. O Representante Permanente de Israel na Organização afirmou que a Palestina não preenche os requisitos para aceder à categoria de membro da ONU, pois é a "antítese dos Estados amantes da paz", e literalmente triturou a Carta da ONU na tribuna.

Cresce a campanha internacional em favor da admissão da Palestina na ONU. Espanha, Noruega, Irlanda e Eslovênia reconheceram a Palestina como Estado, entre maio e junho de 2024. A Chancelaria israelense convocou os embaixadores desses países para reprimenda. O tratamento concedido aos embaixadores do Brasil em Tel Aviv e dos países acima pela Chancelaria israelense foi muito criticado, por contrastar com o padrão tradicional do protocolo diplomático. As reprimendas foram objeto de grande visibilidade junto à imprensa, e não reuniões fechadas, como é a praxe.

A Corte Internacional de Justiça determinou, em junho de 2024, que Israel cessasse as operações militares em Rafah que pudessem infligir mais danos à população civil. Nos dias seguintes, a despeito da decisão, as Forças Armadas de Israel prosseguiram as operações, que também atingiram civis no acampamento de evacuados e refugiados, matando dezenas destes.

Em julho de 2024, o Knesset aprovou resolução que expressa a oposição ao estabelecimento do Estado Palestino, aprovada por ampla maioria, o que demonstra consenso negativo em todo o espectro político israelense em torno da solução de dois Estados. A resolução estipula:

> *O estabelecimento de um Estado Palestino no coração da Terra de Israel constituiria uma ameaça existencial para o Estado de Israel e seu cidadãos, perpetuaria o conflito israelo-palestino e desestabilizaria a região (...) Será apenas uma questão de pouco tempo até que o Hamas tome o Estado Palestino e o transforme em uma base de terror islâmico radical, trabalhando em coordenação com o eixo liderado pelo Irã para eliminar o Estado de Israel (...) Promover a ideia de um Estado Palestino neste momento será uma recompensa para o terrorismo e só encorajará o Hamas e seus apoiadores a verem isso como uma vitória, graças ao massacre de 7 de outubro, e um prelúdio para a tomada do islamismo jihadista no Oriente Médio.*

O governo brasileiro assinalou, em nota, que a medida é “contrária a todos os esforços da ampla maioria da comunidade internacional para assegurar o direito do povo palestino à autodeterminação”. Lembrou que mais de 140 países reconhecem o Estado da Palestina, e que o ingresso desse país como membro da ONU recebeu o apoio de mais de dois terços dos membros da Organização.

Em julho de 2024, a CIJ emitiu opinião consultiva afirmando que que Israel anexou, de forma ilegal, territórios palestinos na Cisjordânia, incluindo Jerusalém Leste. Segundo a Corte, o Estado de Israel tem a obrigação de cessar todas as atividades ou novos assentamentos e evacuar todos os colonos do território palestino ocupado. As práticas israelenses equivaleriam a segregação e *apartheid*. A CIJ assinalou, ainda, que Israel realiza discriminação contra a população palestina nos territórios ocupados e viola seus direitos humanos fundamentais: deslocamento, exploração, "políticas coloniais" e o direito à autodeterminação. Também ressaltou que os argumentos de Israel, no sentido de que suas ações são exigências de segurança, são inválidos.

Em resposta, Netanyahu afirmou que o povo judeu não é ocupante de sua própria terra, incluindo a "capital eterna Jerusalém", nem "Judeia nem Samaria, nossa terra histórica". "Nenhuma opinião absurda da Haia, prosseguiu, pode negar esta verdade histórica, ou o direito legal dos israelenses viverem em suas próprias comunidades em sua terra ancestral". O Ministro israelense das Relações Exteriores rejeitou a opinião consultiva da CIJ, descrevendo-a como politicamente enviesada e completamente desvinculada da realidade. Criticou a Corte por ignorar as atrocidades cometidas pelo Hamas em 7 de outubro. Disse, ainda, que a opinião contradiz o princípio de que a paz somente poderá ser alcançada por por meio de negociações diretas.

A opinião consultiva da CIJ foi recebida muito negativamente no Knesset. Todas as correntes do espectro político de Israel se manifestaram contrariamente à opinião e acusaram a Corte de antissemitismo. Parlamentares de extrema direita exigiram a anexação de mais espaços do território palestino ocupado.

Realisticamente não há qualquer expectativa de que a opinião consultiva da Corte modifique algo no terreno. Ao contrário, haverá expansão dos assentamentos. A falta de eficácia gerará mais descrédito no sistema da ONU.

Prova disto é que, poucas semanas depois, em agosto de 2024, o Ministro Bezalel Smotrich anunciou a construção de novo assentamento entre Jerusalém e Belém, com o objetivo explícito de inviabilizar a contiguidade territorial do Estado palestino. O terreno alocado, antigamente de propriedade da Igreja Ortodoxa Grega, violará área designada patrimônio mundial pela UNESCO.

À medida que a guerra se intensificava, acentuava-se em Gaza o colapso da assistência humanitária e da ordem pública. A situação se agravou com aparecimento de grupos criminosos organizados, que realizavam roubos a bancos e saques aos comboios de assistência humanitária. O impacto do caos recai ainda mais severamente sobre a tão sofrida população civil.

Em agosto de 2024, reportagem investigativa do *Haaretz* denunciou militares israelenses por usarem palestinos capturados em Gaza como escudos humanos. As vítimas seriam vestidas com uniformes israelenses e forçadas a ingressar em construções e túneis na Faixa, em busca de combatentes e explosivos. Segundo um soldado, a ideia era que, se houvesse armadilha ou emboscada, os palestinos seriam mortos em lugar dos combatentes.

As FDI informaram que investigarão as denúncias, e que a ação não reflete seus valores e regras. Entretanto, soldados comentaram que tudo é feito com conhecimento superior.

O *Haaretz* relata que episódios semelhantes foram registrados em 2002, durante a segunda Intifada. Um dos oficiais questionados teria então explicado a seus subordinados: "Um soldado não precisa se preocupar com as leis de guerra. Precisa pensar nos valores das FDI".

Ao longo de 2024, 60 mil israelenses foram obrigados de sair de suas casas na Galileia, região Norte de Israel, fugindo dos bombardeios diários do Hezbollah. Israel intensificou ataques aéreos no Líbano, que já vitimaram mais de mil pessoas, e começa a perder soldados em combate. Vê no momento oportunidade para mudar a "balança de poder" na região, e extirpar, além do Hamas, o Hezbollah.

Enquanto a opinião pública mundial e os foros internacionais condenam a absurda fatura humanitária desses conflitos, cresce o antissemitismo em todos os quadrantes, de forma preocupante, intensifica-se a censura militar e jornalística por parte das autoridades israelenses, e a opinião pública deste país, traumatizada, não conhece o sofrimento dos civis palestinos e libaneses, genericamente justificado pelos argumentos de que são "escudos humanos" ou "efeito colateral normal da guerra".

Um soldado israelense de férias no Brasil precisou sair às pressas para evitar um procedimento de condenação por crimes de guerra. O episódio gerou novas críticas do governo israelense ao Brasil, e acendeu em Israel o alerta da possibilidade de que seus soldados venham a ser perseguidos e presos em outros países.

A intensidade da guerra de Gaza e sua catástrofe humanitária resultam, de um lado, da intransigência do Primeiro-Ministro israelense, criticado pelo seu próprio estamento militar pela politização individual do conflito, em detrimento de considerações estratégico-militares e da priorização dos reféns; e, de outro, a intransigência do Hamas, que se sente politicamente fortalecido apesar da avassaladora derrota militar. Três conjuntos de vítimas jazem sob os escombros do conflito: i) os mais de 47 mil mortos e 100 mil feridos, dos quais 70% mulheres e crianças, todas vítimas civis; ii) o sistema humanitário como um todo, em particular a UNRWA, atacado por artilharia, *lawfare*, *fake news*, intimidação e vandalismo; e iii) o sistema multilateral da ONU, incluindo o CSNU, a AGNU, a CIJ e o TPI, absolutamente irrelevantes e ineficazes no terreno – mais que isso, totalmente contestados e desautorizados – e na sorte das vítimas civis.

O Ministro da Defesa de Israel, Yoav Gallant, e o chefe das FDI, Herzi Halevi, assinalaram a Netanyahu que a insistência sobre termos de negociação inviabiliza o acordo de cessar-fogo e a libertação de reféns. Segundo Gallant, não havia qualquer razão de segurança para retardar o acordo. A imprensa assinalava que autoridades de defesa acreditavam que Netanyahu não estava interessado em um acordo, e cresciam as tensões entre os chefes militares e o Primeiro-Ministro. Em resposta, Netanyahu sustentava que os êxitos militares em Gaza somente estavam sendo possíveis por causa da sua resistência às pressões tanto dos inimigos de Israel, quanto também de seus amigos.

Em 15 de janeiro de 2025, foi anunciado o acordo de cessar-fogo entre Israel e o Hamas, mediado por Catar, Egito e Estados Unidos. O acordo previa libertação de 33 reféns israelenses vivos e corpos de diversos mortos, em troca de cerca de mil prisioneiros palestinos e ingresso de ajuda humanitária, e retirada de forças israelenses, embora ainda mantendo algumas posições na Faixa. Netanyahu afirmou que Israel se reservava o direito de voltar a atacar, com apoio da nova administração dos EUA, agora liderada por Donald Trump. Este teria assegurado ao Primeiro-Ministro israelense o fluxo desimpedido de armas e munições, sem as restrições do governo Biden.

O Ministro da Segurança Nacional, Itamar Ben Gvir, apresentou sua renúncia e a retirada de seu partido da coligação de governo. Em carta endereçada ao Primeiro-Ministro Netanyahu, afirmou que o governo se "rendeu ao terrorismo" ao interromper a guerra e libertar "terroristas assassinos".

A Embaixadora dos EUA designada por Trump para a ONU, Elise Stefanie, afirmou, em janeiro de 2025, que Israel tem o "direito bíblico" a toda a Cisjordânia. A declaração coincide com o aumento das incursões militares e de colonos contra a população palestina, e acendeu o alerta para temores de anexação dos territórios palestinos ocupados.

A comunidade internacional não pode mais adiar a solução do conflito israelo-palestino, que está longe de ser resolvido pelo cessar-fogo da guerra de Gaza. Não cabe mais apenas "administrar o conflito", como vinha fazendo nas últimas décadas. A questão da solução de dois Estados voltou a ser debatida, e novos países passaram a reconhecer o Estado Palestino e apoiar seu ingresso na ONU. Essa necessidade, entretanto, conflita com a realidade do terreno, que, como dito acima, aponta para a perspectiva de anexação.

Termino esta seção com um relato que dá a medida exata da desumanização da guerra de Gaza. Após o ataque de 10 de agosto a um complexo de escola e mesquita durante as orações da manhã, quando morreram 93 pessoas, um artigo de imprensa chamou a atenção. Seu título: "The Fajr massacre: Every 70 kg bag of human remains is considered a martyr". Segundo relatos, diante da impossibilidade de identificar as vítimas individualmente, visto que estavam reunidas (inclusive famílias) em espaço exíguo quando foram exterminadas, equipes de resgate e médicos coletaram fragmentos de corpos em sacos plásticos de forma indiferenciada, e entregaram a cada família enlutada 70 quilos de partes para o sepultamento dos "mártires". Um pai que não conseguiu encontrar seu filho recebeu de um doutor uma sacola plástica de 18 kg, com o mesmo perfil "genérico" das outras, e a recomendação: "Aqui está seu filho; vá enterrá-lo".

PARTE IV

REFLEXÕES SOBRE HUMANIDADE E ESPIRITUALIDADE

Ninguém vive em Jerusalém "impunemente", sem refletir sobre História, espiritualidade e os dramas da humanidade. Não sou exceção. Esta seção contém apontamentos (também desconexos) sobre estudos e reflexões sobre a Terra Santa, Jerusalém e a tragédia da condição humana que aqui se manifesta de forma tão intensa. Viver aqui é uma experiência transformadora. Como disse na apresentação, eu acreditava que iria me transformar em alguém mais espiritual, mas o que tive foi uma experiência humanizante. Não será o humanismo a verdadeira espiritualidade?

Dor e ressentimento milenares

Uma vez participei de uma cerimônia que começou com um minuto de silêncio pelos mortos dos dois lados da guerra de Gaza. Se alguém tivesse a péssima ideia de dividir os 60 segundos pela proporção de mortos de cada lado, a plateia ficaria em silêncio 58 segundos pelos palestinos, e 2 segundos pelos israelenses. Mas é absurdo dividir aritmeticamente o luto e a dor.

Uma das maiores dificuldades para um ambiente de entendimento e diálogo político que possa conduzir à paz é reconhecer a dor do outro. Israel e Palestina têm populações traumatizadas pela História. Perseguição, expulsão, exílio, refúgio, preconceito; ambos os povos sofreram, há milênios, e continuam sofrendo, práticas sistemáticas de desumanização e negação de sua existência e de seu valor.

Mas suas próprias dores acumuladas tornam invisível a dor do outro. A dor de um é tida como exclusiva, e muito maior do que a do outro. Um lado não admite a dor do outro como válida. Ao contrário, se indigna quando alguém faz qualquer equivalência, comparação ou mensuração. Nega-se a justiça e a legitimidade da dor do outro. O outro é sempre visto como inimigo, ameaça existencial.

Daí as respostas desproporcionais, as punições coletivas, onde civis, crianças e inocentes pagam, sendo-lhes negados direitos humanos e humanitários, porque o outro lado lhes considera culpados por sua maldade intrínseca, e por isso merecem punição. E quando um lado sofre, nessa espiral de ódio e ressentimento, o outro lado celebra, festeja nas ruas e redes sociais, distribui doces e usa muita, muita propaganda.

Israelenses e palestinos estão condenados a viver no mesmo espaço geográfico exíguo entre o rio Jordão e o Mar Mediterrâneo. "Condenados" no sentido etimológico de com + *damnare*, dano conjunto, ou seja, sofrerem juntos algum castigo. Qual castigo? Talvez o do desígnio divino de (con)viverem num pequeno espaço de tremenda densidade social e religiosa, e de reivindicações e queixas justapostas há milênios.

De um lado, um povo expulso e perseguido por milênios, humilhado e massacrado pela Inquisição e pelo Holocausto, que retornou à sua terra bíblica. De outro lado, um povo invadido em sua terra também ancestral, cujos antepassados habitam há séculos e milênios, alguns inclusive antes da chegada de Abraão, sendo humilhados e expulsos de suas cidades, vilas e campos.

As reivindicações e queixas foram detalhadamente registradas em Escrituras que tornam bem vívido o conflito até hoje. Todas as regiões e povos do Planeta têm conflitos antigos, mas há uma diferença relevante de escala e sensibilidade em comparação com os da Terra Santa.

A História da Europa, por exemplo, sempre foi marcada por conflitos sangrentos, massacres e destruições, culminando com as duas Grandes Guerras do século XX. Hoje, passadas apenas duas gerações, a União Europeia é um exemplo para o mundo de transformação do ódio em prosperidade. A marca emocional dos confrontos na Europa se dissipa em décadas ou no máximo séculos, e suas narrativas têm alcance regional.

Se o prazo de validade de mágoas e ódios em outros continentes é de décadas ou séculos, a escala desses sentimentos negativos na Terra Santa é de milênios. Os problemas nessa região são descritos com riqueza de detalhes há milênios, e por textos sagrados de impacto simbólico mundial. Eventos e atitudes de genocídio, humilhação, exclusão e extermínio permanecem vivos na alma, como se tivessem ocorrido há poucos anos, gerando impulsos de justiciamento e revanche.

A memória emocional e o desejo de vingança ou reparação de injustiças têm longuíssima duração. Os ressentimentos persistem e são mais arraigados. Isso lhes dá uma carga psíquica mais poderosa e atual e torna qualquer reconciliação ou paz muito mais difíceis.

Ter isso em mente torna fácil compreender como a Europa, com sua saga bárbara de massacres e guerras até recentemente, pôde se unificar em um bloco harmônico em poucas décadas, ao passo que o mesmo não ocorre entre israelenses e árabes-palestinos.

Tem crescido o antissemitismo no mundo. Cidadãos judeus, sinagogas e instituições associadas a Israel são agredidos e vandalizados em várias partes do mundo.

Também tem crescido a arabofobia. Supremacistas e racistas manifestam preconceito contra árabes-palestinos, principalmente na Cisjordânia ocupada, incluindo Jerusalém, e em Gaza.

A acusação de antissemitismo tem sido cada vez mais empregada. Trata-se de algo seríssimo, que tem provocado há séculos terríveis massacres e abusos contra o povo judeu. A primeira sala do *Yad Vashem* (Museu do Holocausto), em Jerusalém, mostra documentos e evidências de séculos de antissemitismo, incluindo a Inquisição e os *pogroms*.

Por outro lado, alguns observam que o uso reiterado da "carta" antissemita, que constitui um "xeque-mate", pode ser contraproducente no longo prazo, visto que seu emprego contra toda e qualquer crítica faz esse argumento poderoso perder valor com o tempo.

A equiparação entre antissionismo e antissemitismo também é vista por alguns, inclusive grupos judeus, como algo prejudicial ao combate necessário contra o antissemitismo. Qualquer crítica ao governo de Israel é automaticamente acusada de antissemita, mesmo sobre questionamentos feitos pela própria sociedade israelense.

Em qualquer país democrático, a crítica ao governo é parte do jogo. Atualmente, entretanto, até personalidades e intelectuais judeus são acusados de antissemitas, perseguidos e cancelados por suas críticas.

Paulo Freire, ao refletir sobre a pedagogia do oprimido, alerta para o perigo de o oprimido se converter em opressor.

Ao contrário do que pensam muitos ocidentais, incluindo líderes mundiais, a chave não está na disputa territorial, nem nas incongruências religiosas (que, aliás, partem das mesmas raízes abraâmicas), muito menos nos cálculos racionais de poder e interesse geoeconômico, como pensam correntes materialistas e analistas políticos, mas nas feridas da alma. Algo bem mais profundo.

Judaísmo, cristianismo e islamismo enfatizam, em suas doutrinas, bondade, misericórdia e acolhimento do outro. Mas esses impulsos são sufocados pelas correntes extremistas e nacionalistas, que pregam o contrário dos ensinamentos.

No judaísmo convivem, de um lado, uma corrente aberta para o mundo, universalista e cosmopolita, de reparação dos erros – o *Tikun Olam* – e de bênção e luz para todas as nações; e, de outro, uma corrente exclusivista e ultra-nacionalista.

No cristianismo, todos os ensinamentos de Jesus são de amor, paz, misericórdia e perdão, incompatíveis com as Cruzadas, a Inquisição, o imperialismo das nações ditas cristãs e teses supremacistas modernas como a "teologia do domínio".

No islamismo, há muitos ensinamentos de concórdia, proteção e respeito, que destoam dos extremismos e radicalismos.

"A paz é fruto da justiça", costuma-se afirmar. Nesta região, entretanto, tenho visto que não será possível paz com justiça total, como pregam as agendas maximalistas. A atual realidade não favorece políticas de reparação e justiça históricas, compensações demográficas e territoriais envolvendo retirada total de colonos, retorno de todos os refugiados, devolução de territórios, bairros e casas ocupadas.

Enquanto se buscarem posições de máxima, permanecerá o impasse nas negociações de paz, há uma década estagnadas. Enquanto não se avança no diálogo, a situação se deteriora, com violência crescente e desrespeito aos direitos humanos e humanitários, e o apoio a soluções violentas.

Há duas disputas que estão na base da justificativa ideológica da primazia e do direito de retaliação ou vingança: quem é a vítima; e quem é mais antigo na terra.

A primeira questão – a vitimização – é bem mais profunda, extraordinariamente subjetiva, e lugar central das campanhas de “guerra psicológica”, mobilização emocional e de negação da dor do outro. Cada lado reivindica para si a condição de vítima preferencial, e de antiguidade de presença na terra.

A segunda questão – quem é autóctone? – cabe a historiadores, antropólogos, arqueólogos e geneticistas, e suscita debates extraordinariamente acalorados, que contaminam a “neutralidade científica”. O fato é que ambos os povos têm raízes milenares na mesma terra, e que há lugar para todos; as tentativas de posse exclusiva e excludente são insustentáveis e perigosas. Se no passado ambos os povos têm raízes nesta terra, no futuro, estão “condenados” a conviverem no mesmo espaço, e precisam encontrar um *modus vivendi* pacífico. Não há alternativa.

Entretanto, a já mencionada pesquisa “Palestinian-Israeli Pulse” (ver parte II) revelou que o nível de desconfiança recíproca é muito elevado: 86% dos palestinos e 85% de judeus israelenses acreditam que o outro grupo não merece confiança. O sentimento é reforçado pela percepção compartilhada de que o conflito é um jogo de soma zero, não havendo nada que possa ser positivo para ambos os lados.

A grande maioria em ambos os lados considera que o outro não é parceiro de paz: assim pensam 84% dos judeus e 61% dos palestinos. Da mesma forma, 82% dos judeus e 75% dos palestinos acreditam que o outro lado jamais aceitará a existência de um estado para seu oponente, seja israelense, seja palestino. Apenas 12% nos dois lados acreditam que o outro campo honrará os compromissos de um acordo de paz.

Mas há uma contra-corrente, minoritária e corajosa, que busca costurar pontes de entendimento e paz. Procurei conhecer seus líderes. Para isso, organizei, em abril e agosto de 2023, no Escritório do Brasil em Ramallah, encontros entre organizações da sociedade civil da Palestina e de Israel: *Hands to Peace*, *Combatants for Peace*, *Family Circle* (Fórum de Famílias Enlutadas), *Stand Together*, *Peace Now*, ALLMEP (*Alliance for Middle East*

Peace), *Forum of Peace Organizations*, *Land for All*, e *The Palestinian Committee for Interaction with the Israeli Society*.

A *Family Circle* reúne membros de cerca de 600 famílias de israelenses e palestinos enlutados por terem filhos mortos no conflito. Seus dirigentes explicam que a entidade é a única cujo propósito é não crescer: para tornar-se membro, algum filho ou filha precisa ter sido assassinado. O objetivo do grupo é promover a reconciliação entre palestinos e israelenses, aproximar familiares das vítimas e educar para a paz.

Suas líderes são Robi Damelin, israelense de origem sul-africana e com histórico familiar de participação na luta *anti-apartheid*, cujo filho foi assassinado por *sniper* palestino; e Laila Alshek, palestina, cujo filho de seis meses morreu em razão da inalação de gás lacrimogêneo durante operação militar: segurança israelense impediu a ambulância de passar um *check point* para chegar ao hospital.

Anos depois, em um evento de apresentação da *Family Circle*, um israelense pediu a palavra na plateia para dizer que algo o atormentava: ele era o comandante de um *check point* e havia impedido uma ambulância de passar; soube depois que um bebê havia morrido dentro. Laila Alshek, que também estava presente, levantou-se, extremamente perturbada, e saiu às pressas do auditório. Sua companheira, Robi Damelin, foi atrás dela, e cobrou: "Você está aqui pela causa da reconciliação, tem que ser coerente. Você tem que voltar e perdoar aquele soldado, que está arrependido". Que situação terrível! Laila retornou e falou com o israelense responsável pela morte de seu bebê.

O Ministério da Educação israelense proibiu a *Family Circle* de realizar atividades extracurriculares ou seminários em escolas em Israel e na Cisjordânia. A justificativa para a proibição é a de que o grupo "calunia as Forças de Defesa de Israel e seus soldados". Autoridade israelense afirmou que qualquer comparação do luto das famílias das Forças de Defesa de Israel, em proteção ao

Estado de Israel", é inaceitável e prejudica gravemente a memória dos soldados e os sentimentos de seus familiares.

A *Family Circle* adverte para o risco de outros países "importarem", em suas políticas internas, o conflito israelo-palestino. A *Land for All* rejeita a lógica de que, primeiro, deve-se resolver a ocupação para que, em seguida, seja tratada a reconciliação. A seu ver, esta última agenda deve estar presente desde o início do processo. Apesar de condenar a violência, explicou que os jovens não têm alternativa de manifestação por outros canais, e que, aparentemente, "Israel somente entende a linguagem da violência". Acrescentou: "se usamos a violência, sabemos que vamos perder, mas muitas vezes não aparecem alternativas". A *Hands to Peace* assinala que o atual conflito social em Israel constitui uma luta pela identidade do país, no sentido de que a visão liberal e democrática está sendo ameaçada por correntes religiosas e autoritárias.

Combatants for Peace reúne ex-combatentes dos dois lados que passaram a rejeitar ações violentas. A ONG celebra, ao lado da *Family Circle*, o *Nakba Memorial Day*, em maio, que relembra as vítimas palestinas do conflito de 1948, em paralelo ao *Yom haZikaron* à memória dos soldados israelenses tombados. *Combatants for Peace* e *Family Circle* sublinham a importância da interrelação de entidades da sociedade civil do *global South* para a defesa de pautas de interesse comum, notadamente o combate à violência.

São entidades como estas que teimam em vislumbrar uma possibilidade de paz e diálogo, com muita coragem, na contramão de toda a marcha tenebrosa da história recente.

Jerusalém: Cidade Santa, figueira ressequida

Ao amanhecer, quando retornava para a cidade, Jesus teve fome. Avistando uma figueira à beira da estrada, aproximou-se dela, porém nada encontrou, a não ser folhas. Então decretou-lhe: "Nunca mais se produza fruto em ti!" E, no mesmo instante, a figueira ficou completamente seca.

Mateus 21: 18-19

Se eu me esquecer de ti, ó Jerusalém, esqueça-se minha mão direita de sua destreza. Que minha língua se prenda ao céu da boca se eu não me lembrar de ti, se não fizer de Jerusalém minha maior alegria.

Salmo 137: 5-6

Orai pela paz de Jerusalém; prosperarão aqueles que te amam. Haja paz dentro de teus muros, e prosperidade dentro dos teus palácios. Por causa dos meus irmãos e amigos, direi: Paz esteja em ti. Por causa da casa do Senhor nosso Deus, buscarei o teu bem.

Salmo 122: 6-9

Naquele tempo chamarão a Jerusalém o trono do Senhor, e todas as nações se ajuntarão a ela, em nome do Senhor, em Jerusalém; e nunca mais andarão segundo o propósito do seu coração maligno.

Jeremias 3: 17

Jerusalém, Jerusalém, que matas os profetas e apedrejas os que te foram enviados! Quantas vezes Eu quis reunir os teus filhos como a galinha reúne os seus pintinhos debaixo das suas asas, mas vós não o aceitastes! Eis que a vossa Casa vos ficará desabitada! E, com toda a certeza vos asseguro, não mais me vereis até que venhais a proclamar: "Bendito o que vem em nome do Senhor!"

Lucas 13: 34-35

Ah! Se tu conhecesses também, ao menos neste teu dia, ao menos o que à tua paz pertence! Mas agora isto está encoberto aos teus olhos. Porque dias virão sobre ti, em que os teus inimigos te cercarão de trincheiras, e te sitiarão, e te apertarão de todos os lados. E te derrubarão, a ti e aos teus filhos que dentro de ti estiverem, e não deixarão em ti pedra sobre pedra, pois não conheceste o tempo da tua visitação.

Lucas 19: 41-42

Jerusalém é nossa tanto quanto vossa. Na verdade, ela é mais nossa. Vocês recém chegaram, nós estamos aqui há séculos.

Salah al Din (a Ricardo Coração de Leão)

Do ponto de vista histórico, nenhum nome poderia parecer mais inadequado ao seu destino, pois nenhuma outra cidade da terra sofreu uma sucessão de sofrimentos tão constante e tão terrível.

David Roberts

Não há um único lugar para o qual se olhe onde não se tenha sido cometido algum feito violento, algum massacre, algum visitante assassinado, algum ídolo cultuado com ritos sanguinários.

William Makepeace Thackeray

Quando me lembrar de ti em dias vindouros, ó Jerusalém, não será com deleite. Os embolorados sedimentos de dois mil anos de desumanidade, intolerância e baixeza repousam em teus malcheirosos becos. Vamos extraterritorializá-la, de modo que pertença a ninguém e a todo o mundo, seus lugares santos sendo posse conjunta de todos os crentes.

Theodor Herzl

Nós tínhamos Jerusalém quando Londres não passava de um pântano.

Chaim Weizmann

Jerusalém é uma cidade portuária às margens da eternidade.

Yehuda Amichai

Jerusalém está cheia de judeus usados pela história. Jerusalém está cheia de judeus cansados, eles sempre são chicoteados nos memoriais e nas festas, como ursos que dançam de dor nas patas. Do que Jerusalém precisa? Ela não precisa de prefeito, ela precisa de um domador de circo, com o chicote na mão, para treinar profecias e ensinar profetas a galopar ao seu redor e ensinar as pedras a montar uma estrutura ousada e perigosa no último número. Depois elas saltam para baixo, na terra, ao som de palmas e guerras. O olho volta-se para Sião e chora.

Yehuda Amichai

Jerusalém tinha pelo menos duas faces e um distúrbio de múltipla personalidade. Desde que os autores da Bíblia criaram sua narrativa de Jerusalém e desde que essa biografia da cidade se tornou a história universal, sua sorte sempre foi decidida num lugar distante – Babilônia, Susa, Meca, Istambul, Londres e São Petesburgo. Por mil anos, Jerusalém foi exclusivamente judia; por quatrocentos anos, cristã; por 1.300 anos, islâmica.

Simon Sebag Montefiore

Ninguém pode monopolizar a santidade. Jerusalém é mais uma chama do que uma cidade, e ninguém consegue dividir uma chama.

Shimon Peres

Jerusalém, a Sagrada *Yerushalayim* / *Al Quds*, a cidade eterna, Sião de Davi, centro do judaísmo, cristianismo e islamismo, dezenas de vezes destruída e reconstruída, invadida e reconquistada há três mil anos, onde viveram, pregaram e se sacrificaram profetas, reis, e o nazareno Jesus, o Cristo.

Muita energia psíquica condensada no tempo e no espaço – menos de um quilômetro quadrado de muralhas. A cidade de maior densidade de História e de tragédia humana por metro cúbico do Planeta (considerando as escavações). Cidade para a qual se voltam as esperanças milenares das três religiões monoteístas, que aguardam, ali, a chegada do Messias, o Juízo Final, a condenação dos maus e a redenção eterna dos eleitos.

Enquanto isto não acontece, no Final dos Tempos, com a descida dos Céus da Nova Jerusalém descrita no Apocalipse, vive-se a tragédia histórica, política e humana da Jerusalém terrena.

A cidade hoje está pouco mais de cinco metros acima da original. O material de seus templos e casas é retirado de camadas de civilizações que ali deixaram suas marcas por quatro milênios, desde os jebuseus e cananeus até judeus, europeus, árabes e otomanos.

Justaposição de História, religiões, culturas, ódios, ressentimentos, injustiças e esperanças. O microcosmo que sintetiza toda a tragédia e esperança da humanidade. Epítome do drama da humanidade, com chagas permanentemente abertas.

Jerusalém e Israel são por muitos considerados relógio de Deus para o imaginário da humanidade. Mapas século XVI mostravam Jerusalém como o centro do Planeta.

O nome original de Jerusalém é canaanita: *Urushalim*, formado pelo prefixo *Uru*, que significa "fundado por", e a divindade canaeia *Shalim*. O significado do nome da cidade é "Shalim fundou". Textos egípcios do XIX século a.C. mencionam *Urushalim*.

Jerusalém começou como um pequeno núcleo urbano na interseção Sul dos vâles do Cedron e Tyropoeon, ao Sul da atual muralha da Esplanada das Mesquitas / do Templo, regada a Leste pelo ribeiro do Cedron e pelo manancial de Gibon (posteriormente desviados para dentro da cidade pelo rei Ezequias em meados do século VIII a.C).

Ali Abraão visitou e homenageou o rei-sacerdote do Deus Altíssimo (*El Elyon*) Melquisedeque em Salém (*Shalim*), há quatro mil anos, depois de uma pequena guerra. Anos depois, o patriarca ali retornaria, no Monte Moriá, para sacrificar seu filho Isaque. Deus, satisfeito com sua prova de fé, o impediu por meio de um anjo de Deus. A rocha sobre a qual teria lugar o sacrifício seria o lugar do futuro Templo de Jerusalém.

A cidade também era conhecida como Jebu (*yebus*), morada dos jebuseus, tribo cananéia consagrada a *Shalim*. *Yebus* significa eira, espaço de chão onde cereais eram malhados e peneirados depois da colheita, para separar palha e detritos dos grãos. Um lugar de debulha, que é pisado, trilhado.

Eis aí mais um símbolo. Não um lugar de tranquilidade, mas de debulha, pisoteado, para separar o grão do que não tem valor. Jerusalém, malhada e pisada pela História, para separar o cereal do que não serve para nada. Um lugar onde a humanidade é pisoteada e posta à prova.

O nome original de Jerusalém remete, portanto, a uma eira na qual a semente é colocada para secar e morrer, para depois germinar. Essa imagem remete, para os cristãos, a um comentário de Jesus, a propósito de seu sacrifício: "se o grão de trigo que cai na terra não morre, fica só; mas se morre, produz muito fruto".

Mil anos depois de Abraão, o Rei Davi conquista Jerusalém dos jebuseus e adquire eira de propriedade do jebuseu Araúna no mesmo Monte Moriá, para a construção do Templo – que será levada a cabo por seu filho, o Rei Salomão.

A aproximação fonética entre Salém (*Shalim*) e *Shalom* fez muitos imaginarem Jerusalém como cidade de paz. Infelizmente, há de tudo, menos paz, em sua História. De novo, está mais para *yebus* (debulha) do que para *shalom* (paz). Jerusalém foi destruída completamente duas vezes (586 a.C. e 70 d.C.), sitiada 23 vezes, conquistada "pacificamente" duas vezes, atacada 52 vezes, recapturada 44 vezes, num total de mais de cem conflitos sangrentos e massacres nos últimos três mil anos. Desde a destruição pelos romanos no ano 70 d.C., houve conquistas e confrontos sangrentos de romanos, bizantinos, persas, muçulmanos, cruzados, otomanos, britânicos, palestinos e israelenses.

O Templo era o epicentro da cidade. Foi construído por Salomão, destruído pelos babilônicos (Nabucodonosor II), reconstruído por Esdras, Neemias, modificado por Antíoco IV Epifânio, reconquistado pelos Macabeus, embelezado por Herodes, o Grande, e destruído pelos Romanos (Tito) em 70 d.C., realizando a profecia de que não ficaria "pedra sobre pedra". Dele, sobreviveram as fundações e as pedras do "Muro Ocidental" / "das Lamentações" (*Kotel*), mas também partes do muro ao Sul, menos visitadas.

O Imperador Adriano destrói totalmente Jerusalém, após a revolta de Bar Kochba, em 135 d.C. Proíbe o acesso das ruínas do Templo aos judeus, e constroi uma cidade pagã romanizada – *Aelia Capitolina*. Para apagar e suplantar os lugares de culto judaicos e dos primeiros cristãos, e afirmar a primazia da cultura e religião de Roma, Adriano identificou lugares de cultos antigos – a Esplanada do Templo e o Gólgota – e ordenou a construção de novos templos: para Júpiter / Zeus, no lugar do Templo judaico destruído; e outro para Vênus / Afrodite, no Gólgota.

No intuito de apagar, o que Adriano terminou por fazer, ao contrário de sua intenção, foi marcar os lugares santos. Peregrinos cristãos continuavam vindo ao Gólgota para homenagear o sacrifício de Jesus. A prova arqueológica disto é uma tábua de pedra encontrada nas ruínas do templo de Afrodite / Vênus (hoje, por detrás da capela armênia, no subsolo do Santo Sepulcro), entre os séculos III-IV d.C., na qual se vê a inscrição *Domine, ivimus* (Senhor, nós viemos), e um desenho de barco.[25]

Período de grande importância é a viagem que Santa Helena, mãe do Imperador Constantino, convertido ao cristinanismo, faz à Terra Santa, em meados do século IV d.C. Em cada lugar onde os bispos e os cristãos ali residentes comprovavam a realização de um evento do Evangelho, ela ordena escavações, destruição dos edifícios (p.ex. templos de Adriano) e construção de uma igreja ou basílica. As mais importantes foram as basílicas do Santo Sepulcro e de Belém (Natividade).

Os Bispos de Jerusalém, Macario, e de Cesareia, Eusebio, com o apoio de Santa Helena, mãe do Imperador Constantino, obtêm a autorização para construir a Basílica do Santo Sepulcro, inaugurada em 335 d.C.

O Gólgota havia sido uma pedreira, na época de Jesus. De lá muitas pedras haviam sido retiradas para a construção do Templo e dos palácios de Jerusalém, principalmente na época de Herodes, o Grande. O pequeno morro onde foi colocada a Cruz, entretanto, tinha uma composição de menor qualidade, mais frágil, de material impróprio para construção. Por isso, foi deixado intocado, elevando-se de seu entorno. Alguns interpretam isso como concretização da profecia “A pedra que os edificadores rejeitaram foi posta como pedra angular” (Salmo 118: 22).

---

25 Visitei essas ruínas dos muros das épocas dos Imperadores Adriano e Constantino no Santo Sepulcro. Uma das visitas mais emocionantes que fiz. Muito me identifiquei com aqueles peregrinos de 18 séculos atrás.

Há muitas semelhanças entre os desenhos originais das Basílicas do Santo Sepulcro e de São Pedro, em Roma, quando foram construídas no mesmo período de Constantino (século IV). A arquitetura do Santo Sepulcro era grandiosa e arejada (bem diferente do que vemos hoje), com colunas e jardins. O lugar do túmulo (e da Ressurreição) – a edícola – era um jardim, sem teto. A entrada original era para o Leste, voltada para o eixo central da cidade. Hoje, entra-se na basílica pelo Sul, atravessando-se um pátio.

Jesus, muito provavelmente, foi crucificado voltado para o Leste, diante do portão de entrada da Cidade, para que todos contemplassem o martírio. Do alto da Cruz, Ele provavelmente via as costas do Templo, a Sudeste. Entretanto, hoje, o lugar da representação da Cruz, subindo a escada do Gólgota, à direita da entrada atual, está virada para Oeste (ou seja, no inverso da posição original).

A arquitetura bizantina primava pelos grandes volumes, símbolos de prestígio. Assim foram "cobertas", com grandiosidade e ostentação, as pequenas e primitivas cavernas e sítios discretos e humildes onde se reuniam os primeiros cristãos. A simplicidade e a reduzida escala humana desses lugares, onde nasceu a fé, perseguida, clandestina, escondida no subsolo, foram suplantadas por construções grandiosas, luxuosas, de estilo greco-romano, com colunas e amplos espaços. Quando foram cessadas as perseguições, no século IV, e a Igreja se aliou ao poder temporal.

No período bizantino, o centro dinâmico de Jerusalém se volta para o Santo Sepulcro, como demonstra o mapa de Madaba (Jordânia), um belo mosaico de igreja do século VI d.C. A Esplanada do Templo ficou abandonada, após a destruição do templo de Zeus / Júpiter. Ali, em meio a ruínas e lixo, foi construída a pequena igreja *Dominus*, que daria lugar, no início do período islâmico (final do século VII), ao Domo da Rocha (ver abaixo).

O Santo Sepulcro foi destruído, saqueado, incendiado, reconstruído e modificado diversas vezes desde o século IV d.C.

Durante a invasão persa-sassânida, em 614 d.C., contra o Império Bizantino, praticamente todas as igrejas e basílicas construídas no período de Santa Helena foram destruídas, inclusive o Santo Sepulcro. Todos, exceto a Basílica da Natividade, em Belém. Esta foi poupada por um motivo curioso: os mosaicos dourados de seu interior representavam os Reis Magos; os invasores, intrigados ao ver representadas figuras de sua cultura e aparência, na dúvida, optaram por não destruir o lugar. Por isso, hoje, a Basílica da Natividade é a única que preserva os traços originais das construções de Santa Helena, no século IV a.C.

Jerusalém foi ocupada pelos persas até sua reconquista pelo imperador bizantino Flávio Heráclio (629 d.C.).

No período da revelação do Alcorão ao profeta Mohammed, em meados do século VII, a Esplanada do Templo era um monte de ruínas da *Aelia Capitolina* construída pelo Imperador Adriano, e da pequena igreja bizantina *Dominus*.

Na *Isra*, jornada mística, o profeta Mohammad é transportado de Meca a Jerusalém, até a "Mesquita mais Longínqua", *Al Aqsa*. O corcel alado, *al Burak*, é deixado na Praça Burak, onde hoje se situa o pátio em frente ao Muro das Lamentações.

A conquista de Jerusalém por Omar ibn Khattab, sucessor (Califa) de Mohammed, em 638 d.C., inaugura o longo domínio muçulmano. Exceto pelos séculos de presença dos cruzados, o domínio islâmico se estenderá por quase 13 séculos, até a I Guerra Mundial.

Omar vence os exércitos bizantinos e conquista Jerusalém sem derramamento de sangue. O Patriarca Sofrônio, de Jerusalém, ricamente vestido, estranhou a rudeza e simplicidade do Califa Omar, vestido como seus soldados. Ofereceu-lhe rendição pacífica e o convidou a rezar no Santo Sepulcro. O convite foi sabiamente declinado pelo Califa, pois se o fizesse, transformaria a Basílica cristã em ponto de peregrinação islâmica (e posterior expropriação). Para evitar problemas futuros para os próprios cristãos, o Califa preferiu orar "à distância de um tiro de pedra", onde hoje se ergue a Mesquita de Omar, em pleno bairro cristão de Jerusalém (não confundir com o Domo da Rocha, erroneamente chamado de Mesquita de Omar). O acordo de Omar garantiu o respeito às liberdades civis e religiosas dos cristãos, mediante o pagamento de tributos.

O Califa Omar inicia a construção da mesquita de *Al Aqsa*, posteriormente ampliada pelo Califa Abd al-Malik ibn Marwan. As primeiras orações do Islã – primeira *quibla* (direção) – eram dirigidas, não a Meca, mas a *Al Aqsa*, em Jerusalém. Posteriormente, os fiéis muçulmanos passaram a orar voltados para Meca, tornando Jerusalém o terceiro lugar mais sagrado (após Meca e Medina).

Segundo alguns, a localização do Domo da Rocha sobre a pequena igreja *Dominus*, construída sobre as ruínas no lugar onde se erguia o Templo de Jerusalém, no Monte Moriá, foi sugestão dada pelo Patriarca Sofrônio ao Califa Omar. Para outros, a sugestão teria sido dada por Kaab, judeu convertido ao Islã.

Omar instituiu orações no local da Rocha, antes mesmo da construção do Domo, e permitiu que famílias judias de Tiberíades obtivessem permissão para retornar ao local, revogando a proibição dos cristãos bizantinos. Estes haviam proibido judeus de orarem no Monte do Templo, que se tornou área abandonada da cidade, com ruínas e lixo.

Dessa forma, o retorno dos primeiros judeus ao Monte do Templo após sua expulsão no ano 70 d.C. já havia sido realizado em meados do século VII, por autorização de um líder islâmico, o Califa Omar, treze séculos antes da reconquista israelense de Jerusalém, em 1967. A opressão posterior de correntes islâmicas radicais e sobretudo a invasão dos cristãos cruzados tornariam a impedir práticas religiosas judaicas no Monte do Templo – o que grupos nacionalistas ultrarreligiosos israelenses buscam retomar, como visto acima, incluindo a construção do Terceiro Templo.

O Domo da Rocha – no lugar do Segundo Templo – e a ampliação da Mesquita de *Al Aqsa* – no lugar onde se situava o palácio de Salomão – foram feitos entre os séculos VII e VIII d.C. pelo Califa Abd Al-Malik. A arquitetura do Domo é bizantina, octogonal, típica da época, e sua cerâmica, armênia – comunidade importante de Jerusalém. O edificio islâmico resulta, dessa forma, da combinação das culturas cristãs de Jerusalém.

O Domo, originalmente, não se destinava a ser uma mesquita (portanto, islâmica), mas estava aberta à visita de fiéis de outras crenças, um tributo à complexidade e convivência entre as culturas de Jerusalém.

Com os recursos que "sobraram" do orçamento original, o Califa Abd al-Malik ordenou que a cúpula fosse coberta de ouro. Anos depois, o ouro foi retirado para pagamento de dívidas. Somente no século XX a cúpula do Domo da Rocha voltou a ser revestida de ouro, por determinação do Rei da Jordânia.

O gentílico árabe de Jerusalém – jerusalemita – é *Makdisi.* A palavra deriva de *Mikdash*, e *Beit haMikdash*, que significa, em hebraico, Casa da Santidade (de Deus – o Templo).

Os cristãos da Primeira Cruzada, liderados por Godofredo de Bulhões, derrotam a dinastia fatímida e invadem Jerusalém em 1099, derramando muito sangue pelas ruas, e queimando sinagogas. Após terem cercado as muralhas, conseguem invadir pelo lugar mais vulnerável: o Nordeste, onde hoje está a Porta de Herodes (chamada Porta das Flores, em árabe). Este sempre foi o ponto mais frágil da cidade, por onde entravam os invasores, por seu terreno plano, e sua muralha mais baixa que no restante do perímetro.

Os Cavaleiros do Templo (Templários) se instalam na Mesquita de *Al Aqsa*, acreditando ser o Templo de Salomão. Os Hospitalários, corrente rival dos Templários, também se instalam e passam a cuidar dos feridos no lugar hoje chamado Muristão, perto do Santo Sepulcro.

Os líderes cruzados, que haviam montado acampamento a Noroeste das Muralhas, no lugar hoje conhecido como Mamila, instalam-se posteriormente na chamada Cidadela de Davi (ambos os lugares próximos da Porta de Jaffa). Os cruzados acreditavam que ali era o palácio de Davi, quando na verdade era o palácio de Herodes, o Grande, construído mil anos depois (os cruzados, europeus medievais incultos, não eram reputados pelo seu conhecimento histórico-arqueológico...). O verdadeiro palácio de Davi se situava ao Sul, na Jerusalém original, lugar onde hoje está situado o centro de escavações e visitações denominado "Cidade de Davi".

Em 1187, o grande Sultão aiúbida e general Salah al Din (Saladino), de origem curda, retoma Jerusalém para o Islã. Antes da rendição, os cristãos ameaçaram – caso o Sultão não liberasse com vida a população – destruir o Domo da Rocha e a mesquita de *Al Aqsa*. Acertadas as condições de saída, Saladino entra na Esplanada e lava o chão dos sítios sagrados com água de rosas.

Em 1192, durante a Terceira Cruzada, Ricardo Coração de Leão enfrentou Saladino. O rei inglês reconquistou Acre e Jafa, mas não conseguiu avançar sobre Jerusalém. Diante do impasse militar, Saladino e Ricardo Coração de Leão celebraram o acordo de "Paz de Jafa", a primeira partilha da Palestina (ver acima).

Salah al Din expulsou militarmente os cruzados, mas permitiu o acesso dos cristãos europeus, como peregrinos, ao Santo Sepulcro. Outorgou a custódia da Basílica aos gregos ortodoxos e trouxe cristãos armênios e judeus de Ashkelon, Iêmen e Marrocos para repovoar Jerusalém. Mais uma vez, tal como ocorrido cinco séculos antes, um líder islâmico promove o retorno de judeus a Jerusalém. O Sultão não era movido pelo exclusivismo religioso. Seu objetivo era político-territorial (expulsar o invasor europeu), mas estava aberto à tolerância e à diversidade, coerente com a complexidade étnico-cultural dos povos do Levante.

Poucos anos depois, para resolver os desentendimentos entre grupos cristãos no Santo Sepulcro, o acesso à Basílica foi colocado nas mãos de duas famílias muçulmanas: os Joudeh (guardiões da chave) os Nuseibeh (responsáveis pela proteção, abertura e fechamento).

Em 1219, ocorre um dos momentos mais interessantes da História da Terra Santa, exemplo da possibilidade de respeito mútuo e entendimento. São Francisco visita o Sultão Malek al-Kamel no Egito, e lhe apresenta o Evangelho, dizendo-se preocupado pela salvação de sua alma. O Sultão fica indignado, num primeiro momento. Alguns assessores lhe sugerem cortar a cabeça daquele europeu insolente. Entretanto, ao compreender a sinceridade da fé e do cuidado do visitante com sua saúde espiritual, o Sultão, diante daquele santo atrevimento, teria dito: "ah se todos os cristãos fossem como você; você não me converteu ao seu Deus, mas fez um amigo". E lhe concedeu o que se tornaria a Custódia da Terra Santa à futura ordem dos franciscanos. Desarmado, mas com a coragem da fé, São Francisco conseguiu o que os exércitos cruzados não conseguiram.

As muralhas atuais de Jerusalém são sarracenas, construídas pelo otomano Suleiman, o Magnífico, em meados do século XVI. Têm quase a idade do Brasil.

Cada metro quadrado do Santo Sepulcro é disputado por séculos entre denominações cristãs, numa espécie de loteamento do lugar santo. O jogo político mundial entre potências se refletia nessa divisão dos espaços da Basílica. Os católicos latinos tiveram por muito tempo a maior parcela, os armênios têm belíssima capela no subsolo, e desde o período otomano os gregos ortodoxos dominam a área central (naves do Gólgota e do Santo Sepulcro), confirmado pelo *status quo* do século XIX. Além da divisão espacial, há um loteamento "temporal": os dias e horários das procissões e celebrações devem ser estritamente definidos e respeitados. Nada pode ser mudado de lugar, como atesta uma curiosa escada diante das janelas externas do primeiro andar.

A Porta Dourada, na muralha Leste de Jerusalém, defronte do Monte das Oliveiras, sempre me fascinou. As vezes em que foi construída e destruída, aberta e fechada, representam a saga de Jerusalém. Há quase nove séculos está fechada.

A Porta Dourada é chamada "Portão da Misericórdia", em hebraico. Em árabe, a Porta, que é dupla, tem um nome para cada entrada: a do Norte é do arrependimento, e a do Sul, da misericórdia, igual ao nome hebraico.

Segundo especialistas, o Portão data do segundo Templo, da época do Rei Ezequias e do Sacerdote Zorobabel. Foi destruído pelos babilônicos em 587 a.C. e reconstruído por Neemias no retorno do exílio, em 445 a.C. Depois, reformada por Herodes, o Grande, no final do século I a.C.

Esse portão – e a ponte que o ligava ao Monte das Oliveiras, sobre o vale do Cedron – somente era usado pelo Sumo Sacerdote no Dia do Perdão (*Yom Kippur*) para levar o "bode expiatório" para o deserto. No Domingo de Ramos, Jesus entrou pela porta aclamado pela multidão como "filho de Davi". Fez o percurso inverso do Sumo Sacerdote e do "bode expiatório", descendo o Monte das Oliveiras e entrando no Templo pela Porta Dourada. Foi aclamado como Messias pelos peregrinos que acorreram a Jerusalém para a Páscoa. A elite religiosa e política se viu afrontada e insultada. Poucos dias depois, o prenderam e condenaram; em seguida, pressionaram o procurador romano Poncio Pilatos para crucificá-lo.

A Porta Dourada foi destruída, juntamente com toda a cidade, pelo general romano Tito em 70 d.C. Foi provavelmente reformada no século seguinte, como parte do templo de Zeus construído pelo Imperador Adriano na *Aelia Capitolina* e mais uma vez destruída na repressão à revolta judaica de 135 d.C.

Seu formato atual foi construído pelo Imperador Justiniano no século VI. No século seguinte, o imperador Flávio Heráclio entra por ela, com a relíquia da "verdadeira Cruz", após ter vencido os persas e reconquistado Jerusalém.

Em 810, ela é fechada pelas autoridades islâmicas, depois reaberta em 1102 pelos cruzados, para ser depois fechada novamente por Salah al Din após sua conquista de Jerusalém, em 1.187. Suleiman, o Magnífico, a manteve fechada ao reformar as muralhas da cidade, no século XVI, sobre o fundamento dos muros medievais.

O cemitério em frente à Porta Dourada é otomano; segundo a tradição, para evitar que o profeta e sacerdote Elias, precursor do Messias, ou algum general-sacerdote entre por ali (o que o tornaria impuro). Segundo as três tradições – judaica, cristã e islâmica –, o Messias entrará pela Porta Dourada no Final dos Tempos[26].

O cemitério judaico do Monte das Oliveiras é bem mais antigo. Desde a época do Primeiro Templo, havia a prática de sepultar ali. No vale do Cedron e em Silwan, ao Sul, em frente à Jerusalém original, havia uma Necrópole (podem-se ver tumbas de grande porte). A prática de enterrar ali se expandiu na Idade Média. Segundo o Midrash, a ressurreição dos mortos começaria naquele lugar, com a chegada do Messias. Os que estão ali sepultados imaginaram pegar as primeiras senhas da fila...

Os episódios das "entradas" em Jerusalém, após cada conquista, têm uma carga altamente simbólica, e revelam muito da reverência (ou sua falta) dos exércitos e das personalidades sobre a Cidade Santa e sua população em cada momento histórico. Alguns entraram pacificamente, sem derramamento de sangue, como o Califa Omar, em 638. Os cruzados europeus, liderados por Godofredo de Bulhões, se lançaram com brutalidade genocida contra muçulmanos, judeus e até mesmo cristãos árabes e ortodoxos, em 1099. Salah ad Din a reconquistou em 1187 oferecendo segurança aos cristãos que

---

26 Segundo o Apocalipse, haverá a batalha final de Armagedon, identificado como *Har Meguido*, planície de Israel a Leste do Monte Carmel, local de batalhas importantes na Antiguidade. O Messias descerá no Monte das Oliveiras e entrará em Jerusalém pela Porta Dourada. Segundo a tradição islâmica, Jesus vencerá o anticristo em Lod (Lida) antes de ir a Jerusalém, para julgar a posteridade de Adão e Eva.

escaparam, e perfumou os lugares sagrados com água de rosas. Para demonstrar pompa e poder, o Kaiser Guilherme II, em 1898, pediu aos otomanos que a muralha e o fosso da Porta de Jaffa fossem abertas e pavimentadas, a fim de entrar com sua carruagem. Já general britânico Allenby, quando conquistou Jerusalém em 1917, preferiu entrar pela mesma porta caminhando a pé, tendo descido de seu cavalo.

Mas a entrada de maior repercussão na História foi a de Jesus, no Domingo de Ramos, pela Porta Dourada, montado em um jumento, sob o júbilo da multidão. No Domingo de Ramos, Jesus parte de Betânia, provavelmente da casa de Maria e Marta, irmãs de Lázaro, a quem havia ressuscitado, e que sempre visitava quando vinha de Jericó. Passa pelo vilarejo de Betfage (que significa casa dos figos verdes, não maduros). Hoje, Betânia, vila árabe-palestina de *Al-Eizaria*, e Betfage, por trás do Monte das Oliveiras, estão separadas por um muro. Embora distem apenas cerca de 2 km, é necessária uma viagem de carro ao redor, que pode durar quase uma hora.

Em Betfage, Jesus monta em um jumentinho e segue para o Templo de Jerusalém, descendo o Monte das Oliveiras. Logo avista a imagem esplendorosa do Templo e da cidade de Jerusalém. Uma multidão o segue e aclama. Estende vestes e ramos pelo caminho. Do alto do Monte das Oliveiras, Jesus chora sobre a cidade, em um ponto onde hoje se situa a igreja *Dominus Flevit*. Continua descendo o Monte, passa pelo jardim do Getsêmane, onde seria traído poucos dias depois, e atravessa a ponte sobre o Cedron. Ao entrar no Templo pela Porta Dourada, mostra sua fúria contra os vendilhões, que fazem negócios com o Nome de Deus. As autoridades e classes abastadas ficam ainda mais indignadas. Não só sua autoridade religiosa foi confrontada, mas também sua fonte de lucro.

Jerusalém sempre foi cosmopolita e multicultural. A cidade cananeia fundada por jebuseus há mais de quatro mil anos foi invadida e/ou habitada por hebreus, babilônicos, helênicos, romanos e bizantinos, persas, árabes omíadas, abássidas, fatímidas, aiúbidas, mamelucos, palestinos, cristãos árabes, sírio-aramaicos, cruzados europeus, armênios, otomanos, franceses, italianos, russos, britânicos, norte-americanos... Além de milhões e milhões de peregrinos judeus, cristãos e muçulmanos, e visitantes de todas as partes do mundo.

Como reconhecimento desse caráter cosmopolita e multicultural milenar da Cidade Santa, Jerusalém figurava como *corpus separatum*, cidade internacionalizada, na Resolução 181 da Assembleia Geral da ONU (1947), que propôs a partilha da Palestina. Mas essa determinação da AGNU jamais foi implementada.

Após a conquista israelense de 1967, Jerusalém foi unificada sob o domínio de Israel. Na ocasião, foi reafirmado o respeito ao *status quo* dos diversos lugares santos, em particular da Esplanada das Mesquitas / do Templo (*Haram al Sharif*). Com a lei geral básica de Israel de 1980, Jerusalém foi incorporada *de iure* ao ordenamento jurídico do Estado de Israel, o que já acontecia na prática desde 1967.

Entretanto, o Direito Internacional e a grande maioria dos países não aceita a legalidade da anexação da porção Leste de Jerusalém desde 1967. Por isso, suas embaixadas permanecem em Tel Aviv. Somente Estados Unidos e poucos países têm embaixadas em Jerusalém. Ali funcionam, entretanto, consulados históricos desde o século XIX, como os do Reino Unido, França, Espanha, Grécia, Bélgica e Turquia, entre outros.

Como visto acima (Parte II), entidades cristãs e muçulmanas receiam a alegada tentativa de "judaização" de Jerusalém, com a expulsão de moradores e redução do acesso, ou impedimento, de fiéis em celebrações religiosas tradicionais, por supostas "razões de segurança".

O *status* de Jerusalém constitui, ao lado das questões de fronteiras e dos assentamentos nos territórios ocupados, o principal impasse à solução do conflito árabe-palestino-israelense. Israel rejeita qualquer compromisso em torno de Jerusalém. Qualquer manifestação de soberania palestina sobre a cidade, em particular a realização de eleições em Jerusalém Oriental, é vetado. A *Orient House*, sede da Autoridade Nacional Palestina nos anos 1990, foi fechada durante a Segunda Intifada. A bela casa está hoje completamente abandonada.

A oposição israelense em autorizar votações palestinas em Jerusalém Oriental é apontada pela liderança política da Autoridade Palestina como o motivo da não convocação do pleito. Segundo analistas, entretanto, esta seria uma justificativa confortável para esconder as verdadeiras razões: o desinteresse na renovação da classe política, e sobretudo evitar o risco de vitória do Hamas.

A tensão na da Esplanada das Mesquitas / do Templo (*Haram al Sharif*) havia começado desde 1929, com a prática do toque do shofar no *Kotel* (Muro das Lamentações), que gerou atritos e distúrbios entre muçulmanos e judeus.

Em 1967, quando da tomada da Esplanada pelo exército israelense, o general Mordechai Gur declara que a Esplanada do Templo volta a pertencer aos judeus. O General Moshe Dayan se opôs veementemente e ordenou fossem retiradas a bandeira de Israel do Domo da Rocha, e arca com a Torah da Esplanada.

Dayan também se opôs à ocupação de espaços na Cisjordânia, e ao controle da Esplanada das Mesquitas / do Templo, como desejado por extremistas religiosos, que queriam a destruição do Domo da Rocha e da Mesquita de *Al Aqsa*.

A decisão de Dayan enfureceu a corrente religiosa nacionalista, especialmente Gershon Solomon, fundador dos Fiéis do Monte do Templo. Grupos que rezavam e rabinos que tocavam o shofar no Monte eram expulsos pela polícia israelense.

A vitória do Likud de Menahem Begin, nas eleições de 1977, traz novo estímulo aos religiosos ultranacionalistas. Em 1978, é fundada a *Ateret haCohanim*, organização que reivindica a judaização de Jerusalém, inclusive mediante compra de imóveis no bairro muçulmano, com apoio financeiro de judeus norte-americanos.

Nos anos 1980, intensifica-se a campanha pelo estabelecimento de um Sinédrio no Monte do Templo, além da possibilidade de fazer sacrifícios rituais, celebrar o *Pessach* e estabelecer espaços de presença permanente (sinagogas, por exemplo) na Esplanada. Todas essas iniciativas são proibidas pela polícia israelense.

O Alto Rabinato decretou que nenhum judeu tem autorização para subir à Esplanada, porque é impossível determinar com certeza a localização do "Santo dos Santos" do Templo. Apenas o Sumo Sacerdote tinha autorização para ali ingressar. Os fiéis judeus deveriam abster-se de subir no Monte, e limitar-se a rezar no Muro das Lamentações.

Apesar dessa proibição, cada vez mais colonos e visitantes ultranacionalistas "sobem ao Monte" e tentam realizar atos rituais. Ativistas e políticos israelenses, sobretudo Itamar Ben-Gvir, defendem o fim daquelas proibições.

Na célebre data de *Tisha B'Av* (13 de agosto) de 2024, 2.663 judeus ascenderam ao "Monte do Templo", número recorde de visitas em um único dia.

Na mesma ocasião, houve marcha com bandeiras na Cidade Antiga de Jerusalém, organizada pela Municipalidade de Jerusalém e por membros da Knesset. Os manifestantes reivindicaram o reassentamento na Faixa de Gaza e o controle judaico sobre o complexo da Mesquita de *Al Aqsa* (Monte do Templo). Manifestantes extremistas realizaram rituais religiosos proibidos pelo *status quo*.

Ben Gvir voltou a defender a "governança e a soberania" de Israel sobre o lugar, para que os judeus ali orassem livremente. Yair Lapid reagiu a essas declarações, afirmando que há um grupo de extremistas e irresponsáveis no governo que tenta levar Israel a uma guerra regional de larga escala. Também o diretor do *Shin Bet* criticou de forma veemente, ressaltando o perigo à segurança do Estado de Israel e afirmando que aquele "espetáculo" poderá levar a "banho de sangue" e "tornará o país irreconhecível".

Jerusalém não é de ouro, como diz a canção (*Ierushalayim shel zahav*), mas de pedra. Nem de ouro, nem de cobre, nem de luz. A Jerusalém humana é de pedra. Pedras calcáreas recicladas, que contam histórias e clamam. Testemunham dramas, tragédias em gritos e prantos, desespero, mas também júbilo. As pedras, recicladas em várias camadas de civilização que ali passaram, despedaçadas e queimadas pelas invasões estrangeiras, servem para construir e reconstruir templos, palácios e casas.

A Jerusalém de Ouro será somente a Nova Jerusalém, como descrita no Apocalipse. A Jerusalém celestial é de Luz, Paz e ouro. A terrena é de pedra, violência, tensão e morte. Às vezes suja, mal-cheirosa. Mas fascinante.

Um passeio a pé pela cidade antiga de Jerusalém é uma viagem por 2.500 anos e 4 civilizações dentro de suas muralhas, passando pelos 4 setores: muçulmano, cristão, armênio e judeu. Quatro civilizações que ali vivem hoje, além das outras que já deixaram sua marca ao longo dos séculos, fisicamente visíveis na arquitetura: gregos, romanos, bizantinos, árabes, franceses, ingleses, otomanos, alemães, russos... Incrível ver como se passa de um universo humano a outro, em questão de metros e ruas.

Pelas portas de Herodes, Damasco e dos Leões entra-se no bairro muçulmano. Muito movimento, feira, árabes falando e milhares de turistas, em anos normais. Mas não estamos em anos normais, os turistas se foram com a guerra, e os trabalhadores sofrem com sua falta.

Por várias entradas do bairro muçulmano há acesso à Esplanada das Mesquitas / Monte do Templo. Os muçulmanos o chamam de *Al Haram Al Sharif*, "Nobre Santuário". Os judeus,

Har haBeit, literalmente "Monte da Casa" – de Deus, também conhecido como *Har haMishkan*, "Monte da Presença" – de Deus.

Passa-se do bairro muçulmano para o bairro cristão, que tem ar mais ocidental e europeu. Veem-se cruzes, igrejas, cafés e restaurantes, árvore de Natal e até um Papai Noel americano, que parece um ET nessa Cidade Santa. Na entrada de sua casa, Papai Noel cavalga um camelo e acena "Ho-ho-holy land...". Não me agrada a infantilização ou disneylandização de Jerusalém. Os Cruzados se instalaram nesse bairro, onde também se situam os Patriarcados Latino e Grego.

Depois da Porta de Jafa, passa-se para o bairro armênio, também cristão, com belas cerâmicas.

Em ambos os bairros, cristão e armênio, há disputas imobiliárias, frequentemente acusadas de fraudulentas e em contestação judicial, como já referidas na Parte II.

Na Porta de Sião, inicia-se o bairro judeu. Do lado de fora da atual muralha, segundo a tradição, encontram-se o Túmulo de Davi e o Cenáculo (segundo a tradição latina, lugar da Santa Ceia). Segundo outra tradição, sírio-aramaica, o lugar correto da Santa Ceia e da descida do Espírito Santo seria a casa da mãe do evangelista Marcos, entre os bairros armênio e judeu. Perto da porta de Sião, também do lado externo, um cemitério onde está sepultado Schindler.

A Jerusalém bíblica do Antigo Testamento não é a que os turistas de hoje visitam. A Jerusalém que conhecemos hoje se estende ao Norte e a Oeste da Esplanada das Mesquitas / Monte do Templo. É uma construção posterior, em terrenos aplainados, expandida por Herodes Agripa, neto de Herodes, o Grande, e depois reformada pelos bizantinos, árabes, cruzados e otomanos.

Graças aos trabalhos arqueológicos do Capitão Charles Warren, no século XIX, foi descoberto que a Jerusalém bíblica se estendia na descida Sul da Mesquita de Al Aqsa. Ali estava a cidade de Davi original. Ali, a cidade foi invadida e destruída pelos babilônicos e reconstruída por Neemias e Esdras. Ali habitaram os profetas e reis de Judá do Antigo Testamento. Ali foram encontrados artefatos, flechas, madeiras queimadas pelos incêndios da cidade.

Jerusalém Leste abriga os bairros árabes, com comércio nervoso e população tensa e triste, oprimida pelo avanço da ocupação e o descaso de políticas públicas da municipalidade – infraestrutura urbana, limpeza, água. Quando o clima esquenta, há apedrejamentos, confrontos com a polícia, agressões físicas recíprocas (entre colonos israelenses e residentes árabes). Há casas demolidas pela municipalidade, e expulsões de famílias inteiras que ali moram por várias gerações.

Veem-se, nos últimos meses, dezenas de colonos civis caminhando com fuzis, o que torna o ambiente muito mais tenso e perigoso. Não são soldados regulares, e sim milícias urbanas, pois não têm treinamente militar, não obedecem a cadeias de comando e não têm regras de engajamento profissionais. Podem disparar rajadas sobre quem considerarem suspeito, colocando em risco a vida de todos ao redor, inclusive turistas e peregrinos.

A Jerusalém Ocidental é outro universo: pujante, moderna, limpa, bem administrada pela municipalidade. Um enclave urbano da Europa ou dos Estados Unidos no Oriente Médio. É a impressão que fica nos turistas, que não conhecem o outro lado.

Segundo a pesquisa "Palestinian-Israeli Pulse" várias vezes citada, a proposta de uma Jerusalém ocidental como capital de Israel e sua parte oriental como capital palestina é apoiada por apenas 19% dos judeus e 16% de palestinos, em contraste com 51% de árabes-israelenses. De forma semelhante, apenas 18% de judeus (mas 50% de árabes-israelenses) e 16% de palestinos apoiariam a divisão de soberania na Cidade Antiga de Jerusalém, de forma que o bairro judeu ficasse sob Israel, e os bairros muçulmano e cristão e a Esplanada das Mesquitas / do Templo sob autoridade palestina.

É preciso muito esforço mental e espiritual para buscar a Deus e Jesus aqui. Há muita "poluição religiosa", com disputas por espaços, decorações horrendas, aspecto lúgubre, feiras, o barulho e a tensão de uma cidade grande e confusa. Tento "ler o quinto evangelho", como diz São Jerônimo, que é viver aqui: ando nas ruas estreitas de pedra, percorro várias vezes a Via Dolorosa, subo o Monte das Oliveiras desde o Getsêmane, medito no Santo Sepulcro, visito as escavações da Cidade de Davi, vejo o deserto da Judeia, as oliveiras milenares, tento abstrair a modernidade violenta e barulhenta para ver e sentir elementos da mesma natureza que havia quando por aqui passou o Senhor: o céu, as nuvens, os pássaros, as plantas, o relevo.

Mas a triste constatação é que Jerusalém deixou de ser o farol da humanidade. A Cidade Santa se tornou uma figueira ressequida e sem frutos, para recordar a expressão de Jesus. Vive em um passado, que se projeta sobre a esperança messiânica da restauração do futuro, e nesse intervalo, não traz paz nem luz para a humanidade. Ao contrário: aferrada à mesquinhez e sem ter aprendido as lições de seus reis e profetas, trouxe o inferno para seu presente, sem vislumbrar um futuro redentor. Jerusalém poderia ser uma cidade da vida, paz e luz, mas se tornou, em parte, uma necrópole afastada de Deus, mesmo quando a busca.

Perdeu a chance de sua "visitação", e aguarda que volte a ser visitada no final dos tempos, após o cumprimento das profecias de Zacarias. O Monte das Oliveiras fendido por um terremoto, águas que nascem da cidade e correm para o Leste, até o Mar Morto, e para Oeste, o Messias que descerá no mesmo Monte, e os que se lamentarão sobre Ele, inclusive os que O traspassaram. E quando se dirá "Bem-aventurado aquEle que vem em Nome do Senhor".

Mas para quem mora na cidade antiga de Jerusalém intramuros, a cidade mítica tem ares de cidade de interior, onde quase todos se conhecem e se frequentam, com os devidos cuidados e fronteiras, nas ruas estreitas e sinuosas, que ainda guardam o desenho do urbanismo romano. Pode-se tomar café sentado num banquinho do mercado do algodão, no bairro árabe, próximo a uma das entradas do *Haram al Sharif*, aprender a fazer cerâmica armênia, tomar vinho na simpática rua da Porta Nova ou na rua central do bairro cristão, passear na bela praça em frente à sinagoga Hurva, no bairro judeu, sentir o perfume dos incensos e a agitação das feiras e dos grupos de turistas emocionados. Não se assuste se achar que viu Jesus Cristo caminhando descalço, vestido de túnica branca e com um cajado: provavelmente é o James, um norte-americano simpático e sorridente tocado pela síndrome de Jerusalém, que caminha todos os dias entre o bairro cristão e as Portas Nova, de Jaffa e Sião, e às vezes dorme no Santo Sepulcro.

O Monte das Oliveiras é meu lugar preferido, além do Santo Sepulcro. Subo do Getsêmane até o mirante, e fico olhando a cidade e a Esplanada, com a Porta Dourada. Sempre que posso ali vou caminhar, contemplar, meditar, orar e ler a Palavra. Evangelhos, Apocalipse. O Monte partido em dois, águas que saem do Templo e cruzam o deserto ali atrás até o Mar Morto, a vinda / o retorno do Messias, o Juízo Final, a descida da Nova Jerusalém, tudo vai acontecer ali, entre o Monte das Oliveiras, o Cedron e a Esplanada do antigo Templo. Ali é um vórtex, um portal para a eternidade, onde se cruzam várias dimensões de espaço, tempo, espiritualidade, poder terreno e espiritual.

O terremoto na Turquia e na Síria em 2023 produziu uma tragédia humanitária e reativou preocupações em torno dos possíveis efeitos políticos de evento semelhante em Jerusalém. Matéria do Haaretz, intitulada “Massive quake in Israel is only a matter of time”, transmite alerta de geólogos de que a região está “overdue for a disastrous earthquake”. Se (ou quando) isso ocorrer, o *Haram al Sharif* (Esplanada das Mesquitas / do Templo) poderia ser atingido, comprometendo de forma irreversível o frágil e contestado *status quo*.

Jerusalém está situada em zona sísmica, a apenas 25 km da falha geológica ativa do Mar Morto, parte da chamada fenda sírio-africana (separação das placas tectônicas da África e Eurásia). Dada a intensa história milenar da região, seus terremotos estão documentados em diversas fontes escritas. Há descrição de terremotos desde pelo menos 759 a.C.

A falha geológica produz terremotos e profecias geológicas, inclusive de quebra do Monte das Oliveiras, como mencionado acima. O profeta Ezequiel, sem mencionar explicitamente um terremoto, também diz que surgirá um rio em Jerusalém que levará vida através do deserto até o Mar Morto.

Na Era Comum, houve tremores de grande magnitude nos anos 351, 363, 747, 771, 813, 1033, 1837 e 1927, em meio a outros de menor poder destrutivo ou em áreas um pouco mais distantes (como Eilat, em 1995, de magnitude 7.2). Em 747 e 1033, o Domo da Rocha e a Mesquita de Al Aqsa foram destruídos; nos outros anos, sofreram danos mais ou menos graves. O último terremoto, ocorrido em 1927, de magnitude 6.3, teve como epicentro Jericó e destruiu prédios em Jerusalém.

Passado um século do último terremoto, a qualquer momento pode ocorrer fenômeno de grande proporção. Para além do impacto humanitário, teme-se que os edifícios do *Haram al Sharif* venham a ser destruídos, juntamente com outros sítios sagrados. No caso do Domo da Rocha e da mesquita de Al Aqsa, a condição estrutural já se encontra fragilizada, dada a negação, por parte das autoridades israelenses, de trabalhos de manutenção. Reparos de rotina e quaisquer reformas são impedidos pelas forças israelenses, o que eleva o risco de colapso das instalações. Ademais, reclama-se de escavações arqueológicas e trabalhos de infraestrutura feitos nas proximidades da Esplanada, que comprometem ainda mais a mecânica do solo dessa cidade tantas vezes reconstruída sobre camadas de escombros de destruições anteriores.

Desconfia-se que, na hipótese de uma catástrofe que venha a destruir os sítios históricos da Esplanada das Mesquitas / do Templo, autoridades de segurança, entidades histórico-arqueológicas e religiosos extremistas aproveitem a oportunidade para ocupar o espaço e alterar o *status quo* de forma irreversível. O cenário de colapso dos prédios islâmicos poderia servir de pretexto para a ocupação, seja a título de proteção, segurança ou defesa civil, de busca de artefatos arqueológicos ou mesmo de sinal divino, conforme o agente interessado. Grupos kahanistas poderiam interpretar o evento como sinal verde divino para a construção do Terceiro Templo.

Jerusalém é o epicentro da humanidade. Um portal, um vórtice para a eternidade. Uma metáfora da humanidade, com seu fascínio, tragédia e esperança.

Em *El Aleph*, Borges imagina um ponto que condensa todo o conhecimento do mundo, ao ser visualizado. Jerusalém é uma espécie de *Aleph* urbana que condensa toda a História da humanidade, com suas esperanças e horrores.

Sua História representa e concentra, de forma extrema, as maiores virtudes e os piores instintos da humanidade. Bondade e maldade, utopia e tragédia, perdição e salvação, céu e inferno. Ao longo dos milênios, incluindo o momento atual, experimentou mais inferno do que céu.

Jerusalém, portanto, é capital de uma Terra não necesariamente Santa, mas inescapavelmente humana.

A arquitetura dos templos das três religiões monoteístas aqui presentes tem em comum cúpulas abobadadas, que "capturam" o céu no teto. O céu parece, assim, aprisionado em suas cúpulas e doutrinas. Mas é impossível capturar o céu. Também vale lembrar que Dante põe o inferno no subsolo de Jerusalém...

A Jerusalém celestial, do Apocalipse, descerá dos céus. No Juízo Final, obra de Deus, descendo "como noiva ataviada para o noivo". Não será obra de mãos humanas.

As dúvidas teológicas somente serão esclarecidas com a vinda do Messias. Enquanto isso, as religiões deveriam se abster de atos de violência e viver o que há de mais sagrado em seus livros, cujos mandamentos centrais se resumem em um único, o de amar a Deus sobre todas as coisas, e ao próximo.

Reflexões teológicas e cabalísticas aleatórias

Não há como viver em Jerusalém e não se interessar em conhecer mais profundamente a Bíblia e refletir sobre os mistérios do mundo espiritual. Esta seção contém anotações aleatórias sobre isso. Peço perdão pelas heresias e erros que possam conter, mas são resultado de uma busca sincera.

Natureza de Jesus

A Cristologia foi objeto de muita polêmica nos primeiros séculos da Igreja, com direito a acusações de heresia e excomunhões. O assunto foi exaustivamente discutido nos Concílios de Niceia (325 d.C.), Constantinopla (381 d.C), Éfeso (431 d.C.) e Calcedônia (451 d.C.).

Os concílios ecumênicos foram os precursores da diplomacia multilateral. Em vez de resoluções sobre paz e segurança, discussões sobre heresias e editos para tentar disciplinar a doutrina da fé.

Uma das discussões mais acirradas foi sobre se Jesus era Deus e/ou homem. Totalmente homem e totalmente Deus? Ou Deus, sem natureza humana destacada? Semelhante ou da mesma essência que o Pai?

De um lado, os monofisistas, que afirmavam que Jesus tinha uma única natureza, a divina. Sua natureza humana era absorvida em sua natureza divina, sem separação. De outro, os duofisistas, que afirmavam a dupla natureza, divina e humana, de Jesus, que era plenamente Deus e plenamente homem.

Prevaleceu o critério duofisista nos Concílios ecumênicos. No Concílio de Niceia, Jesus é declarado Filho Unigênito de Deus. "Gerado" ou "nascido" do Pai, não "feito" ou "criado" (em latim, *Natum, non factum*; no original grego, *guenithenta, ou poiethenta* –γεννηθέντα ού ποιηθέντα), da mesma substância do Pai (em grego, *oumousion to Patri* – ὀμοούσιον τῷ Πατρί). Por meio dEle todas as coisas vieram a existir.

A conclusão dos Concílios foi que Jesus tinha a mesma essência do Pai (*homo+ousia* – ὀμοούσια), que se manifestava em três substâncias (*sub+stancia = hipo+stase* – υπόσταση) idênticas (*homeo+stase* – ομοιοσταση).

A tradução como três "pessoas" é considerada equivocada por alguns, um erro histórico que assimilamos e repetimos. O Credo de Niceia fala de três *hipostasias* (substâncias) em uma só *homoousia* (essência). Não usa o termo *persona* (latim), ou *prosopo* (grego).

No documento em grego do Concílio, o "Credo" não fala em três "pessoas" (*personas*) da Trindade. A doutrina da con+substanciação descreve três "substâncias" (*hipostasias*) espirituais unidas em uma única "essência" (*homoousia*), uma unidade do Ser divino. A chamada "união hipostática".

Não fala de substâncias idênticas, mas de essências idênticas. Os Concílios tentavam refletir sobre a "química espiritual" de Deus. Raciocinavam a natureza divina com os conhecimentos e a mentalidade "científica" da época – a "química" medieval, que seguia o paradigma da alquimia.

Além disso, os sacerdotes e estudiosos dos Concílios pensavam, discutiam e escreviam em grego e latim, com suas lógicas e filosofias, desconhecendo e até rejeitando a cultura e a língua hebraicas e rabínicas – reflexo do antissemitismo europeu medieval. Talvez se as conhecessem, suas controvérsias fossem menores, sem problemas interpretativos.

O original hebraico é mais audacioso do que pode ser alcançado pelo raciocínio teológico influenciado pela lógica filosófica helênica e a alquimia predominantes à época.

O Salmo 2: 7 diz: “Tu És meu Filho, eu hoje te gerei”.

O original hebraico (היום ילדתיך) é bem direto e impressionantemente revelador da natureza de Deus: literalmente, “Eu hoje te dei à luz” – ou, mais diretamente, “pari”.

Sim, Deus “deu à luz”, “pariu” seu Filho. Assim está escrito na Bíblia original hebraica!

A mentalidade que discutiu e redigiu o Credo é mais intelectualizada e abstrata (por influência do helenismo) e mais próxima da mágica alquimista do que a da língua original hebraica da Bíblia, que é mais humana – e feminina. O original “deu à luz”, “pariu” é mais fascinante do que os conceitos de “nascido” no latim (*natum*), ou “gerado”, no grego (*guenithenta*), cuja raiz, inclusive, remete ao Gênesis.

O propósito da Bíblia hebraica era mostrar a diferenciação do Filho em relação aos outros seres e elementos da criação. O verbo “dar à luz”, “parir” (sentido literal mais preciso do que a tradução “gerar”) é diferente dos outros verbos da criação (do Gênesis). Em hebraico, a raiz (לד) do verbo “parir” (ללדת) é a mesma de “criança” (יֶלֶד).

O Filho de Deus foi “parido” pelo Pai, não “criado” ou “gerado” como os outros elementos e seres da criação. Fica mais fácil e intuitivo, assim, entender a mesma “essência”, “substância” e “unidade” do que pelo meio dos raciocínios lógico-formais da discussão e redação do Credo.

Isso remete a outra raiz muito interessante, que também revela sobre a natureza de Deus. O que se traduz como “misericórdia”, do latim, tem etimologia que remete ao coração (*miserere*, “compaixão”, e *cordis*, derivado de “cor”). Entretanto, no original hebraico, a palavra é *haRachmim* (הרחמים), e sua raiz não remete ao coração – *Lev* (לֵב) –, mas ao útero – *Rechem* (רֶחֶם). "Tem misericórdia de nós" é *Racham aleinu* (רחם עלינו). Na língua hebraica e na cultura original da Bíblia, a "misericórdia" ou "compaixão" na verdade é um "sentimento uterino", mais íntimo, carnal e profundo do que do coração.

Fé e paradigmas científicos

O livro de Eclesiastes, escrito por Salomão segundo a tradição judaica, apresenta a beleza da criação e a possibilidade de compreensão de seu mistério:

> *Tudo fez belo em seu tempo; também pôs o universo no coração do homem, sem que este possa descobrir a obra que Deus fez desde o princípio até ao fim.* (Eclesiastes 3: 11)

Toda a criação é bela. No original hebraico, *Elohim* não "pôs" no coração do homem, mas "deu de presente dentro do coração" (נָתַן בְּלִבָּם) o *Olam* (הָעֹלָם): não somente o universo físico, mas a eternidade, a totalidade do espaço-tempo eterno (*Olam* tem o sentido de espaço-tempo).

Mas Deus pôs limites ao conhecimento da "obra que fez desde o princípio até o fim". No original hebraico, a expressão usada é "não encontrará" a "obra que fez": trata-se de achar, encontrar, descobrir algo escondido, e não conhecer, compreender ou teorizar, como na tradição intelectual grega. Como encontrar um tesouro escondido, ou o *Afikomen* no final do *Seder* de *Pessach*. "Do princípio ao fim", notando que raiz da palavra "princípio" é a mesma do começo do Gênesis (*Bereshit* – בְּרֵאשִׁית), e que o universo tem um fim.

Outra forma possível de ler a construção da frase seria: "pôs o universo e a eternidade (*Olam*) no coração do homem; sem isso, ele não descobrirá a obra que Deus fez". Nessa interpretação, somente podemos descobrir e compreender a criação se tivermos a eternidade e o universo em nosso coração. Os limites que Deus colocou ao conhecimento derivam não de um impedimento arbitrário, ciumento e autoritário, mas de um pré-requisito essencial. O que nos impulsiona a descobrir os mistérios e maravilhas da criação? A eternidade e o universo em nosso coração? Ou somos movidos por outros propósitos, como o poder, o lucro, o conforto, a ganância, o egoísmo, a vontade de sermos como Deus?

O conhecimento da natureza e da criação avança no limite do ambiente epistemológico de cada período histórico. Tudo o que ultrapassa esse perímetro é acusado de heresia. O conhecimento de Deus é condicionado pelo limite dos paradigmas científicos vigentes, e condena ao inferno, à fogueira e à excomunhão (hoje, ao cancelamento) as visões de fé que os ultrapassem.

Na Idade Média, a Astronomia não era bíblica; era a dos filósofos gregos da Antiguidade. À medida que mudavam os paradigmas científicos, a fé passou a ser alquímica, newtoniana, lavoisieriana. A ideia da criação foi muito abalada pelo darwinismo, e a convicção determinista sofreu com o relativismo de Einstein e a indeterminação de Heisenberg. Nas últimas décadas, a visão do Gênesis se alegrou com a teoria do *Big Bang*. E hoje, o conjunto da fé e da visão do universo criado tem grande potencial de renovação com a Física Quântica.

A resposta de Laplace a Napoleão ainda ecoa: quando este o questionou sobre a ausência de Deus ao ler a “mecânica celeste” escrita pelo cientista, este respondeu: “Não precisei recorrer a esta hipótese”. Mas, como disse Louis Pasteur poucas décadas depois: “Um pouco de Ciência afasta de Deus; muita Ciência conduz a Ele”.

Por exemplo, é mais difícil compreender a noção da Trindade, de “três em um”, dentro do paradigma da impenetrabilidade da Física Clássica, no qual “dois corpos não podem ocupar o mesmo lugar no espaço”, do que no da dualidade da Física Quântica, na qual a matéria se comporta ao mesmo tempo como partícula e como onda.

Também é mais fácil compreender a "vida eterna" e os "seres espirituais" no paradigma pluridimensional e de universos paralelos e múltiplos, inclusive saltando das quatro dimensões que nossos sentidos detectam (três de espaço + tempo) para as onze ou mais dimensões da realidade quântica.

É comum mencionar a lei dos grandes números e o evolucionismo para questionar a tese de um Criador. Mas toda lei é produto da subjetividade e da vontade de algum legislador. Inclusive as "objetivas" e da natureza. A lei dos grandes números, da Matemática e do evolucionismo são "legislações" de um Criador...

As "coincidências" absurdamente proibitivas, pelo cálculo probabilístico, de *fine tuning*, de combinações infinitas, do nível subatômico ao do macrocosmo, que resultaram no equilíbrio físico, químico, biológico e cósmico que tornaram possível a sustentação física e a vida neste Planeta (que estamos destruindo, aliás, haja Antropoceno!) só podem ser explicadas por Alguém que desejou, desenhou e aplicou muita inteligência, sabedoria, planejamento, poder e vontade.

A mais ínfima modificação de qualquer dessas variáveis infinitas cuja combinação produziu o que somos e vemos ao redor inviabilizaria a estabilidade da realidade e da vida tal qual conhecemos. Essa estabilidade é absurdamente frágil, ela "decai" e se desfaz a cada instante, e precisa ser permanentemente recriada e estabilizada. Ainda estamos no sexto dia da criação, ela ainda não está perfeita e completa, ela é recriada a cada instante. Inclusive o ser humano continua sendo criado. A criação precisa ser permanente, para refazer a cada instante tudo o que se dilui nas ondas do oceano da existência. Se matéria e energia se equivalem, e se a matéria se comporta como partícula e como onda, as partículas são nós (de vibrações específicas de cordas quânticas) condensados de energia que se fazem e desfazem no mar de ondas, a cada fração infinitesimal de tempo. A realidade material é uma tessitura quântica permanente. O Gênesis quântico se renova a cada instante. Como uma respiração.

Não estou querendo converter nenhum ateu. Apenas quero colocar dúvida. Usando o mesmo método da dúvida que inoculam nos que crêem. E se a hipótese de um Criador, que não pode ser arbitrariamente descartada, for certa?

"Deus meu, Deus meu, por que me abandonaste?"

Esse clamor de Jesus na Cruz não é compreendido até hoje, e é citado como se Ele tivesse se decepcionado com Deus, no momento em que mais precisava de socorro.

Agonizando, Jesus vê o Pai se afastar para que morra como homem.

Em sua agonia de morte, Jesus cita o Salmo 22, profetizado mil anos antes. Era o clamor daquEle que É Um com o Pai e com o Espírito, totalmente integrado em Ser e essência divinas.

Retoma-se, aqui, a questão da natureza de Jesus e sua relação com o Pai (acima).

Os que assistiram ao seu batismo por João no Jordão testemunharam como os céus se abriram e o Espírito desceu em forma de pomba, e a voz do Pai que dizia, "Este é meu Filho amado, em quem me comprazo". O Filho, o Pai e o Espírito Santo sempre estiveram juntos, integrados.

Mas o momento da Cruz era diferente. O Filho precisaria morrer como um homem, para ressuscitar e vencer a morte. O Deus Pai não morre. Nem o Espírito Santo. São eternos. Mas o "Filho do homem" veio "à semelhança de homem" (Filipenses 2: 6-8), viveu entre nós como homem, e tinha que morrer como homem.

Naquele momento, para que morresse, o Pai e o Espírito teriam que deixá-lO. Se continuassem integrados nEle, não haveria como morrer. Jesus sente a *Shekinah* ser violentamente arrancada dEle. Desespero para Sua Alma, sempre aquecida pelo calor do

Pai e do Espírito Santo. E grita de dor na alma: "Deus Meu, Deus Meu, por que me abandonaste?" Mas no instante seguinte, Jesus sente que não foi totalmente abandonado, e entrega seu Espírito nos braços do Pai.

Na Cruz, Jesus sentiu sua vida biológica e sua mente (*Nefesh*) se esvaindo e entregou seu Espírito (*Ruach*) ao Pai. Mas não entregou, nem podia, seus níveis superiores de Alma (*Neshamá / Hai / Iehidá*) – ver abaixo.

"Está consumado": Tetélestai (Τετέλεσται), está cumprido, pleno, completo, concluído, fim alcançado.

Os cinco níveis da alma

Há cinco níveis da alma, segundo a tradição cabalista. Uma gradação que vai da existência biológica até a unidade com Deus.

I) Alma – *Nefesh* (נֶפֶשׁ), equivalente ao grego *psiqué* (ψυχῆ) e ao latim *anima*. É o plano da vida biológica, da matéria, do sangue, mas também do sentimento, da mente, da consciência individual. Está presente nos seres vivos, plantas e animais. Faz com que o objeto inanimado tenha vida biológica e, em níveis mais elevados (mamíferos superiores), razão lógica (*nous*). A alma é misturada ao pó da terra ("anima" a matéria, dando-lhe vida e fazendo mover-se).

II) Espírito – *Ruach* (רוח), equivalente ao grego *pnevma* (πνεύμα) e ao latim *spiritu*. Significa ar em movimento, vento. É o plano da espiritualidade e da razão superior. Está presente no ser humano.

III) Sopro de vida – *Neshamá* (נשמה). No hebraico, a palavra vem de respiração (*Neshimah*), respirar (*Linshom*). Se espírito (*Ruach*) é ar em movimento, vento, o sopro (*Neshamá*) está fundamentalmente ligado à existência pessoal, individual, de consciência superior. Também está presente apenas na espécie humana.

Deus soprou nas narinas de Adão o *Neshamat Haiim* (נשמת חיים), traduzido como sopro da vida, e ele se tornou alma vivente (*Nefesh Haiah* – נפש חיה). Em hebraico, o verbo dessa ação divina da criação do homem é poderoso: *Iehi* (יהי). Ao criar o homem, Deus pronunciou o mesmo verbo (haver) da criação da luz (*Iehi or* – "Haja luz!"). Ao soprar o sopro divino dentro do ser humano, o Criador transfere sua substância e essência (ver acima).[27]

Por ser um sopro de Deus, o *Neshamat Haiim* transfere um plano de existência e vida divina, que tende ao terceiro nível da alma, o *Hai* (חי) – ver abaixo.

Segundo a Cabala, no nosso plano da existência terrena somente temos acesso, no máximo, ao *Neshamá*, e não aos planos superiores.

Interessante – e triste – notar que Deus não manifestou alegria ao criar o ser humano, no Gênesis. Não "viu que era bom", como disse para outros elementos da criação. Como diz Marilena Chauí, em uma palestra sobre Spinoza, desde que criou o homem, Deus só manifestou cólera e desgosto. Tanto que expulsou do paraíso e destruiu a raça humana pelo menos duas vezes. Mas, embora não tenha manifestado alegria, Deus abençoou a humanidade – "crescei e multiplicai-vos", "dominai" (sobre a natureza). De fato, a humanidade cresceu em conhecimento e poder, hoje somos mais de 8 bilhões de habitantes, e dominamos de tal forma a natureza que a depredamos para nosso consumo insustentável e conforto (resultando no Antropoceno, mudanças climáticas). Haverá outra "renovação" da criação ("novos céus e terra") e da humanidade...

IV) Vida superior – *Hai* (חי). É o plano da vida plena. Representado pela "aura".

---

27 O conceito de *Neshamá* tem semelhanças com o do *Atman*, na literatura veda, que tem o sentido de *self*, pura consciência da alma eterna e imperecível, da mesma essência de *Brahman*.

V) Unidade com Deus – *Iehidah* (יחידה). É o plano da unidade primordial, umbilical, cósmica e eterna com Deus. Somos todos oriundos dEle, e sempre estamos unidos a Ele, o Criador de todos os seres e o Autor da Vida.

Vale explicar algo interessante sobre o Nome de Deus em hebraico, representado pelo tetragrama impronunciável IHVH – יהוה. Quando lêem a Torah e se deparam com este Nome, os judeus não o pronunciam, e o substituem, na leitura, pela designação *HaShem*, que literalmente significa "o Nome" (de Deus). Pois "o Nome" יהוה é a combinação do verbo "Ser" nos tempos passado (היה), presente (הווה) e futuro (יהיה). Em outras palavras, "o Nome" יהוה É o Ser Eterno.

Quando Moisés pergunta a Deus qual o Seu Nome, no monte Sinai, Ele responde na primeira pessoa do tempo futuro: "Eu Serei Aquele que Serei" (אֶהְיֶה אֲשֶׁר אֶהְיֶה).

"Em tuas mãos entrego o meu espírito"

Esta frase, dita por Jesus no momento de sua morte na Cruz, também foi profetizada mil anos antes, no Salmo 31.

No instante de Sua morte na Cruz, Jesus sente sua vida biológica (*Nefesh*) esvair-se em sangue, e o Pai abandonar Sua Presença na alma e na mente, que se desligam da matéria – daí a dor de ver-se arrancado do Pai e o clamor "por que me abandonaste?" E entrega seu Espírito *Ruach* ao Pai.

A alma *Nefesh / Psiqué / Anima* morre a morte terrena, mas o espírito *Ruah / Pnevma / Spiritu* é eterno, dado por Deus e recolhido por Ele. Jesus morreu em corpo, mente e alma *Nefesh*, mas seu espírito *Ruah* continua diante de Deus e retorna para o Pai, pois sempre esteve ligado ao Pai, fonte eterna do Ser, da Vida e da Unidade. Jesus não perdeu nem entregou, nem podia, seus níveis superiores de alma e vida, que jamais se desconectam de

Deus: o sopro divino *Neshamá*, a própria vida *Rai* e a unidade com Deus *Iehidah*.

"Eu e o Pai somos Um". Jesus jamais deixou de ter o sopro de vida de Deus, a Vida superior e Ser Um com o Pai. A ligação do "Filho do homem" com o Pai ("Filho de Deus") é tão plena e integrada, que abrange todas as dimensões de seu Ser: matéria, alma, espírito, sopro, mente, vida e unidade total.

Tempos de Deus para a História da humanidade

O pastor Tarcísio Freitas, que lidera uma comunidade de brasileiros em Israel, certa vez apresentou um estudo muito interessante. Tentarei resumi-lo aqui, reiterando o crédito e o *copyright* a ele devidos.

Deus indica, no livro de Levítico, sete "santas convocações": a Páscoa; a festa dos Pães Asmos; as Primícias da colheita; o Pentecostes; a festa das Trombetas; o Dia da Expiação; e a festa dos Tabernáculos.

Segundo uma interpretação escatológica cristã, essas festividades marcariam os "tempos" de Deus para a História da humanidade.

Já teríamos passado pelos quatro primeiros eventos: Páscoa (sacrifício na Cruz), Pães Asmos (luto pelo sepultamento), Primícias (ressurreição) e Pentecostes (descida do Espírito Santo).

A humanidade ainda deverá passar pelos outros três, no final dos tempos: Trombetas (vinda do Messias – Jesus, para os cristãos); Dia da Expiação (Juízo Final, perdão de Jesus, para os que aceitarem seu sacrifício redentor, inscrição no Livro da Vida);[28] e Tabernáculos (novo Céu, nova Terra, nova Jerusalém, Deus habitando conosco e em nós).

28 A saudação que é dada desde o ano novo judaico até o Dia do Perdão (*Yom Kipur*) é: "que seu nome seja inscrito no Livro da Vida"; literalmente, "um bom selo final" (*gmar hatima tova*).

Criação

A Cabala tem dois grandes estudos: o da criação (*Maaseh Bereshit*) e o da "carruagem de fogo" (*Maaseh Merkavah*), sobre mistérios gloriosos.

Segundo a Cabala, há quatro níveis da criação:

I) *Azilut* (אֲצִילוּת) – emanação do Criador;

II) *Beriah* (בְּרִיאָה) – criação do Nada (*ex nihilo*);

III) *Yetzirah* (יְצִירָה) – formação de algo a partir de algo já existente;

IV) *Asiyah* (עֲשִׂיָּה) – fazer obras, realizar ações;

O primeiro nível (Azilut) é o da emanação do Deus Criador, com suas propriedades. A criação é, assim, uma epifania de Deus. "Nele nos movemos e existimos", lembra o Apóstolo Paulo, na Ágora de Atenas. Tudo foi criado "por Ele e para Ele".

Nascem (ou são gerados) o Nada (*Ayin*) e o Infinito, ou Sem Fim (*Ein Sof*). O Nada (*Ayin*) lembra as trevas do Gênesis, e o Sem Fim (*Ein Sof*) a face do abismo, a matéria escura do universo.

A partir do Nada (*Ayin*), e tendo o Infinito (*Ein Sof*) como espaço de ação, o Criador faz as coisas usando Sua Palavra Criadora, segundo Sua Sabedoria e outras manifestações de sua potência e essência (*Sefirot* – ver abaixo), e alguns métodos de trabalho.

Cabalistas cristãos veem aqui o *Logos* (λόγος) criador (traduzido erroneamente como Verbo, mas em grego significa Palavra, discurso, razão), que é Jesus, conforme o Evangelho de João, que oferece, em seus primeiros versos, uma interpretação própria do Gênesis.

"No começo era o *Logos*, e o *Logos* estava com Deus". Embora o original esteja em grego, há versão traduzida do Evangelho em hebraico,[29] na qual *Logos* é traduzido por *Davar* (דָּבָר), "a Palavra".

Em hebraico, é interessante notar que *davar* significa ao mesmo tempo "palavra" e "coisa". A palavra cria coisas. São equivalentes. Da mesma forma que energia e matéria são intercambiáveis, se combinadas com a luz, na equação de Einsten ($e = mc^2$).

A tradução "estava com" Deus, no grego original (ἦνπρὸς), não indica "estar", mas "ser", "existir", "em direção" ou "para".

Na frase seguinte, a relação é ainda mais clara: "E a Palavra Era Deus". No original grego, a construção é inversa: "E Deus Era a Palavra" (καὶ θεὸς ἦν ὁ λόγος).

"Ele Estava no princípio com Deus". No original grego, "no princípio" – *en arché* (ἐν ἀρχῇ) – remete, de forma interessante, ao conceito de arquétipos.

A frase seguinte, "Tudo foi feito por meio dEle, e sem Ele nada do que foi feito se fez", mostra a causa e a conexão umbilical entre toda a criação e o Criador, mas por meio de um intermediário. Em grego, "tudo" é *panta* (πάντα), que remete ao panteísmo. E, indiretamente, ao *Deus sive Natura* de Spinoza (a Natureza equivalente a Deus).

E a construção mais longa "nada do que foi feito se fez" é mais simples no original: "não haveria nada", *egéneto oudé en* (ἐγένετο οὐδὲ ἕν).

O intermediário entre o Criador e a criação é, para os cristãos, Jesus, identificado com a Palavra, o *logos* (λόγος); no Antigo Testamento, há o livro da Sabedoria, que também é a personificação do intermediário.

---

29 Publicada pela *Society for Distributing Hebrew Scriptures*, Hitchin, UK.

No nível Beriah, as coisas são feitas do Nada (*ex nihilo*), inclusive fora da dimensão de tempo, usando um comando, uma palavra criadora: "Haja" (*Iehi*). Assim foi feita a luz, por exemplo: "Haja luz" (*Iehi Or*).

No nível Yetzirah, as coisas são feitas a partir de outras já criadas, por meio de comandos (ou métodos) de: separação (por exemplo, águas "de cima e de baixo"); junção (águas e terra); expansão (do firmamento); multiplicação e diferenciação. A Física, a Química e a Biologia usam esses mesmos métodos. Também a Engenharia.

No nível Asiyah, tudo já está criado, e as ações consistem em manipular ou mudar suas configurações para fazer ações "concretas", produzir realidades e obras novas. Alguns dos comandos ou métodos de *Yetzirah* são operacionais na *Asiyah*.

Essa concepção cabalística, bem como a das emanações (*Sefirot*) como projeções e manifestações da potência ou essência, ou ainda atributos de Deus, não está presente de forma explícita na Bíblia, muito menos no Gênesis.

Elas têm sua base numa interpretação neoplatônica das Escrituras, comum na Idade Média. Isso revela a tensão, de um lado, entre uma visão rabínica tradicional, talvez mais antropomórfica, de Deus, e, de outro lado, a influência helenista platônica e aristotélica. Essa mentalidade influenciou, além dos cabalistas, Maimônides e Spinoza. Segundo essa visão, Deus é tão superior, perfeito e imutável (qualquer mudança ou dinâmica interna representariam imperfeição inadmissível) que não tem vontade, intenção, não age, não fala, não faz nem cria, não se intromete no mundo...

Para tentar compatibilizar a evidência de uma criação como manifestação de vontade (e até de prazer ou decepção divinas) com essa mentalidade neoplatônica e aristotélica, a solução foi imaginar a criação como emanação da Divindade.[30] Uma visão elegante e convincente, palatável para intelectuais, mas que ainda mantinha inconsistências com o Deus bíblico conhecido dos rabinos, que manifestava sentimentos e emoções, tal como os homens.

A Cabala mostra o contraste entre o "mundo da unificação" (*Olam haIchud*) e o "mundo da separação" (*Olam haPerud*). O primeiro pode ser associado ao da Unidade e Vontade de Deus, de Sua Essência Eterna, da imanência, e o segundo, o da diferenciação resultante das emanações, que geram a transcendência, suas revelações e representações ou fenômenos no "mundo concreto".

A partir dessa unidade e simplicidade gera-se o caos da fragmentação, que é "domado" e se transforma em cosmos (ordem). "Deus joga dados", sim, para incredulidade de Einstein, mas não perde o controle. A regra é a indeterminação, para desespero dos newtonianos clássicos. Mas, no plano macro de toda a criação, prevalece a determinação no nível mais elevado de todos. O "sarrafo" do determinismo é bem mais alto do que a Ciência suspeitava. Deus usa sistemas caóticos para governar a realidade, mas nunca perdeu o controle sobre o próprio caos, que segue regras naturais que Ele mesmo estabeleceu por vontade e projeto.

Em outras palavras, o Criador estabelece suas leis e seus planos no plano mais elevado da realidade, e delimita espaços dentro dos quais os indivíduos podem exercer sua liberdade e livre arbítrio, e mesmo as partículas e ondas navegam da indeterminação, mas o resultado não ultrapassa certo nível de possibilidades.

Os cabalistas elaboraram a chamada "árvore da vida", com onze *sefirot* distribuídas em três colunas. Em um exercício de imaginação, essas três colunas podem ser vistas como extensão

---

30 O hinduísmo prefere o conceito de emanação ao de criação. A filosofia Veda apresenta as entidades como expansões da energia do Senhor Supremo, da Personalidade de Deus, em formatos energéticos.

vertical da forma horizontal das extremidades do *Menorah*, com três ramos simétricos de cada lado, conectadas no eixo central por quatro pontos.

As *sefirot* se distribuem em cinco níveis e três colunas, todos interligados.

Os cinco níveis são:

i) Coroa (*Keter*), no alto, no centro, como a cabeça. No *Menorah*, corresponderia à parte central e superior, que contém a primeira chama, sempre acesa, e a partir da qual se acendem as outras, da direita à esquerda (como a escrita hebraica). A vela central se curva, humildemente, para acender ou "servir" as outras com sua luz.

ii) Reino (*Malkut*), na base, no centro, como fundamento assentado no chão da "realidade", como se toda a estrutura superior, de potência e essência divinas se "concretizassem" ou "materializassem" no plano "real" do "mundo".

iii) Nível do pensamento: à direita, a *sefirah* da Sabedoria (*Chochmah*); à esquerda, a *sefirah* do Entendimento (*Binah*).

iv) Nível da alma: à direita, a *sefirah* da Misericórdia, Caridade e Amor (*Hesed*); à esquerda, a *sefirah* da Justiça e da disciplina coercitiva (*Gevurah*).

v) Nível das recompensas "terrenas": à direita, a *sefirah* da Vitória (*Nezah*); à esquerda, a *sefirah* da Glória, Esplendor (*Hod*).

Esses cinco níveis horizontais se estruturam em três colunas verticais.

i) Do lado direito, Sabedoria (*Chochmah*), Misericórdia, Caridade e Amor (*Hesed*) e Vitória (*Nezah*).

ii) Do lado esquerdo, Entendimento (*Binah*), Justiça e disciplina coercitiva (*Gevurah*) e Glória, Esplendor (*Hod*).

iii) No eixo central, acima, a Coroa (*Keter*); no centro, o conhecimento (*Daat*), a Beleza (*Tiferet*) e a Fundação (*Yesod*); na base, conectada com o "chão", o "mundo", o Reino (*Malkut*).

É interessante notar que os três eixos estão em tensão e equilíbrio entre si. A estabilidade da estrutura depende da ação harmônica entre todas as forças, e de sua estreita interconexão.

Forças e contra-forças de expansão e contenção recíproca, em torno de um eixo central.

Do lado direito, forças dinâmicas, indiferenciadas, com potencial de expansão: Sabedoria, Misericórdia e Amor e Vitória.

Do lado esquerdo, forças de concentração, contenção ou foco, com vistas à diferenciação e individualização: Entendimento, Justiça e coerção, Glória.

Essa estrutura lembra a dos dois hemisférios do cérebro. O lado direito é o sensorial, emocional, artístico e intuitivo. Já o esquerdo é analítico, lógico, concreto. O perfil de cada um dos lados é compatível com o das *sefirot* das colunas direita e esquerda da árvore da vida da Cabala.

Um exemplo. A Sabedoria (*Chochmah*, coluna da direita) é força expansiva, mas o Entendimento (*Binah*, coluna da esquerda) é concentrado. O Conhecimento (*Daat*) se situa no eixo central. Para ser eficaz, o conhecimento deve ter uma sabedoria focada pelo entendimento. E vice-versa, o entendimento por si só, sem sabedoria, é frio e calculista.

A Sabedoria está contida na mente indiferenciada, ao passo que o Entendimento consiste em objetos diferenciados, definidos, delimitados. A humanidade está unida no plano da Sabedoria, ao passo que o Entendimento se situa no nível do sopro individual de vida e consciência. E o Conhecimento (*Daat*) resulta desse equilíbrio entre Sabedoria e Entendimento.

Outro exemplo: a Misericórdia, a Caridade e o Amor (*Hesed*) são forças expansivas, e a Justiça e a disciplina coercitiva (*Gevurah*) são repressivas. Muita caridade e amor sem disciplina se perdem e causam desequilíbrio na família e na sociedade; de forma semelhante, muita justiça sem piedade e compaixão geram uma sociedade autoritária, impiedosa, a exemplo de regimes totalitários e religiões formalistas, ritualistas e repressoras.

Os ensinamentos de Jesus mostram a importância de interpretar a Lei de acordo com a Misericórdia. Suas repreensões aos fariseus, saduceus e hipócritas vão nesse sentido. O Amor, a Misericórdia e a Compaixão são muito mais importantes que as regras religiosas. Passagens como a prostituta em vias de ser apedrejada ("Quem não tiver pecado, atire a primeira pedra"), o espírito acusatório ("A medida com que medires serás medido") e a própria oração ("perdoai-nos as nossas ofensas assim como perdoamos a quem nos tem ofendido") vão nessa direção.

Cabalistas cristãos veem Jesus na *sefirah* Beleza (*Tiferet*), no eixo central, conectando todas as *sefirot*. Também o interpretam como o *Adam Ḳadmon* (Homem Primordial), o que recorda a visão do Apóstolo Paulo de Jesus como o "novo Adão".

Na aparente "hierarquia" cabalista das *sefirot* na "árvore da vida", provavelmente como influência do neoplatonismo intelectual, primeiro aparece a Sabedoria (*Chochmah*), e em seguida a Misericórdia, Caridade e Amor (*Hesed*). Mas creio, em minha humilde condição de curioso na matéria – embora tudo seja interligado e harmônico, tanto na "árvore da vida" quanto no cérebro (segundo as neurociências) –, que primeiro vem um sentimento, antes do pensamento. Na Natureza, há precedência do sentimento instintivo sobre a razão. Se for assim, o Criador "sentiu" antes de "pensar". Se isso for correto, a primeira *sefirah* deveria ser, não a Sabedoria, mas a Caridade e Amor.

Nesse sentido, Deus criou o mundo primeiro com Amor / *Hesed* ("por amor de Seu Nome") e depois com sabedoria (*Chochmah*).

Em paralelo, para dar-lhes dimensão "concreta" e individualizada, usou regras coercitivas (*Gevurah*), de justiça (*Din*), inclusive mediante leis da Natureza, tudo com entendimento (*Binah*). Enfim, *just a thought*.

Note-se que há onze *sefirot*. Mas a Bíblia tem como número simbólico não onze, mais doze. Qual seria a décima segunda força? Creio que a força que une tudo, a emanação da energia que dinamiza e transfere vida e existência a todos os condutos, realizando coisas concretas na potência de cada um, manifestando toda a sua essência nas substâncias, partículas, ondas, eventos individuais e históricos, macrocosmos, universos paralelos e infinitos. Essa décima-segunda *sefirah* está oculta.

As *sefirot* da "árvore da vida" se conectam verticalmente em cadeias infinitas, um Reino (*Malkut*) superior se ligando à Coroa (*Keter*) de um elo inferior, e assim sucessivamente, até o infinito.

Para a Cabala, assim como não há causa sem efeito, o efeito também é nova causa da sequência de eventos e realidades, em uma cadeia infinita. Começo e fim são, dessa forma, inseparáveis. Nesse sentido, a Coroa (*Keter*) é uma causa, e o Reino (*Malkut*) é um efeito.

Nesse encadeamento infinito, a *Malkut* de um "reino superior" é a causa do *Keter* do "reino inferior". Na criação, o *Malkut* de *Azilut* é a causa do *Keter* de *Beriah*; o *Malkut* de *Beriah* é a causa do *Keter* de *Yetzirah*, e assim por diante.

Nessa lógica de encadeamento, segundo a Cabala, e na contramão da filosofia grega, não é possível conceituar Deus como causa. Causa depende do efeito, reciprocamente, como visto, mas Deus não pode depender de nada, Ele É soberano, acima da própria causa do universo.

A vontade criadora se situa no nível da Coroa (*Keter*) – ver abaixo a discussão sobre a vontade.

Outro conceito interessante da Cabala é o de *Tzimtzum* (צמצום), traduzido como contração. Como visto acima, para realizar o ato criador, o único "Ser" Deus contraiu Sua Luz Infinita (*Or Ein Sof* – אור אין סוף) e gerou um espaço vazio – o Nada / *Ayin* (אַיִן), literalmente, "Sem", "não há". A contração absoluta do Tudo gerou o Nada. O "Ser" gerou o "Sem" (não--Ser); o "haja" gerou o "não há".

O *Tzimtzum* é esse ato de contração da Luz Divina até gerar o Nada. Esse Nada / *Ayin* (אַיִן) contém o Infinito, ou Sem Fim (*Ein Sof* / אין סוף). O lugar ou espaço no qual toda a criação seria colocada. A criação, portanto, nasce no Nada, que contém o Infinito.

Vale lembrar, a propósito do ato de criar um espaço, que o conceito de "dentro" (preposição "em"), em hebraico, é o sufixo letra "B" / *bet* (ב), que também é a primeira letra da palavra "casa" / *beit* (בַּיִת) e a primeira letra da primeira palavra do Gênesis – Bereshit (בראשית), traduzida como "no princípio", mas que literalmente significa "dentro do primeiro", ou "dentro da cabeça". Deus é o primeiro, a cabeça, a coroa.

O universo é criado em um espaço dentro do Nada, que contém o Infinito, tudo gerado pela contração da luz infinita do Criador para gerar as coisas, usando Sua Palavra, Sua Sabedoria e Seu Amor. O universo é um lugar – "*macom*" (מקום) – dentro de Deus.

Resumindo, no princípio, tudo o que existe estava presente em potência numa luz simples, absurdamente densa e indiferenciada: a Luz Infinita (*Or Ein Sof*). O Criador desejou criar o universo. Para isso, contraiu-se completamente, e dessa contração de sua Luz Infinita formou-se um espaço vazio, o Nada (*Ayin*), onde se localiza e está contido o Infinito (*Ein Sof*). A partir daí, a Luz, que estava no centro, passou a produzir emanações da essência de Deus circundando o vazio, o Nada, formando circunferências com seu potencial realizador por meio da Palavra Criadora. Assim foram criados, formados e feitos todos os universos e todas as coisas.

Se não houvesse essa concentração (*Tzimtzum*) para a formação de um espaço criador, e posterior emanação, não haveria criação, tudo continuaria sendo a Luz Infinita, simples e indiferenciada, em estado de puro potencial.

A presença da luz, que se comporta como partícula e como onda, na formação da massa é cada vez mais estudada e aplicada na física quântica. Como já lembrado acima, a equivalência entre energia e massa foi sublinhada por Einstein em sua clássica fórmula $E = mc^2$.

O Nada é a ausência de materialidade, de aglomerados de partículas com massa, pura energia. Para que a energia gere massa, é preciso que haja tensão e fricção no campo de ondas quânticas, e que as "cordas" de energia vibrem em padrões bem específicos e delimitados. A luz está presente nesse processo.

O misticismo judeu explica a criação do universo como um recipiente de barro que não pôde conter a Luz Infinita, pela pressão de uma força absolutamente descomunal e inimaginavel, e se quebrou em pedaços. A partir daí, o que era Luz indiferenciada e simples tornou-se o universo complexo e diferenciado, mas sempre ligado à Luz original e ao Criador.

Essas concepções cabalistas medievais de contração (*Tzimtzum*) e expansão antecipam em séculos, de forma intuitiva, a singularidade do *Big Bang* descoberta no século XX.

Outro desdobramento é a bela imagem do *Tikun Olam* (תיקון עולם), que significa, literalmente, "conserto do mundo" ou "do universo". Com a ruptura do receptáculo que não pôde mais conter a Luz Infinita, a singularidade criadora rompe a harmonia simples e absurdamente densa e homogênea. Por causa disso, o universo está estruturalmente quebrado, e precisa ser consertado. O ato criador trouxe imperfeição para o universo, e precisa ser reparado para voltar à harmonia com o Criador. Essa é a ideia do *Tikun Olam*: todos têm o dever de ajudar a reparar o recipiente do universo, inclusive como parceiros da criação, para que esta retorne à perfeição de Deus.

Deus criou o homem, e o homem criou Deus

Em seu livro "Uma história de Deus", Karen Armstrong mostra como Deus foi construído, entendido e interpretado pela humanidade. Os comentários abaixo refletem minha leitura daquele livro.

A percepção de Deus começou como algo tribal, etnocêntrico e antropomorfizado. As tradições javista (IHWH), do Centro-Sul de Israel, e eloísta (EL), do Norte, foram combinadas e sintetizadas por sacerdotes, escribas e profetas.

Ao longo de séculos de teologia, o Deus de Abraão se afastou de suas raízes da cultura do Oriente Médio e transformou helenizado, filosófico, platônico e aristotélico, distante e imutável em sua perfeição, causa necessária, motor do universo transcendente, sem contato ou imanência com sua criação e seus filhos e dependente das instituições eclesiásticas, seus representantes e intérpretes infalíveis e inquestionáveis.

As crises históricas, perseguições e injustiças revelaram um Deus irado, místico, milagroso, poderoso para mudar a trágica condição humana, apocalíptico; mas também que traz salvação, justiça e redenção, já que seus fiéis "não são deste mundo". A necessidade de transcendência e escape pelo misticismo e pela esperança na vida eterna e no Juízo Final está na raiz da literatura profética e apocalíptica dos períodos de destruição de Jerusalém e dos Templos, do exílio babilônico e das perseguições do helenismo selêucida – a resistência dos macabeus e essênios (cada uma a seu modo) –, dos romanos – as espístolas de Paulo e Pedro, o Apocalipse de João – e da Inquisição – a Cabala.

O judaísmo e o cristianismo são religiões do Oriente Médio, com sua ética e cultura, e nisso estão próximos do islamismo. Mas se transformaram ao longo de milênios.

Em dois milênios, Deus se afastou da cultura semítica do Oriente Médio onde "nasceu", ou que "escolheu" para se revelar à humanidade, e adquiriu traços culturais do Ocidente burguês, individualista, europeizado, belicoso, cruzado, aliado aos poderes imperiais, e hoje performático, a serviço de uma vida de sucesso.

O cristianismo ocidental afastou-se de seu berço cultural e assumiu uma mentalidade europeia e norte-americana. Jesus se reconheceria em suas versões europeias e norte-americanas? Embranquecidas, aburguesadas, politizadas, às vezes supremacistas, intolerantes, arrogantes, militarizadas?

No evangelismo atual, Deus adquire traços de auditório, de entretenimento mediático, *coach*, um instrumento a serviço de nossos desejos e ambições mundanas, customizado ao gosto dos clientes, patrocinadores e acionistas (grupos políticos, dizimistas), monetizado em igrejas-empresas, de quantidade mais que qualidade, com muito barulho e holofotes, de um show hollywoodiano ou mesmo dos cassinos de *Las Vegas*...

Nessa trajetória, as igrejas se afastaram da simplicidade de suas origens perseguidas, escondidas nas grutas, cidades, vilarejos, campos e pequenas casas de pedra da Terra Santa, onde a fé nasceu.

Como dito acima, o Deus dos homens está sempre "aprisionado" na epistemologia científica de cada época, e também nas correntes filosóficas hegemônicas. Deus do lugar, dos medos, da vingança, das esperanças, da filosofia platônica e aristotélica, da geometria euclidiana, da alquimia medieval, da astronomia clássica ou copernicana, da lógica cartesiana, da química de Lavoisier, da mecânica newtoniana, da relatividade, e hoje da física quântica. Os futuros avanços das ciências "duras", mas também das humanidades, da Filosofia e da Psicologia terão novos impactos sobre a visão do universo e, portanto, de Deus.

Fala-se da antropoformização de Deus. Já António Damasio escreve "E o cérebro criou o homem". A rigor, não seria descabido, com base no princípio de que o homem foi feito à "imagem e semelhança" de Deus, falar-se da "teomorfização do ser humano". Como Deus não tem forma, isso não significa constituição físico-anatômica de Deus, evidentemente, mas da "arquitetura" de sua Alma, de seu Ser. O ser humano seria reflexo da "forma" de Deus, ou desmembramento de suas "funções ou funcionalidades" (que estão integradas nEle em um Ser único e indivisível). Nesse sentido, as *sefirot* seriam ao mesmo tempo elementos da potência criadora de Deus transferidas para o ser humano e sua psiqué: a racionalidade, o pensamento, o emocional, os sentidos, suas impressões digitais e pegadas no mundo "real".

A tipologia da fé reflete também as diferenças da inteligência: há uma fé emocional, filosófico-racional, táctil, social-relacional, prática, visível, imaterial. Há formas diferentes da busca da Face de Deus, de acordo com esses tipos de inteligência, e isso precisa se refletir nas ações e formatos das igrejas e de suas liturgias e práticas. Algumas enfatizam mais o formato rígido, outras a pregação da palavra, outras a ação social de caridade, e assim por diante. É necessário permitir vazão a todas as formas de fé, adoração e serviço de Deus.

O problema da Teodiceia

Teodiceia é a justiça de Deus. Mas se Deus é bom e justo, onipotente e onisciente, por que há tanta injustiça no mundo? O mistério do mal é uma das mais tradicionais dúvidas e questionamentos sobre Deus.

Argumenta-se que, se há injustiça, Deus não pode ser as três coisas, mas apenas duas: bom, justo e onipotente, mas não onisciente (Ele É tão superior que não sabe ou não se preocupa com a sorte dos humanos); onipotente e onisciente, mas não bom e justo, como outros deuses; bom, justo e onisciente, mas não onipotente, porque se Ele realmente tivesse esse poder todo, não deixaria o mal acontecer.

O filósofo Luiz Felipe Pondé comentou, em uma entrevista, que a Teodiceia foi um problema que os cristãos se criaram. Não houvesse a "necessidade" de Deus ser bom, Ele poderia fazer qualquer coisa, inclusive destruir ou causar o mal.

Se considerarmos que nossa existência se resume e acaba neste mundo, de fato, é possível duvidar de um Deus justo e bom, diante de tanta injustiça e maldade.

Como disse o apóstolo Paulo aos Coríntios, "se a nossa esperança em Cristo se limita apenas a esta vida, somos os mais miseráveis de todos os homens".

Mas a realidade não acaba neste mundo, a conta não fecha aqui. Nossa atual existência é passageira. Somos cidadãos da eternidade. E Deus restaurará todas as coisas, vai julgar conforme as obras de todos, e recompensar pelo bem e pelo mal que fizemos nesta terra.

Nas palavras de C. S. Lewis: "Deus acabará invadindo a História. Mas quando isso acontecer, será o fim do mundo. Pois, quando o Autor caminha para o palco, a peça acabou".

Sem entrar no longo debate sobre o livre arbítrio, basta apenas dizer que Deus nos abre um universo de possibilidades para nossa escolha, mas nem todas são vontade dEle. Em outras palavras, como dito acima, Ele delimita e determina um campo de possibilidades e deixa a humanidade escolher dentro dele. Combinam-se aí o livre arbítrio no plano micro, e a determinação divina no plano macro. Ele imporá sua vontade soberana, no final.

Sim, Deus É bom e justo, onisciente e onipresente. Mas se Ele permite que todas as possibilidades se manifestem no curto prazo, e na escala de nosso mundo limitado, Ele não permite que todas predominem no longo prazo e para sempre. O mal é uma dessas possibilidades. Ele sabe disto e, certamente, punirá e corrigirá a seu tempo. Nada ficará sem seu pagamento de justiça.

Viktor Frankl conta que alguém gritou, no campo de concentração, "onde está Deus?", no momento em que uma criança estava sendo enforcada. Ele respondeu: "Deus está sendo enforcado naquela criança".

O mal e a injustiça são possíveis no curto prazo e neste mundo, mas não prevalecerão no plano da eternidade. Deus restabelecerá sua vontade, que é soberana e se impõe sempre no plano da eternidade.

Todos os "pontos fora da curva" serão alinhados, no Final dos Tempos, na trajetória desejada pelo Criador.

O mal não se sustenta diante da vontade de Deus. O mal gera sofrimento tremendo, mas o bem será restaurado. Para sempre.

"Bem-aventurados os que choram, porque serão consolados".

"Bem-aventurados os que têm fome e sede de justiça, porque serão fartos".

"Bem-aventurados os que sofrem perseguição por causa da justiça, porque deles é o Reino dos Céus".

"Eis que enxugarei de seus olhos toda lágrima".

Leituras do Alcorão

Compartilho, neste trecho, temas que me pareceram muito interessantes de minhas leituras do Alcorão.

O livro sagrado islâmico tem suas raízes na *Torah* hebraica e nos Evangelhos do cristianismo. Entre os vários temas coincidentes, impressionaram-me passagens sobre a condição de Deus (*Allah*), de Jesus Cristo (*Al Massih Issa*), da criação do homem (*Adam*), do ciúme do diabo (*Iblis, Satan*), do Paraíso e do Juízo Final.

Na *sura* de abertura do Alcorão, está escrito: "Em nome de *Allah*, o Misericordioso, o Compassivo. Louvor a *Allah*, o Senhor dos mundos... O Soberano do Dia do Juízo. Só a Ti adoramos e só de Ti imploramos ajuda".

São versículos muito profundos e belíssimos, que poderiam ser recitados por todos aqueles que acreditam no Deus Único.

Com as palavras desta passagem, os muçulmanos iniciam todo discurso solene.

A formação de Adão está descrita na segunda, sétima e décima quinta *suras*.

Na *sura* 15, explica-se que *Allah* criou o homem de "barro sonoro", de "argila moldável", e soprou "algo de seu Espírito (*Ruache*)" nele.

A mesma *sura* fala da criação anterior dos espíritos *Jins*, a partir do fogo e do vento abrasador.

Allah ordena aos anjos que se prosternem diante do homem. Todos os anjos se prosternam, exceto o diabo, *Iblis* / *Satan*, que se recusa a fazê-lo, por soberba e rebeldia.

Allah lhe questiona: "O que te impediu de prosternardes, quando te ordenei?"

Satan responde: "Sou melhor do que ele. Criaste-me de fogo, e o criaste de barro". "Não é admissível que me prosterne diante de um mortal que criaste de argila sonora, de barro moldável".

Allah, então, amaldiçoa o diabo, "até o Dia do Juízo". O diabo pede a Deus uma "dilação" até o dia da ressurreição, e Deus a concede "até um tempo determinado". *Satan* fica, então, à espreita dos homens, para tentá-los. Diz a *Allah* que vai "aformosear o erro" (ou seja, tornará o pecado agradável), para que todos os humanos sejam tentados a incorrer no mal, com apenas uma exceção: "Exceto os teus servos prediletos". *Allah* confirma o limite: "Sobre meus servos não terás poder algum, exceto sobre os que te seguirem, entre os desviados". Os fiéis terão seu lugar prometido, os piedosos estarão "entre jardins e fontes". E garante: "Entrai neles em paz e segurança".

Na *sura* 3 está escrito que "um dia, cada alma encontrará presente o que fez de bem e o que fez de mal".

A *sura* 15 discorre sobre o pecado original, o Paraíso, a árvore proibida, a sedução do diabo e a expulsão do Paraíso.

Na *sura* 16, está escrito que "a bondade não está em voltar-se para as faces do Levante e para o Poente, mas a bondade é a de quem crê em *Allah*, e no derradeiro dia, e nos anjos, e no livro, e nos profetas, e a de quem concede a riqueza... aos parentes, e aos órfãos, e aos necessitados, e ao filho do caminho, e aos mendigos, e aos escravos, e a de quem cumpre a oração e concede a justiça (caridade)".

A *sura* 3 menciona o profeta João (*Yahiá*) Batista, chamado de "confirmador de um *Verbo* de *Allah*". A tradução "Verbo" segue a da Bíblia em português, mas no original árabe, a palavra é *Kalimat*, que significa "Palavra", o que reporta ao original *Logos* (λόγος), em grego, do primeiro capítulo do Evangelho de João.

A mesma *sura* também descreve a anunciação a Maria (*Miriam*), como "escolhida" e "purificada" sobre as "mulheres dos mundos". Este é o trecho do Alcorão:

> *Oh Maria! Por certo, Allah te alvissara um Verbo, vindo dEle. Seu Nome é o Messias (Cristo), Jesus, filho de Maria, sendo honorável na vida terrena e na derradeira vida, e dos achegados a Allah.*

Neste trecho, a palavra "Verbo" é mais uma vez, no original, *Kalimat*, que significa "Palavra". Messias, o Cristo, em árabe, é *al Massich* (المسيح), cuja origem é a palavra hebraica *Mashiah* (משיח) – em grego, *Christos* (Χριστός) – que significa, literalmente, "ungido".

Maria responde: "Senhor meu, como posso ter um filho, enquanto nenhum homem me tocou?" O anjo responde: "Assim é"! *Allah* cria o que quer. Quando decreta algo, apenas diz-lhe: "Sê". Então, é. E ensinar-lhe-á a Escritura, e a sabedoria, e a *Torah*, e o Evangelho. E fá-lo-á Mensageiro para os filhos de Israel, aos quais dirá: 'Cheguei-vos com um sinal de vosso Senhor... E curarei o cego de nascença, e o leproso, e darei vida aos mortos, com a permissão de *Allah*... Por certo, *Allah* é meu Senhor e o vosso Senhor. Então, adorai-O'".

A *sura* 19 fala de "Jesus, filho de Maria", sobre quem está a paz, e que será ressuscitado.

A *sura* sétima contém outro paralelo interessante com os Evangelhos. O texto afirma que para os que se ensoberbecem e contestam os sinais divinos "não serão abertas as portas do céu, nem entrarão no Paraíso (*Jannah*), até que o camelo (*jamal*) penetre no fundo da agulha". A citação lembra a parábola de Jesus, que afirma que é mais fácil entrar um camelo no fundo de uma agulha do que um rico entrar no Reino dos Céus. Jesus faz, em aramaico, um jogo de palavras que também faz sentido no idioma árabe. Camelo, em árabe, é *jamal*. Mas a palavra pode ser lida, também, *jaml* (sem o sinal da vogal acima da letra "m"), que significa corda grossa, difícil de entrar no orifício da agulha.

O Alcorão discorre sobre a criação do universo. Na *sura* 21 está escrito: "Os céus e a terra eram um todo compacto e Nós os desagregamos (expansão e diferenciação do universo), e fizemos da água toda coisa viva". Note-se o sujeito na primeira pessoa do plural ("Nós"), tal como na *Torah*, referência ao Deus "plural" *Elohim*. Ver também a concepção cabalística – hoje, comprovada cientificamente – de um começo compacto, simples (*Big Bang*), que posteriormente se desagrega, se diferencia, e se torna complexa.

Na *sura* 14, está escrito: "Um dia, a Terra será trocada por outra terra, e também os céus". E na *sura* 21: "Um dia, dobraremos o céu como se dobra o rolo dos livros. Como iniciamos a primeira criação, repetir-la-emos". A mesma ideia reaparece na *sura* 30, que afirma que *Allah* é quem inicia a criação, e em seguida, a repete. Paralelos com os "novos céus e nova terra" do Apocalipse.

A *sura* 17 narra a viagem noturna (*Isra* e *Miraj*) do profeta *Mohammed* da Mesquita Sagrada (Meca) para a Mesquita *Al Aqsa* (a mais distante), tradicionalmente identificada como em Jerusalém.

A *sura* 18 fala do dia do Juízo Final e da ressurreição. Explica que, quando soprar a trombeta, aqueles "cujos pesos em boas obras forem pesados", serão os "bem-aventurados". Mas aqueles, "cujos pesos forem leves, esses se perderão, ficarão eternamente na *Geena*" (inferno, figura também emprestada da Bíblia, com o mesmo nome).

Na *sura* 25, está escrito que "O céu se fenderá, com as nuvens, e os anjos descerão". "Nesse dia, a verdadeira Soberania será do Misericordioso". "E será um dia difícil para os renegadores da fé".

O idioma árabe é muito poético. Além do conhecido *shukran*, há várias formas de se agradecer em árabe, todas poéticas e com sentido de bênção:

Barak Allah fik, que a bênção de Deus esteja em você.

Ikhlif aleik, que seja recompensado (por Deus, pelo bem que fez).

Salim edek, paz em sua mão (para que continue fazendo o bem).

Ktir kherak, que lhe sejam muitas as bondades.

A comunidade dos essênios em Qumran

Um dos lugares mais interessantes de Israel é Qumran, às margens do Mar Morto. Ali foram encontrados, em extraordinário estado de preservação, os pergaminhos do Mar Morto.

Em Qumran, encontram-se ruínas da comunidade dos essênios, seita mencionada por Flavius Josephus como uma das três mais influentes do período de Herodes, o Grande, ao lado dos fariseus e saduceus.

A seita messiânica dos essênios foi fundada no século II a.C., em plena hegemonia helênica, contra a qual lutaram. Seus hábitos ascéticos e de esperança messiânica são idênticos aos dos primeiros membros da igreja cristã, conforme descrito no livro de Atos dos Apóstolos. O partir o pão e as refeições comunitárias eram vistas como substitutivas do sacrifício do Templo, o que permite considerar como prática antecedente da Santa Ceia.

Os essênios se recolhiam em um ambiente monástico e ascético, com rígidas regras de solidariedade comunitária e santidade. Eram uma comunidade autossuficiente em termos de alimentação e vida social. Uma comunidade messiânica, apocalíptica, dedicada aos estudos das Escrituras e à oração, que se refugiou da corrupção de seu tempo e se preparou para o fim do mundo.

Seu afastamento resultava da objeção e repulsa ao que percebiam como corrupção política e religiosa dos grandes centros, sobretudo Jerusalém. Criticavam os governantes e sacerdotes de Jerusalém, seus pecados, sua luxúria, seu colaboracionismo com a ocupação romana.

Uma de suas atividades mais importantes era a cópia dos textos sagrados. Mantinham uma importante biblioteca e salas de trabalho para escribas. Fizeram cópias da *Torah*, dos livros dos profetas e dos chamados "escritos", como Salmos e Provérbios.

Além destes, havia livros apócrifos interessantíssimos, como o Livro de Enoque, que contém elementos da literatura escatológica presente tanto em profetas dos séculos VIII a.C. a VI a.C., quanto dos próprios Evangelhos e do livro do Apocalipse. Imagens inscritas em Enoque seriam retomadas um ou dois séculos depois.

Graças ao trabalho dos essênios foram escondidos em perfeito estado de conservação os Pergaminhos do Mar Morto. Como eles se preparavam para o final dos tempos, a começar pela destruição romana, inclusive do Templo, decidiram esconder sua preciosa biblioteca de pergaminhos sagrados em cavernas nas secas montanhas da região desértica. O clima seco e o difícil acesso preservaram por mais de dois mil anos os manuscritos, cuidadosamente guardados em vasos de barro.

Certo dia, nos anos 1940, um pastor beduíno quis tirar uma cabra que havia se encondido em uma dessas cavernas. Jogou uma pedra, e escutou um barulho estranho. A pedra havia batido em um daqueles vasos de barro. Curioso, escalou até a caverna e se deparou com o tesouro, de cuja importância não tinha noção. A notícia se espalhou, chegaram os arqueólogos, pesquisadores, governos e instituições. Onze cavernas foram descobertas com os manuscritos, nos anos seguintes.

Igrejas e fiéis prenderam a respiração: será que os manuscritos dos textos sagrados seriam diferentes do que temos na Bíblia? A arqueologia contestaria os escritos nos quais se baseou a fé de milhões de pessoas por milênios?

O resultado das pesquisas, mais que tranquilizador, confirmou a autenticidade dos conteúdos bíblicos e fortaleceu a fé. Sim, os manuscritos refletiam com precisão quase absoluta os pergaminhos mais antigos da Bíblia disponíveis desde a Idade Média! A peça mais famosa era o rolo completo do livro de Isaías, que pode ser visitado, juntamente com outros pergaminhos, no Museu de Israel, em Jerusalém.

Essa precisão extraordinária se explicava pelo trabalho minucioso e sagrado dos escribas. Os textos eram peças de culto, e sua reprodução deveria ser feita de forma impecável, letra por letra, palavra por palavra, coluna por coluna. Qualquer erro, toda a página deveria ser declarada imprópria para uso, queimada e refeita. Cada página era costurada com a anterior, formando-se o rolo do livro. Apesar de os escribas terem uma imagem negativa nos Evangelhos, essa classe de profissionais da Lei foi fundamental para que as gerações presentes tivessem acesso a textos milenares de forma fiel aos originais.

A inteligência artificial tem ajudado a "ler" e organizar alguns desses pergaminhos, cuja manipulação física esfacelaria.

O apóstolo João foi um essênio. Seu estilo de vida ascético e sua pregação – "arrependei-vos, pois é chegado a vós o Reino dos Céus" – eram ensinados em Qumran. Ele pregava no deserto da Judeia, nos arredores de Qumran, até Jericó e nas margens do Jordão (do lado israelense e jordaniano). Muitos, principalmente sacerdotes, fariseus e saduceus de Jerusalém, afluíam para ouvir a "voz que clama no deserto" para preparar a vinda do Senhor. Alguns discípulos de João eram essênios.

João batizava no Jordão, seguindo o costume dos banhos rituais judaicos nas *mikvot*, também presentes em Qumran, aos quais deu novo significado. Mas ele esclarecia: "Eu vos batizo com água, mas após mim virá alguém que batizará com Espírito Santo e com fogo, do qual não sou digno de desatar as sandálias".

Um dia, aproxima-se alguém que o toma de surpresa. Seu primo Jesus. Ele e todos ao redor param, ficam sem ação. "Eu é que preciso ser batizado por ti, e Tu vens a mim?" pergunta João a Jesus, humilde e respeitoso da hierarquia.

"Deixa por agora, porque assim nos convém cumprir toda a justiça", responde Jesus. Ele também humilde e obediente ao que estava determinado. João o batiza, e o Espírito Santo desce sobre Jesus em forma de pomba. "Este É meu filho amado, em quem me comprazo", diz o Pai.

Após ser batizado, Jesus vai para o deserto, escalando a grande montanha que se ergue a Oeste de Jericó, hoje conhecida como "Monte da Tentação", onde há uma capela grega ortodoxa com uma vista extraordinária da planície do Jordão. Talvez do alto desse lugar alto e "cinematográfico" o diabo tenha tentado Jesus:

> *O diabo o transportou a um monte muito alto; e mostrou-lhe todos os reinos do mundo e a glória deles. E disse-lhe: Tudo isto te darei se, prostrado, me adorares. Então, disse-lhe Jesus: Vai-te, Satanás, porque está escrito: Ao Senhor, teu Deus, adorarás e só a Ele servirás.* (Mateus 4: 8-9)

É intrigante o fato de que os Evangelhos não mencionam os essênios, apesar de serem uma das três seitas mais importantes do período. Só se mencionam seus rivais, fariseus e saduceus. Também é curioso o hiato do registro da vida de Jesus entre a infância em Nazaré, na Galileia, e o episódio do batismo, já com cerca de 30 anos de idade. O que aconteceu nesse intervalo, quando Jesus tinha pouco mais de 20 anos?

Creio, como alguns, que Jesus também fez parte da comunidade dos essênios, e lá estudou e se revelou. Claro que, tendo a sabedoria do Espírito de Deus, Ele já conhecia as Escrituras, e sobre elas discutiu com doutores de lei no Templo de Jerusalém quando tinha doze anos, para surpresa de seus pais. Mas provavelmente Ele aprofundou esse conhecimento e a consciência de sua missão messiânica em Qumran, tendo estudado e discutido com os membros daquela comunidade. Quando retorna a Nazaré, seus vizinhos ficam impressionados com seu conhecimento, pois não constava que Ele tivesse estudado em nenhuma *Yeshivah*, escola rabínica. "Não é esse o filho do carpinteiro José, e de Maria? Aqui não estão seus irmãos (que eram simples e incultos como os jovens da região)? De onde vem todo esse conhecimento?"

Triste por não ter sido bem acolhido em sua cidade de infância, Nazaré, Jesus se instala em Cafarnaum, à beira do Mar da Galileia. Ali escolhe seus apóstolos e inicia sua missão, com ensinamentos e curas milagrosas. Anda pelos vilarejos daquela região com belíssima visão sobre o "Mar", anunciando a "boa nova" (*Evangelion*): "o Reino de Deus está no meio de vós".

Trechos da vida de Jesus mostram que Ele tinha uma rede de relacionamentos além dos apóstolos, especialmente em Jerusalém, mas que é omitida de forma cuidadosa e intrigante nas Escrituras. Dois exemplos: a quem pertencia o jumentinho prontamente emprestado no qual Jesus montou no Domingo de Ramos? Quem mostrou, e a quem pertencia a casa da última Ceia, no Cenáculo? Os apóstolos demonstravam não ter conhecimento dessas pessoas (além do estranho fato de que o homem que mostrou o lugar estava carregando água, função que normalmente cabia a uma mulher). Essa rede, provavelmente, eram seus discípulos entre os essênios, discretíssimos, talvez alguns ex discípulos de João.

A descrição do modo de vida comunitário essênio de Qumran coincide com o relato do capítulo 2 do livro de Atos dos Apóstolos, que descreve a primeira comunidade de cristãos:

> *E todos os que criam estavam juntos, e tinham tudo em comum. E vendiam suas propriedades e bens, e repartiam com todos, segundo cada um havia de mister. E, perseverando unânimes todos os dias no Templo, e partindo o pão em casa, comiam juntos com alegria e singeleza de coração, louvando a Deus, e caindo na graça de todo o povo.*

Universo como vontade e representação

Acima, na discussão sobre elementos da Cabala, assinalei que a vontade criadora se situa no nível da Coroa (*Keter*), a emanação / *sefirah* superior da árvore da vida. A vontade é superior à sabedoria, ao entendimento e a todas as outras manifestações da criação e processos mentais.

Quando Einstein diz que a força mais poderosa do universo é a vontade, está sendo shopenhauriano, que, por sua vez, é influenciado pela filosofia veda. Schopenhauer escreve sobre o “mundo como vontade e representação". Para ele, não existe nada objetivo sem um sujeito, que o constrói subjetivamente, em sua percepção.

A vontade é o princípio metafísico da realidade material. Todo fenômeno é causado por um ato de vontade. Os fenômenos são diferentes manifestações e representações da vontade.

Kant também afirmava que o mundo material não subsiste sem o sujeito pensante, em quem é gerada a aparência dos fenômenos. Ele distingue entre a "coisa em si" (númeno), que remete às formas e ideias puras de Platão, e o fenômeno, representação, projeção da mente, que não tem substância permanente.

A vontade dá "ordem" ao caos, imprimindo uma carga de energia formadora que determina o indeterminado, pondo-lhe limites e forma, e cria a realidade.

Para Schopenhauer, a vontade é "Um". Não há multiplicidade, diferenciação. Está além do tempo e do espaço. Já as representações da vontade, suas manifestações "concretas", são múltiplas.

Schopenhauer sublinha a "vontade de viver", força que está na base de todo ser. Mais que desejo, é a pulsão de vida, força vital. Nietzsche dá a essa ideia uma nova dinâmica, num ambiente de luta pela realização do potencial de cada ser: a "vontade de poder".

Na filosofia Veda, que influenciou Schopenhauer, o que aparece como existência individual é, em sua essência, manifestação do todo, que é Um (o *Brahman*). Toda individualidade se dissolve, é reabsorvida e é inseparável no *Brahman*. *Brahman* é o Todo, o completo, o Absoluto, entidade infinita que penetra todas as coisas.

No diálogo entre a divindade *Uddalaka* e seu filho *Śvetaketu*, no princípio, o mundo era Um e simples. Mas pensou: "Vou tornar-me muitos e me propagar".

Podem-se identificar aí "coincidências" com elementos cabalísticos da unidade e da emanação, que gera a multiplicidade, e também da interação entre o Pai e o Filho da Bíblia...

Deus É Um, e sua Vontade é única. Ele É Sujeito, a partir do qual derivam todos os objetos. De sua contração, expansão e projeção geram-se a multiplicidade, a individualização (*principium individuationis*), com seus muitos objetos e suas muitas vontades.

Alguns acreditam que Deus pronunciou seu próprio Nome para dar início a toda a criação e gerar seres espirituais, a matéria e as leis naturais. Deus chamou a Si próprio. Por isso, Seu Nome É impronunciável: somente Ele tem o direito de pronunciá-lo.

A partir da Vontade criadora de Deus, geram-se suas representações, os fenômenos, o que chamamos de "realidade concreta", múltipla, aparentemente distinta, mas sempre com a mesma raiz.

Mas, por trás da Vontade, que é a força vital do universo, sempre existe um sentimento. Qual o sentimento do Deus criador, que gerou o desejo de criar? Não imagino que seja solidão. Seria o desejo de auto-conhecimento? O amor de Si Mesmo? A auto-contemplação?

A decisão de sair do ocultamento para a revelação e manifestação no mundo por Ele criado é um mistério. A motivação por trás da "Vontade primeva" de realizar emanações de Sua Essência está acima da compreensão humana.

Onde está a Arca da Aliança?

Esse é um dos mistérios mais intrigantes. O prêmio sublime da Arqueologia, até hoje não encontrado.

Segundo se acredita, o jovem rei Josias, consciente da iminente invasão de Nabucodonosor, pouco antes de morrer na batalha de Megido (609 a.C.), teria escondido a Arca para protegê-la da invasão e do saque que efetivamente seria realizado, não pelos assírios, mas pelas tropas babilônicas, décadas depois. Segundo o Midrash, ele teria cavado um compartimento sob o Templo de Jerusalém e ali escondido a Arca. Já outros acreditam que ela está na Etiópia, na cidade de Axum.

Jesus e o Templo

Nos últimos anos, como dito acima, grupos judaicos extremistas e ultranacionalistas fazem incursões no Monte do Templo / Esplanada das Mesquitas, em Jerusalém, protegidos por forte esquema policial. Os mais extremistas tentam realizar sacrifícios de animais com o objetivo messiânico de assinalar o início da construção do "Terceiro Templo" (*Beit HaMikdash HaShlishi*), onde hoje se localiza o Domo da Rocha.

Desde a década de 1960, alguns membros mais extremistas nutrem a ideia de explodir o Domo da Rocha, para construir o "Terceiro Templo".

Vale lembrar que a construção do "Segundo Templo", no século VI a.C., após o exílio babilônico, foi precedida da retomada da prática de sacrifícios, o que parece ser buscado por esses grupos messiânicos 27 séculos depois.

Os sacrifícios têm sido impedidos pela polícia israelense (ativistas são detidos ao tentar entrar na Cidade Velha com cabritos), e geram forte tensão na cidade e no mundo muçulmano.

Como explicado acima, segundo o *status quo*, somente muçulmanos podem entrar pelas diversas portas da Esplanada (exceto a do *Kotel*) e realizar ritos religiosos na Esplanada das Mesquitas / do Templo. As principais lideranças rabínicas e judaicas, incluindo o próprio alto rabinato, já se manifestaram contra a realização de rituais no local e a tentativa de construção do "Terceiro Templo".

O líder do partido ultraortodoxo Judaísmo Unido da Torah, Moshe Gafni, de linha religiosa conservadora, assinalou que a prática de rituais judeus no Monte do Templo constitui grave violação da lei judaica, e exigiu que Netanyahu assegurasse a manutenção dos *status quo*. Na mesma linha, o Ministro do Interior, Moshe Arbel, do partido ultraortodoxo Shas, declarou que a proibição de orações no Monte do Templo por judeus é a "posição de todos os grandes homens de Israel" há várias gerações. Para ele, a posição contrária é uma blasfêmia.

O Gabinete do Primeiro-Ministro tem declarado que não haverá mudanças no *status quo* do Monte do Templo.

O Ministro da Defesa Yoav Gallant criticou o Ministro Ben Gvir, que tem feito visitas ao Monte do Templo e defendido a construção de sinagoga no local. Qualificou-o de "piromaníaco que deseja incendiar o Oriente Médio", cujas ações "colocam Israel em perigo". Benny Gantz criticou Netanyahu, que "permite que um piromaníaco irresponsável leve o país à beira do abismo em troca de estabilidade para sua coalizão". Para ele, "declarações irresponsáveis de Ben-Gvir colocam em xeque as alianças estratégicas de Israel com países muçulmanos que compõem coalizão contra o eixo do mal do Irã". Para o Ministro do Interior e líder do partido religioso ultraortodoxo Shas, Moshe Arbel, a "falta de discernimento" de Ben-Gvir pode vir a "ser paga com sangue" de israelenses.

Jesus se proclamou "maior do que o Templo" (Mateus 12: 6).

O autor da epístola aos Hebreus (9: 11) afirma que o "Tabernáculo de Cristo" "Não é obra de mãos humanas, isto é, não faz parte desta criação".

Na Jerusalém renovada, que desce dos céus – e não é construída por homens –, o apóstolo João testifica: "E nela não vi templo, porque o seu templo é o Senhor, Deus Todo-Poderoso, e o Cordeiro" (Apocalipse 21: 22).

O Rabino e o Messias

Em setembro/outubro de 2005 (mês de Elul, ano 5.765 no calendário judaico), o famoso Rabino Yitzhak Khadouri, proeminente líder sefaradita haredi, escreveu uma pequena nota na qual continha, em código, o nome do Messias que lhe teria aparecido em visão.

Por sua instrução expressa, a nota não deveria ser aberta antes de ter completado um ano de sua morte. O Rabino Khadouri faleceu em janeiro de 2006. Um ano depois, conforme autorizado, seus seguidores abriram a nota e a publicaram na internet.

A nota manuscrita se iniciava com "A propósito do Messias", em seguida uma frase principal e, por fim, a data e nome do Rabino.

A frase principal era a seguinte:

ירים העם ויוכיח שדברי ותורתו עומדים

Tradução: "O povo se levantará (ou Ele levantará o povo) e provará (confirmará) que Minha Palavra e sua *Torah* (seu ensinamento) permanecem (firmes, válidas)".

Até aí, nenhuma surpresa.

Mas, lendo com atenção a mensagem, nota-se que o Rabino usa um acrônimo, prática típica da literatura hebraica mística.

As primeiras letras de cada palavra do texto formam o nome יהושע / *Yehoshua* / Josué; em aramaico, *Yeshua* – Jesus. O Nome Jesus (aramaico) é Josué, em hebraico.

Um Rabino famoso, Menachem Mendel Schneerson, já havia dito ao Rabino Khadouri que o Messias se revelaria a ele antes da morte deste. Em 2004, Khadouri revelara que havia visto a face do Messias. Em 2005, teve nova visão e escreveu a nota. Faleceu em 2006; em 2007, a nota foi publicada na internet pelos seus seguidores, mas posteriormente deletada no site oficial do Rabino (embora esteja acessível pelo *Google*). Hoje, nega-se todo o episódio.

UMA PALAVRA FINAL

O título "paz e guerra" foi empregado em diversos livros e escritos. Na ausência de paz, empreguei neste livro outro binômio, mais consentâneo com minha experiência na Terra Santa: peregrinação e guerra. Neste momento, o contraponto da guerra é a peregrinação, pois, como não há paz no horizonte, é necessário continuar marchando.

Minha atitude e meu ânimo nestes quatro anos foram de peregrinação, para além do zelo profissional. E, nisto, me senti unido aos peregrinos do século III ou IV d.C., que escreveram *Domine, Ivimus* naquela placa de pedra do Santo Sepulcro. Uma peregrinação contemporânea da guerra de Gaza, conflito paradigmático deste século XXI, pelo que contém de absurdo, bárbaro, desumano e atentatório contra os avanços da civilidade mundial.

Outro dia vi um *post* divertido no Instagram: "Senhores clientes, informamos que os livros de distopia foram transferidos para a seção de História Contemporânea". Achei perfeito. Nossa atualidade já contém eventos escatológicos.

Quando era jovem estudante universitário, nos anos 1980, preparando-me para o concurso do Instituto Rio Branco, e no início de minha carreira, no pós-Guerra Fria dos anos 1990, meu pensamento era "iluminista", hegeliano e kantiano: eu acreditava na marcha da História rumo ao progresso e à paz universal. Mistura de idealismo, racionalismo e juventude.

Tornei-me menos esperançoso na evolução da humanidade, que, ao contrário de se aprimorar ao longo da História, como pensava Hegel, sempre volta aos instintos primitivos e ancestrais obscurantistas e belicosos – como explicou Jung, apesar dos progressos tecnológicos e culturais.

Hoje, com 58 anos, constato que a marcha da humanidade está longe do progresso moral e espiritual. A humanidade não está evoluindo, muito pelo contrário. O obscurantismo inquisidor e neomedieval está firme, forte, arrogante e empoderado. O ódio se metamorfoseia, *pari passu* com a burrice e a estupidez.

Avanços da civilização humana desde o Renascimento, as revoluções liberais, o iluminismo e os movimentos sociais e democráticos dos últimos quatro séculos estão sendo solapados pelo ultraconservadorismo e pelo extremismo em escala global. Estamos perdendo os avanços civilizacionais, inclusive do século XX, alcançados depois de grandes guerras, massacres e tragédias, e entrando em um mundo de alta tecnologia sem pensamento crítico, científico e avanços morais e sociais. Ao contrário, o que avança é o pensamento mítico, mágico, obscurantista, negacionista, arrogante, inquisidor, preconceituoso e excludente empoderado pelas mídias sociais.

A civilização de alta tecnologia é habitada por cidadãos com mentalidade pré-científica. Máquinas e sistemas cada vez mais inteligentes e usuários e consumidores cada vez mais irracionais.

Enquanto muitos se inquietam com os desafios da inteligência artificial, a burrice natural, muito mais perigosa, cresce e desfila olimpicamente, orgulhosa. A revolução da informação e da tecnologia passou ao largo do crescimento da sabedoria. Ao contrário, empoderou a estultícia.

Os conflitos mundiais, nos últimos anos, ameaçam conquistas da comunidade internacional da segunda metade do século XX nas áreas de segurança coletiva, direito internacional e humanitário e governança global. A ordem mundial herdada do pós-Segunda Guerra e do pós-Guerra Fria tende a ser superada. Um novo arranjo surge no século XXI, mais caótico e fragmentado, no qual os valores de multilateralismo, democracia liberal, direitos humanos, interdependência, cooperação, autodeterminação, soberania, estabilidade territorial e consciência ambiental cedem lugar a unilateralismo, realismo-brutalismo da política de poder, autoritarismo, extremismo étnico-religioso-nacionalista, subversão de fronteiras e direitos, competição sem regras e negacionismo ambiental. Tudo isso impulsionado por revisionismos e avanços tecnológicos desestabilizadores que empoderam agentes disruptivos.

Tentam-se redesenhar mapas e fronteiras na Europa, no Oriente Médio, na Ásia e no Hemisfério Americano: Ucrânia, Gaza e Cisjordânia, Síria, Mar da China, Golfo do México, Groenlândia, Guiana, entre outros. Surge uma geotecnopolítica determinada pelos avanços da inteligência artificial e dos campos eletromagnético e cibernético.

Nessa nova era de incertezas e de extremos, retomando as expressões de John Kenneth Galbraith e Eric Hobsbawn, tal como as certezas do século XIX foram confrontadas pelas crises do século XX, várias "certezas" do século XX estão sendo destruídas pelas incertezas introduzidas pelos retrocessos políticos, extremismos, avanços tecnológicos e catástrofes ambientais do século XXI.

Mais do que nunca, a diplomacia deve ser valorizada para reverter essas tendências desagregadoras, restabelecendo um clima de confiança e estabilidade estratégica com base no império da lei e na governança global, modernizando a herança positiva e as lições recebidas do século XX, conquistadas ao preço de tragédias humanas, e reconstruindo um mundo menos instável, incerto, violento e inseguro.

Nesse meio muitas vezes desolador, há iniciativas corajosas que acalentam o coração. Em maio de 2024, participei da celebração conjunta do Dia Memorial israelense (*Yom haZikaron*) e do *Nakba Day* palestino. Ambos comemoram as tragédias de perdas de civis, combatentes, amigos e familiares no conflito israelo-palestino. As cerimônias foram realizadas por entidades de defesa do diálogo israelo-palestino: *Combatants for Peace* e *Family Circle*. Ambas as entidades, como assinaladas em seções acima, são constituídas por membros israelenses e palestinos que, respectivamente, são ex-combatentes no conflito e perderam filhos nos combates e atentados. Muito tocante ver ex-combatentes dos dois lados, reconhecendo a dor do outro e o absurdo do conflito, na contramão da polarização e do extremismo reinantes.

Um belíssimo esforço de construção de pontes a partir do reconhecimento da dor de ambos os lados e da denúncia da propaganda de guerra, que tende a perpetuar o desentendimento. Representantes dos dois lados relataram as pressões e intimidações que têm sofrido por extremistas e radicais dentro de seus próprios campos e sociedades: são considerados traidores pelo simples fato de buscarem contato e compreensão com o outro lado. Grupos como esses acima mostram que há outra forma, outro caminho, para romper com essa espiral do inferno na terra.

Uma das poucas certezas com que saio daqui é a de que a solução das difíceis e complexas questões locais deve nascer da mentalidade local, semita (que engloba israelenses e árabes), na qual as questões do respeito ao outro, da identidade e do apego à terra são fundamentais. A mentalidade semita, nascida da cultura do Oriente Médio, é mais sofisticada, complexa e inclusiva do que a mentalidade binária e racional do Ocidente.

Além disso, a fim de contornar o atual cenário de "não solução" e relançar o processo de paz, serão necessárias fórmulas ao mesmo tempo realistas e criativas, mais atentas às complexidades do século XXI do que ao apego formal às rígidas noções da *statehood* clássica, westfaliana.

Continuam sobre a mesa as fórmulas de dois Estados ou um Estado democrático ou de *apartheid*, ou ainda a deterioração "sustentável" da atual situação, até o ponto de ruptura. Considerando a solução de dois Estados, penso que o Estado Palestino seria um Estado do século XXI, com adaptações ao formato tradicional. Nesse sentido, ao reformular e reenquadrar o conflito, talvez valesse conferir mais ênfase à *nationhood* do que apenas à *statehood*.

Mas, se os elementos descritos neste livro se perpetuarem no terreno, a clássica fórmula da solução de dois Estados, com fronteiras estáveis e internacionalmente reconhecidas de 1967 e Jerusalém como capital também palestina, automaticamente repetida em textos oficiais, será irreversivelmente inviabilizada pela ocupação, expansão, controle militar e anexação.

O *Shabak* (Agência de Segurança israelense) considera a possibilidade de uma nova Intifada. Mas alguns elementos têm impedido, até o momento, a eclosão de uma Terceira Intifada: a atual liderança palestina, que rejeita o recurso à violência e está comprometida com a coordenação em segurança; a falta de líderes militantes incontestáveis; a ausência de movimentos de massa (os incidentes permanecem isolados); a atuação da inteligência israelense; e a percepção da maioria da sociedade local de que levante armado seria prejudicial à segurança e à mobilidade de suas famílias, e à frágil economia do país (as duas primeiras Intifadas resultaram em piora catastrófica das condições de vida da população).

Entretanto, se não foi propriamente deflagrada uma Terceira Intifada, no sentido de revolta popular, a impressão da população palestina é a de que o recrudescimento da repressão das forças de segurança de Israel constitui uma retaliação desproporcional a uma Intifada que não existe (ainda). Em outros termos, não há uma Terceira Intifada como ação, mas como reação. Não como revolta popular de massa, mas como reação coercitiva militar de Israel, aumentada pela violência dos colonos. Segundo relatos colhidos, a contundência da repressão militar atual supera em muito a registrada na Segunda Intifada. Nesse contexto, o *modus operandi* de Gaza tenderia a se multiplicar na Cisjordânia, incluindo a alta letalidade dos recursos empregados, a desproporcionalidade do uso da força e o relaxamento das regras de engajamento em respeito a critérios humanitários.

Nesse contexto dificílimo, creio que o Brasil, com suas credenciais e sua tradição diplomática, sem interesses geopolíticos ou econômicos na região, apreciado pelos dois povos, israelense e palestino, pode dar sua contribuição e servir como ponte para o relançamento de um diálogo de paz, juntamente com parceiros regionais e multilaterais.

A ânsia destes povos é que, na visão poética e profética da Bíblia, as espadas se transformem algum dia em arados:

> *E Ele julgará entre as nações, e repreenderá a muitos povos. E estes converterão as suas espadas em enxadões e as suas lanças em foices. Uma nação não levantará espada contra outra nação, nem aprenderão mais a guerrear.* (Isaías 2: 4)

Na origem mítica de Jerusalém, como visto, a referência não é paz (*Shalom*), mas eira (*jebus*), de debulha, pisar para separar o grão da palha e das impurezas.

"Orai pela paz em Jerusalém", clama o salmista. *Ora et labora*, ensinam os monásticos beneditinos.

A paz terrena sempre será imperfeita e incompleta. A paz definitivamente justa somente será alcançada no Juízo Final. A verdadeira paz em Jerusalém e em Israel-Palestina, no dia em que houver, será um evento escatológico. Não será construída por mãos nem pelo juízo humano, com seus mecanismos diplomáticos. A paz é vista aqui como algo provisório e precário, um intervalo entre confrontos. A paz não será dos homens, mas de Deus e de Seu Messias.

Sempre me perguntam se há possibilidade de paz na Terra Santa. Tenho respondido que, como tudo na vida – das leis naturais às configurações de celulares e máquinas e aos algoritmos –, o possível é determinado pelas configurações. Para alcançar o impossível, é necessário mudar as configurações, teclar o F5, fazer um *reset*. As configurações atuais não permitirão a paz – ao contrário, a situação só tende a piorar. É necessário mudar a configuração mental, emocional e política daquela região.

Enquanto isso não acontece, a busca da paz não pode ser tratada como uma caminhada racional. Ela tem que se basear no código de ética e na complexa mentalidade e da cultura do Oriente Médio, mais sofisticada do que a racionalidade ocidental.

A busca de soluções para o conflito israelo-palestino, tradicionalmente ditada por atores extrarregionais, deve levar em consideração o estado psicológico coletivo e a sensibilidade das populações locais. Nesse contexto, a visão e o papel dos árabes-israelenses se revelam cruciais, por se situarem na zona de interseção étnico-política, e por seu apoio à solução dois estados e à agenda de paz.

Há dois paradigmas da guerra na mitologia grega: Atenas e Ares. Atenas é deusa da guerra estratégica, inteligente. Ares é o deus da violência e agressividade puras, força impulsiva e destrutiva, apenas sedenta de sangue, sem inteligência, nem regras, nem estratégia. Na Grécia antiga, Atenas era a deusa mais venerada. A capital e o templo da Acrópole são dedicados à *Athena Nike*, deusa Atenas da vitória (infelizmente, o adjetivo é conhecido, hoje, apenas como marca de produtos esportivos, poucos conhecem a origem – nem a pronúncia, que, por favor, não é *Naike*, mas *Nikê*). O paradigma da guerra de Gaza foi o de Ares.

A paz não se conseguirá pela via militar, nem exclusivamente diplomática. Não haverá paz da capitulação, nem do acerto entre elites, sem que os povos se sintam efetivamente dignificados e seguros.

Hoje, realisticamente, sabe-se que não se pode alcançar a plena justiça e reparação nos curto e médio prazos. O máximo a que se pode aspirar é conter a escalada da violência. De alguma forma, fazer com que a carga milenar de ódio e ressentimento não se traduza por mais mortes, atentados e maior opressão c humilhação.

Há quem defenda que primeiro deve ser alcançada a justiça e corrigida a ocupação, para somente depois poder-se falar em paz e reconciliação. Infelizmente, aferrar-se a essa sequência de eventos paralisa qualquer esforço ou iniciativa. Como dito na "Parte I" acima, não há caminho pré-traçado de paz; o caminho se faz e se abre ao iniciar-se a caminhada. O importante é interromper o ciclo de violência e restabelecer um mínimo de desejo sincero de paz e de confiança. Mas confiança é algo raríssimo, como demonstram as pesquisas de opinião.

Nenhum dos dois lados vai se impor, sem resistência, "do rio ao Mar". Pensar o contrário é desonesto, perigoso e suicida. Não haverá reparação histórica, nas condições atuais, mas a situação só vai piorar se nada estancar a violência. Não haverá paz de capitulação ou de vitória militar, mas ela deve conter um mínimo de segurança para israelenses e de justiça e dignidade para os palestinos. Como dito em uma das citações acima, não haverá paz enquanto todos não puderem viver em paz, enquanto não se sentirem seguros.

Do lado palestino, tem-se presente a metáfora do poeta Mahmoud Darwish de que a terra, dado permanente de sua história, é uma "mãe", ao passo que os invasores representam os elementos masculinos, sempre temporários. Nessa lógica, o povo palestino se vê como pertencente à terra, dado permanente, ao passo que os outros são transitórios. Sabem que estão em grande prejuízo atualmente, mas têm a esperança de que se manterão, como sempre fizeram ao longo de séculos.

Em contraposição, o povo israelense se vê, igualmente, como autóctone. Não há, portanto, possibilidade de solução excludente "do Rio ao Mar" (do Jordão ao Mediterrâneo), é impossível que os dois povos excluam totalmente o outro, em uma megaempresa de limpeza étnica de mais de 5 milhões de novos refugiados, com práticas de *apartheid* e genocídio. É necessário que ambos, que se reconhecem como ligados à terra, cheguem a um modus vivendi que contemple a presença dos dois em paz e segurança. Como dizia um cartaz de um manifestante de Tel Aviv, "From the river to the sea, only peace will set us free".

Palestinos querem liberdade, justiça e dignidade, israelenses querem reconhecimento de sua existência e presença, todos querem viver em segurança. A paz tem que ser empática e atender esses marcos emocionais, psicológicos.

No dia 1º de outubro de 2024, tive uma experiência marcante de despedida de Jerusalém. Tinha marcado um jantar com um amigo em um restaurante do bairro armênio da Cidade Antiga. Antes, tomei um café com minha esposa no Hotel Ambassador, no bairro de Sheikh Jarrah. Ali, haveria um casamento de uma família cristã. Vimos os convidados elegantes chegarem, e a noiva, belíssima, preparando-se para descer a escada.

Um pouco antes, no final da tarde, anunciou-se um ataque massivo do Irã, em retaliação aos ataques israelenses contra o Hezbollah e a morte de seu líder Nasrallah. Todos em alerta. Ainda assim, fui caminhando a pé para a Cidade Antiga, pouco mais de 20 minutos, percurso que sempre faço. Ao chegar na Porta de Damasco, por volta das 19:30, o celular emitiu um alerta muito estranho e assustador. Perigo iminente! Pessoas na rua começaram a se movimentar rápido, procurando um abrigo.

Decidi continuar caminhando, na certeza de que Jerusalém não seria atacada, mas os mísseis a sobrevoariam em direção ao Oeste. Sirenes começaram a soar quando eu me dirigia à Porta Nova, pelo lado de fora das muralhas do lado Norte. Uma sensação tremenda, com o eco das sirenes e os primeiros estrondos de interceptação dos mísseis pelos sistemas *Arrow* e *Sling*.

Tentei ligar para minha esposa e minha filha, para saber como estavam, sem sucesso. Ruas praticamente vazias, carros buzinando, um pequeno grupo filmando as rajadas de mísseis cortando o céu. Passei a filmar, também, com meu celular. Continuei caminhando, passei a Porta Nova e circundei a muralha do lado Oeste, rumo à Porta de Jaffa. Ali tive uma perspectiva privilegiada de avistamento dos mísseis. Dezenas e dezenas, vindo na direção Leste-Oeste; e os mísseis de defesa, na direção contrária. Filmei vários. Espetáculo impressionante, essas luzes, na noite escura de Jerusalém.

Consegui, finalmente, resposta de minha esposa e filha, estavam protegidas nos abrigos. Entrei pela Porta de Jaffa, onde se protegiam alguns soldados e civis, que cantavam *Am Israel Hai* ("o povo de Israel vive"). Entrei pela porta e encontrei meu amigo, que me disse que o restaurante estava fechado, como todos os outros, àquela altura. Recuperado o silêncio das sirenes e finalizado o ataque, saímos da Cidade Antiga e caminhamos em direção à Jaffa Road para encontrar algo aberto para tomar um trago. Quase tudo fechado, algumas pessoas e soldados voltaram a circular na rua. Como após uma forte chuva, que depois cessa, e as pessoas retomam a vida normal.

Nenhum bar aberto, compramos uma cerveja em uma vendinha e nos sentamos em cadeiras na rua Ben Iehuda para responder a várias mensagens de familiares e amigos que perguntavam se tudo estava bem – a notícia do ataque já repercutia no Brasil.

Ao retornar para a residência, também a pé, na noite vazia de Jerusalém, passei pela frente do mesmo Hotel Ambassador. A festa de casamento não somente continuou, após o intervalo dos mísseis, mas estava bem animada! Muita música e dança. Com tudo o que acontece, é necessário tentar manter os ritos da vida! Celebrar a vida é um ato de resistência.

Lembrei-me das palavras de Jesus: "Os últimos dias serão como nos tempos de Noé. Casavam-se e davam-se em casamento, até que chegou o fim".

Viver em Jerusalém e na Terra Santa, neste momento, parece um treinamento ou um pequeno *test drive* para a tribulação do final dos tempos...

O anúncio do fim da guerra de Gaza foi feito, oficialmente, dia 15 de janeiro de 2025. Mas suas causas e seus impactos continuam profundos, sem solução de longo prazo. Nada está resolvido, e a tensão continuará, e provavelmente voltará a eclodir, como tem acontecido nas últimas décadas.

Se hoje não é tempo de colher paz, podemos e devemos continuar plantando sementes de paz, para que, em algum momento futuro, germinem e seus frutos sejam colhidos. Nem que seja no fim dos tempos, com a vinda (ou retorno) do Messias esperado pelas três religiões.

Não sei se algum dia, já velho, poderei visitar a oliveira que plantei em 2022 no Campo Brasil, em Rafah, fronteira com o Egito, e encontrar a versão adulta das crianças que estavam vestidas com seus trajes palestinos tradicionais, ou dos jovens atletas com quem bati bola, ou das crianças que gritavam "Brasil, Brasil" no meio da rua, ou dos torcedores da Seleção com quem assisti ao jogo da Copa do Mundo, ou dos dançarinos de *dabke*. Sei que muitos morreram na guerra, mas gostaria de reencontrar pelo menos algum dos que sobreviveram e tomar um café com *knafe* ao lado do que terá sobrado daquela oliveira.

GLOSSÁRIO

CIJ – Corte Internacional de Justiça

COGAT – Coordinator of Government Activities in the Territories

CSNU – Conselho de Segurança das Nações Unidas

FDI – Forças de Defesa de Israel (*Tzahal*)

OCHA – United Nations Office for the Coordination of Humanitarian Affairs

OLP – Organização para a Libertação da Palestina

OMS – Organização Mundial da Saúde

ONU – Organização das Nações Unidas

SGONU – Secretário-Geral das Nações Unidas

SIPRI – Stockholm International Peace Research Institute

TPI – Tribunal Penal Internacional

UNICEF – Fundo das Nações Unidas para a Infância

UNESCO – Organização das Nações Unidas para a Educação, a Ciência e a Cultura

UNRWA – United Nations Relief and Works Agency for Palestine Refugees

UNSCO – United Nations Special Coordinator for the Middle East Peace Process

BIBLIOGRAFIA

Esta bibliografia é, evidentemente, muito sumária para tudo o que foi lido e pesquisado no período de elaboração deste livro; serve apenas para referência geral.

BÍBLIA de Jerusalém. São Paulo: Paulus, 2013.

Nobre ALCORÃO. Medina: Complexo do Rei Fahd.

TORAH. São Paulo: Sefer, 2007.

ARMSTRONG, Karen. *Jerusalém. Uma cidade, três religiões*. São Paulo: Editora Schwarcz, 2011.

______. *Uma história de Deus*. São Paulo: Editora Schwarcz, 2021.

ENCICLOPÉDIA JUDAICA. Rio de Janeiro: A. Koogan Editor, 1990 (9 vol.).

DARWISH, Mahmoud. *Palestine as a metaphor*. Northampton, MA: Olive Branch Press, 2019.

MONTEFIORI, Simon Sebag. *Jerusalém. A biografia*. São Paulo: Companhia das Letras, 2019.

A Editora Contracorrente se preocupa com todos os detalhes de suas obras! Aos curiosos, informamos que este livro foi impresso no mês de setembro de 2025, em papel Pólen Natural 80 g/m².